语言艺术训练

（第3版）

赵雪梅　主编

董玉菊　张　韶　副主编

清华大学出版社

北京

内 容 简 介

本教材侧重对高职各专业学生口头表达语言技能的基础训练。教材内容涵盖了三个方面：一是日常交际语言技能，二是语言技巧训练，三是按各专业岗位需要增加了岗位专项语言技能训练。

本教材按由浅入深、由日常到专业的顺序来安排内容，遵从循序渐进的原则，将技能训练与知识传授合理搭配，兼具"高等教育"之"高"与"职业教育"之"职"，是名副其实的"高职"教材。

本书配有课件，下载地址为：http://www.tupwk.com.cn/downpage。

图书在版编目(CIP)数据

语言艺术训练 / 赵雪梅主编. — 3版. —北京：清华大学出版社，2022.3（2025.1 重印）
ISBN 978-7-302-60176-0

Ⅰ.①语…　Ⅱ.①赵…　Ⅲ.①语言艺术—高等职业教育—教材　Ⅳ.①H019

中国版本图书馆 CIP 数据核字(2022)第 029233 号

责任编辑：施　猛
封面设计：常雪影
版式设计：孔祥峰
责任校对：马遥遥
责任印制：刘海龙

出版发行：清华大学出版社
　　　网　　　址：https://www.tup.com.cn, https://www.wqxuetang.com
　　　地　　　址：北京清华大学学研大厦 A 座　　　　邮　　编：100084
　　　社 总 机：010-83470000　　　　　　　　　　邮　　购：010-62786544
　　　投稿与读者服务：010-62776969，c-service@tup.tsinghua.edu.cn
　　　质 量 反 馈：010-62772015，zhiliang@tup.tsinghua.edu.cn
印 装 者：三河市龙大印装有限公司
经　　销：全国新华书店
开　　本：185mm×230mm　　印　　张：18.75　　字　　数：314 千字
版　　次：2012 年 12 月第 1 版　　2022 年 3 月第 3 版　　印　　次：2025 年 1 月第 5 次印刷
定　　价：58.00 元

产品编号：096471-03

序 言

(第3版)

在广大读者的陪伴下，《语言艺术训练》自2012年首次出版至今已经有10个年头了，第1版于2015年被评为教育部国家职业教育"十二五"规划教材，第2版于2020年被评为教育部国家职业教育"十三五"规划教材。迄今，教材已重印多次，使用反馈效果良好。

《语言艺术训练(第3版)》教材编写始终坚持发挥文化育人的作用，积极响应习近平总书记在二十大报告中的号召"推进文化自信自强"，充分发掘汉语言艺术在培养文化自信方面的载体作用，并结合当前高职人才培养对学生口头语言表达素质的需求，助力旅游行业现代化发展、旅游服务的高质量发展、汉语言文字事业高质量发展。总体来说，本教材主要在三个方面有所突破。

第一，巧妙融入课程思政元素，在每个项目前增加了课程思政目标。在语言表达技巧的陈述、教材案例、课后习题中，注重对学生的正确引导，特别是增加了蕴含中华民族在治国、从政、做人等方面的宝贵智慧的优秀案例；突出了传统语言艺术，以激发学生对传统语言文化的兴趣和传承意识；同时有意识地引导学生在服务中做到"厚德载物"、"讲信修睦"、爱岗敬业，由内而外地运用语言表达技巧。

第二，增设专题"旅游服务语言的个性化表达训练""旅游服务线上沟通语言艺术"。前者在遵从服务语言表达基本原则的基础上，以提供特色旅游服务为目的，体现和培养学生"守正创新"的旅游服务精神，提升旅游服务质量；后者主要培养旅游信息化发展现状下互联网+旅游服务所需的线上语言沟通技能，满足智慧旅游等新业态对旅游服务的高效率、高质量要求。

第三，体现校企合作。一是第3版教材吸纳了企业编者；二是教材四个项目中的案例部分置换为旅游行业一线案例，有企业一线典型案例，也有教师挂职锻炼典型案例，还有学生实习案例；三是企业人员加入与教材配套的翻转课程，出题答疑，与学生进行互动。

　　《语言艺术训练（第3版）》由赵雪梅担任主编，董玉菊、张韶担任副主编，参编人员为刘庆、刘慧、张道远、张娟(企业教师)、尹新兰、刘项、崔岩、张晶晶。教材编写过程中，清华大学出版社的施猛编辑和其他工作人员与我们多次沟通，付出了大量劳动；教材参考的相关论著和研究资料为编写提供了思路；广大热心读者的建议更是教材编写的灵感源泉，在此一并表示感谢！

　　本教材配套的在线资源共享课"语言艺术训练"已在智慧树网站上线，网站上学习素材丰富，包括音频、视频、文字、图片等多种形式，增加了取材于旅游工作场景的原创音视频资源，学习者可通过扫描下方二维码进行注册并参加学习，通过该课程平台与教师进行互动。另外，为方便学习训练以及师生全方位互动，"知到"App建有"语言艺术训练"翻转课程，课程号为k2990095。翻转课程通过发布学习任务、布置作业、开展考试，实现多种形式的训练，还特别邀请了旅游企业工作者，包括旅行社、景区等企业的中高层管理人员和基层工作人员，参与线上交流答疑。

　　敬请各位读者继续关注教材和课程，真诚期待您的反馈！反馈邮箱：wkservice@vip.163.com。

赵雪梅
2022年1月

序 言

(第2版)

鉴于口头语言艺术对当代大学生的重要性，2012年底，《语言艺术训练》首次由清华大学出版社出版。可以说，这是一本凝聚了多名一线任课教师的丰富教学经验的参考书。自2006年"语言艺术训练"特色课程在我所任教的高职院校开设以来，考虑到同类教材较少，于是，任课教师们将共同编写的讲义应用于教学实践，由于讲义蕴含独特的教学理念和方式，很快就在相关课程教学中得到了良好反响。2009年，该讲义作为"国家示范特色教材"进行建设，逐步形成鲜明的特色和教材雏形，后经教材编写人员若干次斟酌探讨、加工完善，终得成稿发行。

幸运的是，本教材一经使用，就得到读者的好评和认可，每年均需重印一次，这是对编写人员的极大鼓励。《语言艺术训练》一书经全国职业教育教材审定委员会审定作为"十二五"职业教育国家规划教材后，我们开始着手整理教材使用的反馈意见，根据高职高专教育教学要求，不断改进教材内容，以使其能够与时俱进，更好地满足当下高职高专师生和社会学习者的需求。

第2版《语言艺术训练》教材，一方面继承了原有特色，另一方面通过更新案例、优化语言游戏、调整内容结构的比例等进行了完善和创新，从而进一步突显教材优势。第2版《语言艺术训练》具有以下几个优势。

第一，教材定位更为精准。本教材的编写充分考虑到高职学生的原有基础、思维能力、接受特点及在语言表达技能上的需要，较好地借鉴了社会上的口才培训课程、普通高校语言表达类课程的优势，同时结合高职教育的需求，不断进行完善，既重实用，又重发展，将技能训练与知识传授合理配搭，兼具"高等教育"之"高"与"职业教育"之"职"，是名副其实的"高职"教材。

第二，在内容方面注重与相关课程的运行同步，并不断更新，以满足学生日常交际、顶岗实习及未来就业所需。本教材根据同类课程在各高职高专院校开设以来的教学实践和效果，通过反复研讨，编者对教材中涉及口头语言技能的内容进行多次增删与整合，做到了实用、精炼而独到。根据教学需要，本教材还特别增设了"岗位专项语言技能提升"项目，解决了长期以来同类教材中岗位语言表达训练内容缺失的问题。本教材中的岗位语言技能方面的内容无专业限制，其设置考虑到学生可能从事的各岗位对语言表达技能具有共性，这是本教材的亮点之一。

第三，篇章设计和内容编排遵从学生本位的原则。设计上，本教材在保证知识系统化的基础上采用了由易到难、深度与广度兼顾的阶梯式编写格局：从基本的语言表达认知开始，扩展至日常交际表达，再深入到技巧性语言表达，最后提升至岗位专项语言技能，涵盖学生学习、生活、实习、就业等方面。内容上，本教材的知识编排、案例选择、游戏设计皆以受众的接受特点为依据，注重可读性，力求贴近高职学生，突显学生的主体地位，提高其主动性和参与度。

第四，在编写体例上始终坚持以能力为导向。本教材一方面选择体验式的"游戏或案例讨论"导入的编写方法，培养学生自主学习能力，体现以学生发展为最终目标的开放式教学特点；另一方面强调口头表达训练部分的核心地位，突出教学中的技能先导作用，符合课程以实用为主的本质特征和教学理念。

第五，注重趣味性教学。考虑到"90后""00后"学生乐于参与、重视趣味性的特点，本教材通过引用和原创的方式设计了大量语言游戏，并将中国传统语言艺术形式如绕口令、双簧、小品等运用其中，使"语言表达技能"这一"无形产品"实现"做中学、玩中学"。

诚如上述，第2版《语言艺术训练》的成稿是全体编写成员共同努力的结果，本教材由赵雪梅担任主编并负责统稿，由董玉菊、尹新兰、张韶担任副主编，参编人员有刘项、刘庆、刘慧、崔岩、张晶晶。同时，本书得以顺利再版，离不开清华大学出版社编辑施猛和其他工作人员一如既往的支持和帮助，在此深表谢意。另外，在编写过程中，编者不仅参考了相关论著和研究资料，还认真考虑了读者的建议，恕不一一列出，在此衷心感谢所有给我们带来启发的作者和读者。

赵雪梅

2017年1月

序 言
(第1版)

口头语言表达对高职学生的学习、生活、工作的重要性早已毋庸赘言，而传统语言表达类课程则主要以教师讲授为主。笔者认为，语言表达类课程只通过理论与案例的阐述来实施教学往往收效不大，究其原因是学生在学习的过程中"动口"实践的机会太少。自2006年"语言艺术训练"课程在我所任教的学校开设以来，我和其他任课教师就试图寻找这样一个突破口——既能调动学生的学习兴趣，又能让学生在练习中逐渐掌握各种语言表达技巧，以提升语言表达能力。通过在教学实践中的不断尝试和摸索，以及借鉴社会上较为成熟的语言培训模式，一本相对系统、贯穿独特教学理念又别具特色的教学讲义逐渐形成，以其为参考资料的教学模式亦颇受学生的认可。我们发现这种类型的特色教材较少，因此便萌生将教学讲义公之于众的想法，并希望它的出版能对相关教学人员和学习者有所帮助。我们遂以讲义为模本进行加工完善，终成这本可读、可练、可行的《语言艺术训练》。

本教材在定位上的最大特色是全面且具有针对性。本书是一本针对高职学生的、具有普适性的口头语言表达训练教材。本教材的编写充分考虑到高职学生的原有基础、思维能力、接受特点以及在语言表达技能上的需要。本教材兼顾各专业对应岗位所需的语言表达技能，注重应用型技能的培养，对学生日常交际、顶岗实习以及就业都具有指导性作用。

在内容的编排方面，本教材遵从精炼、循序渐进的原则，分为语言表达认知与基础训练、日常交际语言表达技能训练、语言表达的艺术性训练、岗位专项语言技能提升四个项目，共十七个专题。其中，前两个项目侧重常规语言技能训练，后两个项目侧重语言技能的提高。第四个项目作为本教材的特色项目，精选适合专业岗位需要的应用型内容进行编写，具体包括营销语言、讲解语言、服务语言、谈判语言四个专题，专题中的知识讲解与事例的选取力求做到全面兼典型，这在同类书籍中并不常见。

　　在编写体例方面，本教材具有创新性。在"语言艺术训练"课程的教学实践中，游戏训练教学法在学生中的应用取得了良好的效果，因此我们在编写教材时仍然以游戏为语言表达训练的主要载体，每个专题均以"语言游戏"或"精选案例讨论"导入，进而真正体现"先学后教"的体验式教学理念。本教材中的语言技能训练游戏或引用或自创，不仅与专题内容环环相扣，且均已被证明实施效果良好。翔实、丰富的案例在为教材中语言技巧的阐述提供论据的同时，也增强了教材的趣味性。

　　在编写过程中，由于现成可供参考的资料比较零散，为了清晰而有条理地突出本教材的特色理念，我们参考了相关的书籍、论文、新闻甚至随笔等，并从中汲取很多有益的信息，思路得到了拓展，终成本书。在此衷心感谢给我们带来启发的所有参考资料的作者。

　　本教材是在所有编写人员的共同努力下完成的，大家针对出现的问题进行了多次商讨和反复修改，不放过任何细节，可以说，每位编者都付出了大量心血和汗水。本书由赵雪梅担任主编，董玉菊、尹新兰、张韶担任副主编，参编人员有刘项、刘庆、刘慧、崔岩、张晶晶。在本教材即将出版之际，编者在欣慰之余，也真诚地期待读者能提出宝贵意见和建议。反馈邮箱：wkservice@vip.163.com。

赵雪梅

2012年12月

目　录

项目一　语言表达认知与基础训练

专题一　口头语言表达认知

预期收获：

(1) 了解语言表达特别是口头语言表达的意义与特征。

(2) 了解口头语言风格的类型及其形成的相关因素。

(3) 客观认知自己的口头语言特点，并为培养个性语言风格做好初步准备。

人类的交际语言主要包括三类：书面语言、口头语言和肢体语言。其中，口头语言指的是人与人之间交流时所使用的以音和义结合而成、以听和说为传播方式的有声语言。

一、口头语言表达的意义与特征

1. 口头语言表达的意义

口头语言是人与人之间交流、传递信息的最直接、最迅速、最方便的工具。与其他语言表达方式相比，口头语言表达有着更为广泛和直接的交际作用，能在诸多场合和情境下发挥其独特的功能优势，如抒发感情、彰显个人魅力、进行思想教育、鼓舞士气等。

2. 口头语言表达的特征

口头语言主要用于日常交际，这就决定了口头语言表达的基本特征：平实、简明、易懂、生活化。同样，口头语言更容易被大众接受，其营造出的轻松氛围也有利于拉近人与人之间的交往距离。

另外，口头语言本身的特征决定了它的两大短处：一是声音的转瞬即逝，使得口头语言的保存时间极短；二是汉字中存在数量较多的同音字或词，使得口头语言容易产生歧义。

二、口头语言风格的类型及其形成

(一) 口头语言风格的类型

在现实生活中，每个人的口头表达方式都有自己的个性与特色，这就是所谓的口头语言风格，也称其为说话风格。在各式各样的语言风格中，较为典型和常见的有以下四类。

1. 幽默型

幽默是睿智、乐观、有修养的表现，幽默型口头语言风格是最受欢迎的，其特征是遣词造句风趣、诙谐，不仅能使谈话气氛活跃、话题顺利进行，还能有效缓解冷场、冲突等尴尬局面。同样的意思用幽默的语言表达出来，往往让人易于接受。当然，要注意使用场合和对象，以免自讨没趣甚至得罪对方。

汉朝的东方朔是有名的幽默大师，他经常用幽默的语言风格与汉武帝进行沟通，以化解尴尬。在一个三伏天，汉武帝赏赐肉食给朝臣。大家等得直流口水，但负责分肉的官员一直没来。东方朔等得实在不耐烦了，就对同伴说："按照我朝先例，三伏天上朝可以早退，所以不好意思，我先领自己的那份肉去了。"说罢，他便拔下佩剑，切了一大块肉，扬长而去。御膳部的官员知道后，气得不行，立刻向皇上告状。第二天早朝，汉武帝厉声斥责，东方朔立刻摘下帽子，俯伏在地，听候处置。看他这么听话，汉武帝童心大起，想要作弄他一番，于是说道："你要是真心悔改，就当着大家的面儿骂自己一顿，嗓门大点儿！"东方朔恭敬地拜谢完毕，一本正经地站了起来，扯着脖子大喊起来："东方朔呀东方朔，没等陛下分赏，就擅自拿走赐品，真是无礼之极！拔出佩剑，大块切肉，简直壮烈之至！那么多肉，只取小小一块，堪称寡欲的楷模！一口没吃，全部带给妻子，更是爱情的表率！"他的话未说完，汉武帝已经捂着肚子笑得不行了："真有你的！本想让你丢一回脸，没想到却看了场好戏！"笑够了，汉武帝特地赐了他一石酒和一百斤肉，让他回家带给妻子[①]。

尊敬的周恩来总理也是十分幽默的人，此处仅举一例。一位美国记者在采访周总理的过程中，无意中看到周总理的桌子上有一支美国产的派克钢笔。那位记者便以带有几分讥讽的口吻问道："请问总理阁下，你们堂堂中国人，为什么要用我们美国产的钢笔呢？"周总理听后，风趣地说："谈起这支钢笔，说来话长，这是一位朝鲜朋友的抗美战利品，他将钢笔作为礼物赠送给我。我不应该无功受禄，于是拒收。但朝鲜朋友说让我留下做个纪念。我觉得有意义，就留下了贵国的这支钢笔。"美国记者一听，顿时哑口无言。

由上述两例可见幽默型表达风格的独特魅力。

2. 严肃型

口语表达风格严肃的人说话中规中矩，极少运用夸张之类的修辞方法，并且出言谨慎，不爱开玩笑。虽然内容表达上相对比较清楚，但由于语调、语气过于正式，往往使谈话显得严肃有余、活泼不足。在生活中，具有这类表达特征的人一般比较认真，看问题通常一本正经，思维模式也相对固定，这就会导致其说话时总是循着常规路线表述，不够轻松自在，由于要强调观点，表达时往往发音较重，显得不易接近。虽然有些场合下我们需要严肃的表述，但日常交流中要尝试运用活泼的表达方式来增强说话的感染力和效果。

3. 直爽型

直爽型口头语言表达风格的最大特点是说话直来直去，有什么说什么，不善于对话语进行加工。说话直爽的人往往热情真诚、值得信任，但由于说话内容过于"原生态"，说话方式又过分直白，在很多情境下会让人难堪，还可能会伤害他人。

有这样一个案例：某局要召开年度总结大会，秘书处提前一周研究讨论会议

---

① 李东阳. 东方朔的处世术[J]. 国学，2007(4).

的有关文件。首先讨论的是秘书处李处长给局长写的年度总结报告。报告写得洋洋洒洒，声情并茂。在征求意见的过程中，秘书小周直截了当地提出自己的看法，他认为李处长的报告中有多处统计数据不准确，原因在于李处长采用的统计方法不正确。而李处长认为他所采用的这些数据都是下属各个单位报上来的数据，对数据进行简单的加减就可以，无须进行其他处理。可是，周秘书自恃是统计学专业出身，坚持认为李处长的数据处理不当。李处长很不高兴，说了一句"大家先休息一下"，然后就端着茶杯出去了。小周不明白李处长为什么会生气，秘书处的老秘书张大姐过来和蔼地提醒周秘书说："小周，要注意一下提意见的方式，当着这么多人的面，用这么肯定的语气说李处长错了，他会产生一种什么感受？如果我是李处长，我会觉得你是在直接骂我'无知'。所以，即使你的意见是对的，也应该注意说话的方式。"周秘书马上辩解说："我没有别的意思，只是实话实说，我这个人生来就是这样的性格，有什么说什么，不会拐弯抹角。"[①]在这个案例中，周秘书应该用规范的职业语言标准来要求自己，应该懂得运用有效的沟通技巧，不能像一般人那样想说什么就说什么，想怎么说就怎么说，想在什么时候说就在什么时候说。秘书说话，不单是为了表达自己的思想或情感，更重要的是为了实现自己的工作目标，达到预期的沟通效果，这就需要注意说话的方式和选择恰当的沟通时机，特别要注意提意见的方法和时机。如果提意见的方法和时机不正确，即使意见的内容正确，也是正确的"错误"。在人际沟通中，用什么方式说话远比说话的内容更重要。

4. 委婉型

委婉型与直爽型是两种相对的语言风格，委婉型语言风格以措辞细腻、表达方式含蓄为主要特征。在委婉型口头语言风格下，双方的谈话氛围比较和谐，冲突较少；其弊端是有时显得不够坦诚和实在，过于矜持，会让人产生不信任感，还可能由于太委婉而让对方难以理解其真实用意。在上述"秘书小周"的案例中，如果小周能够先肯定李处长的做法是有理有据、值得肯定的，再委婉地从统计学的角度提出自己的看法，效果就会截然不同。当然，如果夸赞或建议过于含蓄，而使对方误认为自己做得已经很完美，那么同样背离了沟通的目的。

---

① 姜玉梅，王淑萍. 用什么方式说话比说什么话更重要：下属如何给领导提意见和建议[J]. 办公室业务，2011(3).

(二) 口头语言风格的形成

人们的语言风格各有不同，即便风格相似也总有些细节上的区别，这是因为语言风格的产生与形成跟个体的性格、气质等因素有着密不可分的联系。

1. 气质与口头语言风格

气质是指人的相对稳定的个性特点和风格气度。心理学上通常会根据人体内四种体液的不同搭配比例，将人的气质划分为四种不同的类型：胆汁质、多血质、黏液质、抑郁质。研究表明，大多数人的气质都是上述两种或两种以上特征的混合。我们不妨以中国四大古典名著中的主要人物来举例分析不同气质的口头语言风格。

(1) 胆汁质气质类型的口头语言风格。胆汁质的人通常为人热情直爽，说话直白，感情丰富；但往往因容易冲动而考虑不周，不够冷静平和。《水浒传》中的李逵、《三国演义》中的张飞都是胆汁质的代表人物。在"刘备三顾茅庐"的故事中，张飞的这种气质表现得淋漓尽致。由于刘备两次造访都没有遇到诸葛亮，张飞不平地说："今番不须哥哥去，他如不来，我只用一条麻绳缚将来！"第三次拜访时，诸葛亮正在睡觉，刘、关、张三人在门外等了很久，张飞大怒并说："这先生如何傲慢！见我哥哥侍立阶下，他竟高卧，推睡不起！等我去屋后放一把火，看他起不起！"而这样的语言表达和行为往往容易在无意中得罪对方，在小说中，张飞最终亡命于自己的鲁莽。因此，具有这类气质的人应该培养自己表达情感的平和性和稳定性，并尽量避免由急躁造成的表达失误。

(2) 多血质气质类型的口头语言风格。豁达开朗、善于表现且活泼可亲是多血质的典型特征，他们在讲话时能够做到将感情与内容较完美地结合，使其话语容易打动对方。《水浒传》中晁盖的语言表达风格就具有这种明显的特征。在第十九回"梁山泊义士尊晁盖，郓城县月夜走刘唐"中，阮氏三兄弟截获客商财物后，晁盖在筵宴上感慨道："我等今日初到山寨，当初只指望逃灾避难，投托王伦帐下为一小头目；多感林教头贤弟推让我为尊，不想连得了两场喜事：第一赢得官军，收得许多人马船只，捉了黄安，二乃又得了若干财物金银。此不是皆托众兄弟才能？"众头领道："皆托得大哥哥的福荫，以此得采。"接着，晁盖又提到解救宋江和朱全的事情，再与吴用道："俺们弟兄七人的性命皆出于宋押司、朱都头两个。古人道：'知恩不报，非为人也。'今日富贵安乐从何而来？早晚将些金银，可使人亲到郓城县走一遭。此是第一件要紧的事务。再有白胜陷在济州大牢里，我们必须要去救他出来。"这些感情充沛的话语赢得了众人的尊重。虽然这种语言风格较受欢迎，但使用过多，会让人产生不够真实和庄重的感觉。

(3) 黏液质气质类型的口头语言风格。黏液质的人，行为低调，做事缓慢、守旧甚至固执，因此他们不喜欢讲太多话，说话时感情较少外露，使人感觉呆板、沉闷。《西游记》中的唐僧善于忍耐又古板教条，是黏液质的代表人物。他平时不多说闲话，到关键时刻才会发言，目标十分明确，能够掌握大局。但试想，如果师徒四人都是这样的语言风格，那么取经之路会相当乏味，因此作者吴承恩才塑造了孙悟空和猪八戒这两个语言风格活泼的角色。在日常交流中，具有这种气质的人应学会在表达时积极调动内心情感，加强语气、语调，从而增强语言的表达效果。

(4) 抑郁质气质类型的口头语言风格。抑郁质的人胆怯害羞，敏感内向，轻易不会表露喜悦、兴奋等感情，看上去郁郁寡欢。《红楼梦》中的林黛玉已成为公认的"抑郁质"的代名词，除非到了动情处，她一般很少吐露自己的心声。在对贾宝玉产生误会后，她没有选择直接表述，而是采用正话反说、半藏半露等方式。在现实生活中，这种气质类型的口头语言风格极易引起沟通的不畅。具有这种气质的人在语言表达上要多下功夫：首先克服自己的胆怯心理，多与人交流；适当提高自己的音量，语速不要过缓；努力挖掘自身的情感，运用体态语来辅助表达并提高自己的语言表现力。

2. 性格与口头语言风格

气质是性格的自然基础，但后天的实践经历对性格的形成有重要影响。不同的性格会显现不同的口语表达特点。

一般来说，性格内向的人比较保守和内敛，很少主动表现自己，心思比较细密。性格内向的人更善于倾听，其说话风格通常比较严肃正经，容易钻牛角尖，在公开场合说话显得十分局促。相反，外向性格的人热心于社交，活泼开朗，适应环境的能力较强，其说话风格表现为直来直去或风趣幽默，在众人面前落落大方、不拘小节，对他人语言中的意思领会得较快，但容易冲动。我们大多数人兼有以上两种性格的特点，这就是中间型性格。

3. 性别与口头语言风格

科学家认为，由于生理、心理等的不同，男女说话风格有区别。一般来说，女性说话时喜欢运用表达情感的词句，关注细节，表达委婉；男性则通常相反，如喜欢发表自己的观点、试图左右话题等。

不同的年龄、职业、文化修养也会对口头语言风格产生重要影响，因此口头语言风格不是一成不变的，人们完全可以通过后天的努力来塑造、改善自己的语言风格。

三、有声语言的产生原理

有声语言的发音即语音，指的是由人类的发音器官发出的、表达一定意义的声音。要了解语言发声的原理，必须先认知语音的生理基础与物理基础。

（一）发音器官认知

人们常说声音是从嗓子里发出来的，其实这只是一种笼统的说法。语音并不是单纯从某一个地方发出来的，而是由不同的发音器官配合发出的，这些发音器官就是语音产生的生理基础。

人类的发音器官主要包括三部分。第一部分是肺和气管。这是语音产生的动力源，通过吸入和呼出气流为发音提供原动力。第二部分是喉头和声带。喉头是气流和声音的通道，肺部呼出的气流要通过喉头才能到达声带发音；声带是发音体，这两片富有弹性的薄膜在发音中发挥着重要作用，声带通过拉紧或放松发出高低不同的声音。第三部分是口腔、鼻腔和咽腔，统称为共鸣腔。我们在学习中要特别重视并熟知口腔中的发声器官，以利于以后的语音练习。现将普通话发音器官及其作用做如下说明。

1. 上下唇

在汉语发音中，上下唇常见的活动状态包括以下七种。

(1) 闭合，如发声母"m"时嘴唇是闭合的。

(2) 微张，如发声母"t"时嘴要微微张开。

(3) 自然张开，如发韵母"a"时嘴唇要自然打开。

(4) 略展，即嘴向两边自然展开，如发韵母"e"时的嘴唇状态。

(5) 展开，即嘴角稍用力，嘴唇呈扁平状向两侧展开，如发韵母"i"时嘴唇需展开。

(6) 拢圆，嘴唇呈圆形，如发韵母"o"时的嘴唇状态。

(7) 撮圆，即嘴唇拢圆的同时还要前撮，如发韵母"ü"时嘴唇就需要微撮。

发复韵母时，上下唇不是处于一种单纯的状态，而是动态变化的。

2. 上下齿

上下齿主要是配合双唇与舌头发音，除了在发声母"f"时上齿与下唇接触外，其他情况下牙齿均与舌头接触发音。需要说明的是，上齿的背面是一个重要的发音部位，又称齿背，如发声母"z""c""s"时，舌尖要和齿背接触发音。

3. 齿龈

上下齿龈位于牙齿与上下腭之间，在发声母"d""t""n""l"时要用舌尖接触上齿龈发音。

4. 舌

舌头是口腔中最灵活且较难掌控的发音部位，分为三部分：舌尖、舌面、舌根。舌头通过隆起、贴近、卷起等方式与其他发音部位接触。舌头各部位的细微变化都会引起发音的不同，尤其是在韵母发音中舌位起着至关重要的作用。所谓舌位指的是舌头隆起的最高部位。舌位的确定取决于两个方面：一是舌位的高低，分为高、半高、半低、低四种，如发"i"时舌头最高点接近上颚，舌位为"高"，发"a"时舌头放在口腔最低处，舌位为"低"；二是舌位的前后，分为前、央、后三种。例如"a"单独发音时舌位为"央"，而在"ai"中"a"的舌位则为"前"。

5. 腭

腭分为上腭、下腭，在汉语发音中下腭往往不具体参与发音，上腭的作用相对更突出。上腭分为硬腭、软腭。在汉语发音中，舌尖、舌面只接触硬腭，舌根只接触软腭。

(二) 语音的四要素

语音的四要素是指一个语音包含的四个方面，即音高、音强、音长、音色，这是语音的物理属性。

1. 音高

音高即声音的高低。音的高低是由发音体的振动频率决定的，语音中音的高低取决于人的声带的长短、厚薄、松紧程度。举例来说，男性的声带长而厚，声带震动频率低，因此发出的声音低；女性和儿童的声带相对短而薄，声带震动频率高，因此发出的声音高。

在普通话中，最能体现语音音高变化的是声调。现代汉语共分为四个声调：阴平(一声)、阳平(二声)、上声(三声)、去声(四声)。其中，每个声调都有相应的调值。调值是指音节高低升降曲折长短的变化形式，也就是声调的实际读法。描写普通话的调值时一般使用"五度标记法"，如图1-1所示。

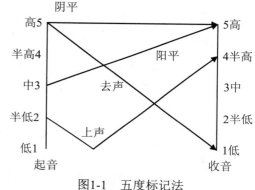

图1-1 五度标记法

(1) 阴平是一种高而平的调子，其调值为55，因为发音时声带始终保持同样的松紧程度，所以音高没有变化，如"妈"(mā)。

(2) 阳平调值为35，发音时声带由半松状态拉至最紧，音高由半高上升到最高，如"麻"(má)。

(3) 上声调值为214，呈曲折形，发音开始时声带比较松，接着放松到最低，最后拉到较紧的程度，音高由半低降到最低，再上升到半高，如"马"(mǎ)。

(4) 去声是一种由最高降到最低的调子，其调值为51，发音时声带由最紧到最松，如"骂"(mà)。

2. 音强

音强又称音量，即声音的轻重或强弱程度。音强是由发音体振动幅度的大小决定的。音强与发音时用力的程度及呼出气流量的大小有关。发音时用力大，例如大声呼喊，则气流强，声音就强；反之，说悄悄话时用力小、气流弱，音强就小。

在普通话中，重音主要是由音强决定的。重读音节(一般来说，除了儿化音不能自成音节外，一个汉字就是一个音节)时用力较大，呼出的气流强，所以声音强。此外，音强还具有区别语调升降的作用。这两点在本项目专题三中均有系统的介绍。

3. 音长

音长是指声音的长短，它取决于发音体振动时间的长短。就语音来说，声带振动的时间长，声音就长；反之，声音就短。

普通话中有的语言用音的长短来区别意义。例如，普通话中的"啊"发音短，表示惊讶或应答等；发音长，则表示迟疑、感叹等。

此外，普通话中读轻声的音节的音长较短。例如"桌子""外头""姐姐"等词语中第二个音节的音长较第一个音节的音长大大缩短。

4. 音色

音色又叫音质，是指声音的感觉特性。每个人说话的声音之所以不同，主要是因为音色不同。具体来说，人的音色不同的原因主要有三个方面：一是发音体即声带的长短、厚薄、松紧不同；二是共鸣器即口腔、鼻腔的大小、形状不同；三是发音方法即人们说话时用力的大小、运气的方法、舌头等发音器官的控制情况不同。

上述三者中只要有一个不同，就会产生不同音质的音，从而形成人们各自不同的声音特色。例如，普通话中"k"和"h"的音色不同，主要因为"k"是用爆破的方法发音，而"h"是用摩擦的方法发音。

课后专题训练

一、请根据所学内容认知自己的语言风格并列出需要进一步改善之处，进而给出具体的改进方法

二、**职业语言风格分析**：请列举旅游行业不同岗位的语言风格特点

附录：保护嗓音小贴士

1. 常做室外活动，增强体质和免疫力，避免咽喉疾病的发生。

2. 养成良好的卫生习惯，保持口腔卫生和咽喉清洁，坚持吃饭前后漱口。

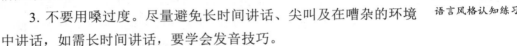

语言风格认知练习

3. 不要用嗓过度。尽量避免长时间讲话、尖叫及在嘈杂的环境中讲话，如需长时间讲话，要学会发音技巧。

4. 讲话时声音不宜过高或过低，并应善于运用麦克风等扩音设备。

5. 常喝温开水，少吃辛辣刺激性食物。

6. 不要经常用力清嗓子或咳嗽，这样会牵连声带，对咽喉造成损害。

7. 因患病而嗓音嘶哑时，尽量不要讲话。

专题二 口头语言表达的基本要求与阶梯式训练

预期收获：

(1) 了解口头语言表达的基本要求。

(2) 根据普通话音准要求找出自己的不足，并通过针对性练习进行纠正。

【典型案例】

数学家华罗庚培养"口才"

我国著名的数学家华罗庚，不仅有超群的数学才华，还是一位不可多得的"辩才"。他从小就注意培养自己的口才，认真学习普通话，还背了唐诗四五百首，以此来锻炼自己的口舌。

华罗庚先生在总结练"口才"的体会时说："勤能补拙是良训，一分辛苦一分才。"

分析与讨论：

(1) 华罗庚为什么如此重视"口才"的培养呢？

(2) 要想成功地与他人交流，最基本的要求是什么？

一、有声语言的特点和基本要求

在运用语言进行交际时，有声语言是最基本、最主要的手段，它有着自己的特点和基本要求。

(一) 有声语言的特点

1. 有声性

有声语言的主要特点是有声性，即直接通过语音来表达语义内容。语音是语言的物质外壳，语义内容只有通过语音形式才能表达出来。人类通过发音器官发出能够表达一定意义的声音，使口头语言物质化，使口头语言成为一种可以感知的东西。口头语言声音的好与坏、优与劣，会直接影响实质内容的表达效果。如果口头语言发出的声音优美动听，不仅能准确、恰当地表情达意，还能使人产生美感，使听话者得到一种美的享受；相反，如果声音干涩暗哑，不仅难以准确表达说话者的思想感情，还会使听话者感到烦躁和厌恶，从而影响表达效果。

2. 灵活性

相较于书面语言，口头语言要自由灵活得多。书面语言一旦构制成文，就成为物态化的精神产品，印刷出来后就成为凝固在纸上的文字，很难改动；而口头语言则可以灵活机动，哪怕前言不搭后语，也可通过上下句的关联听懂大概意思，如实在没听懂，还可当场询问，直到弄懂为止。说话者可根据听话者当场的反应，随时调整自己说话的内容和方式，亦可因人因时因地因事而异，人们常说的"见人说人话，见鬼说鬼话"就是这个意思。人们可在各种场合为不同的交际目的而即兴说话，虽然也要用词准确、通顺明白、合乎语法，但不必像写文章那样，谋篇布局、要求严格。因此，口头语言具有很大的灵活性。

3. 直接性

口头语言的交际方式与书面语言不同，不是从无声的书面文字中获取信息，而是交际各方直接见面，并从对方那里获取信息。说话者和听话者彼此能够看到对方，交互提供各种信息，形成直接的双向或多向交流。交际各方中间没有阻隔，无须通过中介环节，说话者直接用语音将信息传递给听话者，各方相互述说、询问、答疑、讨论，由于是在同一时间、同一场合进行的，信息传递得更加快捷、及时，表达得更加完整、充分。演讲也是一种面向广大听众的口语交际，虽然听众接收信息后不当场反馈，但演讲者与听众可以直接面对面地交流。

4. 瞬间性

口头语言转瞬即逝，受到时间和空间的限制。如果不借助仪器设备，前一秒说的话，下一秒就听不到了；在这间教室说的话，在一定距离外的另一间教室就听不到。心理学实验表明，一般人听连续的语流，精确地留在记忆里的时间不超过10秒钟，如果超过10秒钟听话者的记忆就会模糊不清、残缺不全；说话者在说完大段话之后，一般很难再把前面的话一字不差、完整地复述出来，与书面语言相比，这实在是口头语言的一个弱点。正是为了弥补口头语言的这一缺陷，在人类的文明进程中才产生了书面语言。因此，开展严肃的公务活动，传达与贯彻方针、政策，处理重大问题时，都应以用书面语写成的文件、文章为准，避免空口无凭。

5. 双面性

口头语言具有双面性。说话好比一把双刃剑，使用时既可以建立和维系人与人之间良好的人际关系，也可能在有意无意中破坏这种关系。生活中有人利用高超的语言艺术，变被动为主动，化干戈为玉帛，在谈判、外交上反败为胜，建立和谐的人际关系，赢得友谊和爱情的实例举不胜举，而错用这把"剑"导致不良后果的例子也时有发生。用口头语言进行交际，从思维到表达的时间极为短暂，话语经常是脱口而出，稍有不慎，就可能出现失误，甚至有可能得罪人。我们每个人都"佩戴"这样一把双刃剑，关键看你是不是善于使用它。

(二) 有声语言的基本要求

人类的声音极富表现力。人的喜怒哀乐等情感的表达，人与人之间的交际和协作，都需要借助有声语言这个主要媒介。在现代社会中，科学技术的进步使大众传播媒体日新月异，尤其是通信、广播、电视、计算机、人机对话、口语识别等技术的发展，对有声语言提出清晰、规范、统一的要求。这是人类进入信息社会后对有声语言提出的必然要求。

1. 发音标准

发音标准是对有声语言的基本要求。出于历史和社会的原因，我国存在严重的方言差异，现代社会中人员流动越来越频繁，我们接触的人来自四面八方，语音差别很大，因此，学会和说好普通话是进行交际、提高工作效率的基本保证。在运用有声语言时，只有做到发音标准，吐字清晰，表义准确、清楚，才能实现有效交际的目的。如果发音不标准、不规范，方言土语浓重，别人可能听不懂，甚至产生误解，就不能实现交际的目的。

在说话中能否使用方言？一般情况下，应说普通话，这是时代对语言规范化的基本要求。但推广普通话并不等于消灭方言，在某些特殊场合使用方言也是可以的。比如在北方城市，接待广东和港澳客人时，使用粤方言，会使客人强烈地感受到乡音的亲切和乡情的浓郁，因而容易办成事情。演讲一般要用普通话，但孙中山先生在美国檀香山演讲时，由于当地华侨多为广东人，他就因地制宜用粤方言演讲，取得了极佳的效果。有时出于沟通感情的需要，或出于语言幽默的需要，偶尔适当穿插一两句方言，会取得意想不到的效果。

2. 词汇丰富

要想把话说好、说贴切，就要成为"词汇的富翁"。要想有丰富的词汇储备，就要不断积累自己的词汇量。除了从课本、书报上积累，还要学习流传于人民群众中的那些生动活泼的词语，更要注意积累生活中、网络中出现的新词语。网络已成为新词语的发生地，每年都有许多词语产生和消亡，如果不能及时跟进步伐，很可能与现代社会脱节，因此，每个人都要随时丰富自己的词汇储备。

工作中，人们要熟悉自己所在单位、部门的行业用语和专业术语；而日常生活中，人们要使用好口头语言，因为日常用语可以反映人与人之间的关系，发挥着重要作用。对领导或有某种职务的人，一般应称其姓和职务，如"张总(经理)""王部长"；对年长者及专家学者，一般称其姓和尊称，如"尹教授""刘老""于先生"；对外宾，可称"先生""小姐""女士""夫人"；对平级或一般同事，可称"老李""小王"。此外，人们还应熟练掌握和自如地运用礼貌用语。例如，问候语有"您好""早上好""晚安"；祈请语有"您请""请多关照""拜托"；致谢语有"多谢""非常感谢""谢谢诸位"；道歉语有"抱歉""失礼了""请恕冒昧"；慰问语有"辛苦了""受累了""麻烦您了"；等等。

3. 通俗流畅

通俗流畅是指说话通俗易懂、连贯自然。有声语言稍纵即逝，不利于反复琢磨、领会，如果不通俗、流畅，而是艰涩、拗口，就会影响信息的传递和接收。因此，说话时在结构上要符合语法规则，在语义上要符合逻辑事理，在用语上要遵照约定俗成的语言习惯，少用方言土语和生僻词语。另外，要多用通俗易懂的口语，少用晦涩难懂的书面语；多用短句、单句，少用长句、复句；在适当的时候可以采用气声、颤音、顿音等方法和技巧，有针对性地运用比喻、夸张、对比、婉曲等修辞手法，以增强语言的艺术感染力，增强表达效果。

4. 清亮圆润

清亮圆润是指有声语言的音色优美，富有磁性，要像"大珠小珠落玉盘"一样令人心舒神畅，富有艺术魅力。这是对运用口头语言提出的更高要求。声音的音色是否清亮圆润，既取决于说话人发音器官的先天条件，也取决于后天有意识的训练。前者是难以改变的，而后者，只要坚持不懈，完全可以弥补先天的不足和缺陷(如德摩斯梯尼)。

我们要克服不好的发音习惯，如说话有气无力、蚊蝇之声、怯懦之声、嗲声嗲气及大喊大叫，刻意模仿港台腔或某种方言。我们要克服漏气、鼻音太重、喉音、发音抖动等弊病；要加强对声音的控制，正确使用发音器官，使呼吸、声带闭合、咬字三者协调起来，从而达到声音和谐、适度、清亮、圆润的效果。

二、普通话声母发音术语简介

(一) 发音方法术语

1. 塞音

塞音也叫闭塞音、爆破音，在普通话中是声母的一种发音方法。发音时，两个发音部位之间紧紧靠拢，使得气流通道完全堵塞，然后通道突然放开，除掉阻碍，气流冲出而发出的音就是塞音。如p、b、t、d、k、g都是塞音。

2. 擦音

擦音也叫摩擦音。发音时，两个发音部位之间靠近并留有一条狭窄的缝隙，气流从这条狭小的通道中摩擦而出，产生了擦音。如f、h、x、sh、s、r都是擦音。

3. 塞擦音

塞擦音由塞音和擦音组合而成。发音时，两个发音部位先是紧密靠拢，气流通道堵塞，然后打开，形成缝隙，使气流从中摩擦而出并发音。普通话声母中的z、c、zh、ch、j、q都是塞擦音。

4. 鼻音

鼻音是指发音时口腔气流通路被堵塞，软腭下垂，打开鼻腔通道，气流从鼻腔中通过而发出的一种语音。普通话声母中的鼻音是m、n。

5. 边音

边音同样是声母的一种发音方法。发音时，口腔中的气流通道由于舌头的阻碍未能完全打开，通道中部被堵塞，气流沿着舌头两边通过，声带振动，从而产生了边音。普通话声母中的边音是l。

6. 送气音与不送气音

送气音与不送气音指的是普通话中的塞音和塞擦音气流的强弱：发音时，除阻后呼出气流较强的塞音或塞擦音是送气音；相对来说，气流较弱的则是不送气音。练习时，将手放在嘴巴前，即可感觉到p、t、k、c、ch、q六个声母发音时气流较强，属送气音；b、d、g、z、zh、j六个音则气流较弱，为不送气音。

7. 清音与浊音

普通话声母中的清音和浊音是按照发音时声带振动与否来划分的。普通话声母中除m、n、l、r为浊音外，其余均为清音。

(二) 发音部位术语

1. 双唇音

双唇音由上唇和下唇阻碍气流而形成。声母b、p、m为双唇音。

2. 唇齿音

它由上齿和下唇接近阻碍气流而形成。普通话声母中只有f是唇齿音。

3. 舌尖前音

它由舌尖抵住或接近齿背阻碍气流而形成，即我们平时所说的"平舌音"，包括z、c、s三个声母。

4. 舌尖中音

它由舌尖抵住上齿龈阻碍气流而形成。d、t、n、l四个声母为舌尖中音。

5. 舌尖后音

它由舌尖抵住或接近硬腭前端阻碍气流而形成，即"翘舌音"，包括zh、ch、sh、r四个声母。

6. 舌面音

它由舌面前部抵住或接近硬腭前端阻碍气流而形成，普通话声母中的舌面音有三个，分别是j、q、x。

7. 舌根音

它由舌面后部抵住或接近软腭阻碍气流而形成，声母g、k、h为舌根音。

三、普通话声母发音方法与常见发音偏误

找准声母的发音部位是十分重要的，其中以舌位的精准程度最为关键。根据各声母发音的难易程度、舌头定位的自然程度、大多数人的发音习惯三个要素，本专题对声母的学习顺序进行了一定调整。

（一）普通话声母发音方法

（1）b：双唇自然闭合，发音力量集中在唇中部，嘴角不用力，声带不颤动，同时口腔中的气流有力冲开双唇阻碍，发出不送气、清、塞音。

（2）p：双唇自然闭合，发音力量集中在唇中部，嘴角不用力，声带不颤动，同时口腔中一股明显的气流有力冲开双唇阻碍，发出送气、清、塞音。

(3) m：双唇自然闭合，嘴角不用力，软腭下垂，打开鼻腔，声带颤动，气流从鼻腔通过，发出双唇、浊、鼻音。

(4) f：上齿抵在下唇内侧，发音时，气流从唇齿间的缝隙摩擦通过，发出唇齿、清、擦音。

(5) d：舌尖抵住上齿龈，气流到达成阻部位后，舌尖用力从上齿龈处弹开，发出不送气、清、塞音。

(6) t：舌尖抵住上齿龈，发音时，舌尖用力从上齿龈处弹开并发出一股强气流，发出送气、清、塞音。

(7) n：舌尖贴在上齿龈处，唇部微张，软腭下垂，打开鼻腔，声带颤动，气流从鼻腔中通过，发出舌尖中、浊、鼻音。

(8) l：舌尖抵在上齿龈中部，唇部微张，声带颤动，气流从舌头两边通过，发出舌尖中、浊、边音。

(9) zh：舌尖抵住硬腭前部，气流通过时将成阻部位冲出一条小缝并从中摩擦通过，发出不送气、清、塞擦音。

(10) ch：舌尖抵住硬腭前部，一股强气流将成阻部位冲出一条小缝并从中摩擦通过，发出送气、清、塞擦音。

(11) sh：舌尖接近硬腭前部，形成一条小缝，气流从中摩擦通过，发出清、擦音。

(12) r：舌尖略微卷起接近硬腭前部，形成一条小缝，声带颤动，气流从中摩擦通过，发出浊、擦音。

(13) z：舌尖前端抵住齿背，气流将成阻部位冲出一条小缝并摩擦通过，发出不送气、清、塞擦音。

(14) c：舌尖前端抵住齿背，一股较强气流将成阻部位冲出一条小缝并摩擦通过，发出送气、清、塞擦音。

(15) s：舌尖前端接近齿背，形成一条小缝，气流从中摩擦通过，发出清、擦音。

(16) g：舌面后部隆起抵住软腭，气流突然冲出成阻部位，此时舌面后部用力从软腭处弹开，发出不送气、清、塞音。

(17) k：舌面后部隆起抵住软腭，一股较强气流突然冲出成阻部位，此时舌面后部用力从软腭处弹开，发出送气、清、塞音。

(18) h：舌面后部隆起靠近软腭，形成一条小缝，气流从中摩擦通过，发出清、擦音。

(19) j：舌面前部隆起贴住硬腭前端，气流将成阻部位冲出一条小缝并摩擦通过，发出不送气、清、塞擦音。

(20) q：舌面前部隆起贴住硬腭前端，一股较强气流将成阻部位冲出一条小缝并摩擦通过，发出送气、清、塞擦音。

(21) x：舌面前部隆起与硬腭前端形成一条小缝，气流从中摩擦通过，发出舌面、清、擦音。

(二) 普通话声母常见发音偏误与纠错练习

1. b与p的辨正

b和p都是双唇音，其发音的区别在于前者为不送气音，后者为送气音，有些方言音中存在把b发成p的问题。

练习：

巴巴(bā bā)——啪啪(pā pā)　　很棒(hěn bàng)——很胖(hěn pàng)

一遍(yī biàn)——一片(yī piàn)　　秕子(bǐ zi)——痞子(pǐ zi)

毕竟(bì jìng)——僻静(pì jìng)　　饱了(bǎo le)——跑了(pǎo le)

爬出(pá chū)——拔出(bá chū)　　婆婆(pó po)——伯伯(bó bo)

抛起(pāo qǐ)——包起(bāo qǐ)　　排开(pái kāi)——白开(bái kāi)

袍子(páo zi)——雹子(báo zi)　　逃跑(táo pǎo)——淘宝(táo bǎo)

2. d与t的辨正

d与t发音的区别同样在于送气音与不送气音，常见偏误为把不送气音d发成送气音t。

练习：

调动(diào dòng)——跳动(tiào dòng)　　敌视(dí shì)——提示(tí shì)

堵住(dǔ zhù)——土著(tǔ zhù)　　读书(dú shū)——图书(tú shū)

顶多(dǐng duō)——挺多(tǐng duō)　　堆着(duī zhe)——推着(tuī zhe)

兔子(tù zi)——肚子(dù zi)　　吞下(tūn xià)——蹲下(dūn xià)

挑走(tiāo zǒu)——叼走(diāo zǒu)　　通风(tōng fēng)——东风(dōng fēng)

对题(duì tí)——对敌(duì dí)　　跳脚(tiào jiǎo)——吊脚(diào jiǎo)

3. n与l的辨正

n与l的发音主要有两处不同：一是气流通道不同，n是鼻音，气流从鼻腔通过；l是边音，气流从舌的两侧通过。二是n与l虽然都是舌尖中音，但发n时，舌尖是"贴"在上齿龈部位的，接触面积稍大；而发l时，舌尖则是"抵"在上齿龈部位的，相应的接触面积也就较小，而且舌尖的位置也相对靠后。

练习：

千年(qiān nián)——牵连(qiān lián)　　　湖南(hú nán)——湖蓝(hú lán)

泥巴(ní ba)——篱笆(lí ba)　　　　　　老农(lǎo nóng)——老龙(lǎo lóng)

脑子(nǎo zi)——老子(lǎo zi)　　　　　牛年(niú nián)——榴莲(liú lián)

无赖(wú lài)——无奈(wú nài)　　　　　老刘(lǎo liú)——老牛(lǎo niú)

吕氏(lǚ shì)——女士(nǚ shì)　　　　　蓝布(lán bù)——南部(nán bù)

隆重(lóng zhòng)——浓重(nóng zhòng)　连夜(lián yè)——黏液(nián yè)

4. zh与z，ch与c，sh与s的辨正

zh、ch、sh为舌尖后音，发音时，舌尖要翘起与硬腭前端接触，发z、c、s时，舌尖无须"翘"起，而是"平伸"与齿背接触，两组声母的发音区别是很明显的，但我国很多地区的方言都存在平翘舌不分的现象。

练习：

战时(zhàn shí)——暂时(zàn shí)　　　增订(zēng dìng)——征订(zhēng dìng)

栽花(zāi huā)——摘花(zhāi huā)　　　早市(zǎo shì)——找事(zhǎo shì)

初步(chū bù)——粗布(cū bù)　　　　　重来(chóng lái)——从来(cóng lái)

木材(mù cái)——木柴(mù chái)　　　　村庄(cūn zhuāng)——春装(chūn zhuāng)

商业(shāng yè)——桑叶(sāng yè)　　　八成(bā chéng)——八层(bā céng)

森森(sēn sēn)——深深(shēn shēn)　　　三角(sān jiǎo)——山脚(shān jiǎo)

5. j与z，q与c，x与s的辨正

从发音部位来说，j、q、x属于舌面音，成阻部位为舌面前部与硬腭前端，发音时舌尖要抵在下齿背后；z、c、s的成阻部位为舌尖与齿背。但有的人在发j、q、x时，往往会不自觉地抬起舌尖使之碰到上齿，从而导致气流从牙齿之间擦过，发出接近z、c、s的所谓的"尖音"。

练习：

鉴定(jiàn dìng)——暂定(zàn dìng)　　　洗脚(xǐ jiǎo)——洗澡(xǐ zǎo)

造作(zào zuò)——叫做(jiào zuò)　　　资本(zī běn)——基本(jī běn)

千金(qiān jīn)——餐巾(cān jīn)　　　锵锵(qiāng qiāng)——苍苍(cāng cāng)

醋意(cù yì)——去意(qù yì)　　　此处(cǐ chù)——起处(qǐ chù)

显形(xiǎn xíng)——伞形(sǎn xíng)　　　香叶(xiāng yè)——桑叶(sāng yè)

苏子(sū zi)——须子(xū zi)　　　搜到(sōu dào)——修道(xiū dào)

6. r与l的辨正

r和l都是舌尖音：r是舌尖后音，成阻部位是舌尖与硬腭前部，l是舌尖中音，成阻部位是舌尖与上齿龈。出现发音偏误的原因不是发音时把握不住发音部位，而是发音方法不同：r是擦音，发音时成阻部位之间应形成一条缝隙，l是边音，成阻部位要接触发音，如果发声母r时舌尖与硬腭有接触，就会发出近似声母l的读音。

练习：

湿润(shī rùn)——诗论(shī lùn)　　　攘攘(rǎng rǎng)——朗朗(lǎng lǎng)

白绒(bái róng)——白龙(bái lóng)　　　流入(liú rù)——流露(liú lù)

褥子(rù zi)——路子(lù zi)　　　衰弱(shuāi ruò)——衰落(shuāi luò)

天蓝(tiān lán)——天然(tiān rán)　　　近路(jìn lù)——进入(jìn rù)

卤汁(lǔ zhī)——乳汁(rǔ zhī)　　　楼道(lóu dào)——柔道(róu dào)

收录(shōu lù)——收入(shōu rù)　　　快乐(kuài lè)——快热(kuài rè)

7. f与h的辨正

f与h的发音偏误一般是由方言引起的。在有些方言中，发声母h时由于舌面后部没有充分抬起与硬腭后部靠近，使得发音位置过于靠前，口腔开合度变小，上齿与下唇产生了接触，从而发出接近声母f的读音。

开发(kāi fā)——开花(kāi huā)　　　公费(gōng fèi)——工会(gōng huì)

船夫(chuán fū)——传呼(chuán hū)　　　粉尘(fěn chén)——很沉(hěn chén)

飞动(fēi dòng)——挥动(huī dòng)　　　奋战(fèn zhàn)——混战(hùn zhàn)

汉人(hàn rén)——犯人(fàn rén)　　　荒原(huāng yuán)——方圆(fāng yuán)

互助(hù zhù)——附注(fù zhù)　　　湖水(hú shuǐ)——浮水(fú shuǐ)

慌慌(huāng huāng)——方方(fāng fāng)　　互援(hù yuán)——复员(fù yuán)

四、普通话韵母发音方法与常见发音偏误

普通话韵母共分为三大类：单韵母、复韵母、鼻韵母，前两类是根据元音的个数来划分的，第三类是根据韵母的独特发音部位来定义的。

(一) 普通话韵母发音方法

1. 单韵母

单韵母是指由一个元音构成的单元音韵母，普通话共有10个单韵母。

(1) a：嘴自然张大，舌头自然放松位于下颚，气流均匀通过口腔，声带振动，发出不圆唇元音。

(2) o：双唇自然拢圆不动，舌头后缩使舌根与软腭相对，气流均匀通过口腔，声带振动发出圆唇元音。

(3) e：嘴半闭，嘴唇自然展开，舌头后缩使舌根与软腭相对，声带振动发出不圆唇元音。

(4) ê：嘴半开，舌面与硬腭相对，声带振动发出不圆唇元音。

(5) i：嘴唇向两边呈扁平状展开，舌面前端上挺与硬腭前端形成一条缝隙，气流从中通过并振动声带，发出不圆唇元音。

(6) u：双唇拢成小圆，舌头后缩使舌根与软腭相对，气流均匀通过口腔，声带振动，发出圆唇元音。

(7) ü：双唇拢成小圆并微微前撮，舌面前端上挺与硬腭前端形成一条缝隙，气流从中通过并振动声带，发出圆唇元音。

(8) -i(前)：嘴唇向两边呈扁平状展开，舌尖接近齿背形成一条缝隙，气流均匀通过，声带振动。这个音只出现在声母z、c、s后面。

(9) -i(后)：双唇略展，舌尖翘起与硬腭前端接近形成缝隙，气流从中均匀通过，声带振动。这个音只出现在声母zh、ch、sh、r后面。

(10) er：嘴微张，舌尖卷起靠近硬腭形成缝隙，声带振动，发出卷舌元音。

2. 复韵母

复元音韵母由两个或三个元音构成，简称复韵母，普通话共有13个复韵母。

1) 前响复韵母

此类复韵母中第一个元音比第二个元音发音清晰响亮，第二个音往往不必完全发到位而是代表一种发音趋向。

(1) ai：嘴自然张开，发音时舌位从前"a"开始向着"i"的方向滑动，口腔开合度变小，发出复合元音。

(2) ao：嘴自然张开，舌头后缩，发音时舌位从后"a"开始向着后高"o"的方向滑动，唇形逐渐拢圆，发出复合元音。

(3) ei：双唇略展，发音时舌位从前央"e"开始向着"i"的方向滑动，口腔开合度变小，发出复合元音。

(4) ou：双唇拢圆，舌头后缩，发音时舌位从"o"开始向着"u"的方向滑动，唇形由大圆变为小圆，发出复合元音。

2) 后响复韵母

此类复韵母中第二个元音比第一个元音发音响亮且较长，两个音都要发到位。

(1) ia：双唇略展，发音时，舌位从"i"开始向着央"a"的方向滑动，口腔开合度变大，发出复合元音。

(2) ie：双唇略展，发音时舌位从"i"开始向着"ê"的方向滑动，口腔开合度变大。

(3) ua：双唇拢圆，舌头后缩，发音时舌位从"u"开始向着央"a"的方向滑动，双唇由圆形而自然张大。

(4) uo：双唇拢圆，舌头后缩，发音时舌位从"u"开始向着低"o"的方向滑动，唇形由小圆变成大圆。

(5) üe：双唇拢圆，发音时舌位从"ü"开始滑向"ê"，唇形由圆而展。

3) 中响复韵母

这类复韵母发音时第一个元音轻而短，第二个元音清晰响亮，第三个元音含混，代表一种发音趋向。

(1) iao：嘴微张，发音舌位从高元音"i"开始降至后"a"，然后朝后高元音

"o"的方向滑动，嘴唇逐渐拢圆，发出中响复韵母。

(2) iou：嘴微张，发音舌位从高元音"i"开始降至后低元音"o"，嘴唇拢圆，然后朝后高元音"u"的方向滑动，嘴唇撮起，发出中响复韵母。

(3) uai：嘴唇撮起，发音舌位从后高元音"u"开始移至前"a"，然后朝高元音"i"滑动，此时嘴唇展开，发出中响复韵母。

(4) uei：嘴唇撮起，发音舌位从后高元音"u"开始移至前低元音"e"，然后朝高元音"i"滑动，此时嘴唇展开，发出中响复韵母。

3. 鼻韵母

鼻韵母是指气流从鼻腔中通过发出的音，此类韵母发音时总是由元音开始逐渐过渡至鼻音上，从而形成鼻辅音。

1) 前鼻音韵母

(1) an：嘴自然张开，发音时舌位从前"a"开始，舌尖向上移动贴在上齿龈处堵住口腔通道，气流从鼻腔通过，发出前鼻音复合韵母。

(2) en：嘴微张，发音时舌位从央"e"开始，舌尖向上移动贴在上齿龈处堵住口腔通道，气流从鼻腔通过，发出前鼻音复合韵母。

(3) in：双唇略展，发音时舌位从"i"开始，舌尖向上移动贴在上齿龈处堵住口腔通道，气流从鼻腔通过，发出前鼻音复合韵母。

(4) ün：双唇拢圆，发音时舌位从"ü"开始，舌尖向上移动贴在上齿龈处堵住口腔通道，气流从鼻腔通过，发出前鼻音复合韵母。

(5) ian：双唇略展，发音时舌位从"i"开始，逐渐向半低元音"a"滑动，发到[æ]时舌尖向上移动贴在上齿龈处堵住口腔通道，气流从鼻腔通过，发出前鼻音复合韵母。

(6) uan：嘴唇撮起，发音时舌位从"u"开始逐渐降至前低元音"a"，然后舌尖向上移动贴在上齿龈处堵住口腔通道，气流从鼻腔通过，发出前鼻音复合韵母。

(7) üan：双唇撮圆，发音时舌位从"ü"开始，逐渐向半低元音"a"滑动，发到[æ]时舌尖向上移动贴在上齿龈处堵住口腔通道，气流从鼻腔通过，发出前鼻音复合韵母。

(8) uen：嘴唇撮起，发音时舌位从"u"开始逐渐降至央"e"，然后舌尖向上移动贴在上齿龈处堵住口腔通道，气流从鼻腔通过，发出前鼻音复合韵母。

2) 后鼻音韵母

(1) ang：嘴自然张开，发音时舌位从后"a"开始，舌根向后向上抬起与软腭接触堵住口腔通道，气流从鼻腔通过，发出后鼻音复合韵母。

(2) eng：嘴微张，发音舌位从央"e"开始，舌根向后向上抬起与软腭接触堵住口腔通道，气流从鼻腔通过，发出后鼻音复合韵母。

(3) ing：双唇略展，发音舌位从"i"开始，舌根向后向上抬起与软腭接触堵住口腔通道，气流从鼻腔通过，发出后鼻音复合韵母。

(4) ong：双唇拢圆，发音舌位从"o"开始，舌根向后向上抬起与软腭接触堵住口腔通道，气流从鼻腔通过，发出后鼻音复合韵母。

(5) iang：嘴微张，发音舌位从高元音"i"开始降至后低元音"a"，然后舌根与软腭接触，堵住口腔通道，气流从鼻腔通过，此时嘴唇打开，发出后鼻音复韵母。

(6) uang：嘴唇撮起，发音舌位从后高元音"u"开始移至低元音"a"，然后舌根与软腭接触，堵住口腔通道，气流从鼻腔通过，此时嘴唇打开，发出后鼻音复韵母。

(7) ueng：嘴唇撮起，发音舌位从后高元音"u"开始移至央"e"，然后舌根与软腭接触，堵住口腔通道，气流从鼻腔通过，此时嘴唇微张，发出后鼻音复韵母。

(8) iong：发音舌位从高元音"i"开始迅速移至圆唇音"u"，然后舌根与软腭接触，堵住口腔通道，气流从鼻腔通过，发出后鼻音复韵母。

(二) 普通话韵母常见发音偏误与纠错练习

1. o、e的辨正

o为圆唇音，e为不圆唇音，在普通话中，声母b、p、f只能与o而不能与e相拼，有些方言中由于发o时没有把嘴唇拢圆，往往误发成e音。

练习：

拨开(bō kāi)	脖子(bó zi)	跛脚(bǒ jiǎo)	簸箕(bò ji)
泼墨(pō mò)	婆婆(pó po)	笸箩(pǒ luo)	迫切(pò qiè)
摸底(mō dǐ)	蘑菇(mó gu)	涂抹(tú mǒ)	磨盘(mò pán)
怎么(zěn me)	河水(hé shuǐ)	记者(jì zhě)	唱和(chàng hè)
叵测(pǒ cè)	波折(bō zhé)	恶魔(è mó)	破格(pò gé)

2. i、u的辨正

i和u发音时的区别在于唇形不同，前者为不圆唇音，后者为圆唇音。

驴子(lú zi)——梨子(lí zi)　　　　　　一缕(yī lǚ)——一里(yī lǐ)

有序(yǒu xù)——有戏(yǒu xì)　　　　生趣(shēng qù)——生气(shēng qì)

下句(xià jù)——夏季(xià jì)　　　　　碧玉(bì yù)——裨益(bì yì)

雨具(yǔ jù)——雨季(yǔ jì)　　　　　居于(jū yú)——基于(jī yú)

一律(yī lǜ)——一粒(yī lì)　　　　　　履历(lǚ lì)——李丽(lǐ lì)

名誉(míng yù)——名义(míng yì)　　　小鱼(xiǎo yú)——小姨(xiǎo yí)

3. ai、ei的辨正

ai和ei的发音偏误多由方言音影响造成，有些地方常把ai发成ei音，如"白菜(bái cài)"发成(béi cài)。

麦粒(mài lì)——魅力(mèi lì)　　　　　分派(fēn pài)——分配(fēn pèi)

耐心(nài xīn)——内心(nèi xīn)　　　　来人(lái rén)——雷人(léi rén)

百强(bǎi qiáng)——北墙(běi qiáng)　　拜师(bài shī)——背诗(bèi shī)

胃部(wèi bù)——外部(wài bù)　　　　　嘿嘿(hēi hēi)——嗨嗨(hāi hāi)

美好(měi hǎo)——买好(mǎi hǎo)　　　　小妹(xiǎo mèi)——小麦(xiǎo mài)

内核(nèi hé)——奈何(nài hé)　　　　　被子(bèi zi)——稗子(bài zi)

4. ie、üe的辨正

üe发音时有撮唇动作，而ie没有。如果忽略这一差别，就容易把üe发成ie音。

劫掠(jié lüè)——节烈(jié liè)　　　　决断(jué duàn)——截断(jié duàn)

明月(míng yuè)——明夜(míng yè)　　　决绝(jué jué)——节节(jié jié)

确实(què shí)——切实(qiè shí)　　　　白雪(bái xuě)——白写(bái xiě)

学会(xué huì)——协会(xié huì)　　　　月夜(yuè yè)——夜夜(yè yè)

略表(lüè biǎo)——列表(liè biǎo)　　　撅着(juē zhe)——接着(jiē zhe)

五岳(wǔ yuè)——午夜(wǔ yè)　　　　　大雪(dà xuě)——大写(dà xiě)

5. an与ang，uan与uang，ian与iang的辨正

an、uan、ian属于前鼻音，发音时舌面前部与上齿龈接触；ang、uang、iang属

于后鼻音，发音时舌根与软腭接触。有些方言中没有前鼻音或后鼻音，造成前后鼻音不分。

沾化(zhān huà)——彰化(zhāng huà)　　山神(shān shén)——伤神(shāng shén)

开放(kāi fàng)——开饭(kāi fàn)　　　浪漫(làng màn)——烂漫(làn màn)

机关(jī guān)——激光(jī guāng)　　　弯弯(wān wān)——汪汪(wāng wāng)

一网(yī wǎng)——一碗(yī wǎn)　　　光头(guāng tóu)——关头(guān tóu)

坚硬(jiān yìng)——僵硬(jiāng yìng)　　燕子(yàn zi)——样子(yàng zi)

香滑(xiāng huá)——鲜滑(xiān huá)　　奖励(jiǎng lì)——简历(jiǎn lì)

6. en与eng，eng与ong，uen、ueng、ong的辨正

en与eng的发音差别在于前者为前鼻音，后者为后鼻音。eng与ong的发音差别在于eng发音时不圆唇，ong发音时圆唇。uen、ueng、ong三个韵母的发音差别如下：uen是前鼻音，ueng是后鼻音，且唇形由撮而自然放开，而ong虽然也是后鼻音，但始终要圆唇。

绅士(shēn shì)——升势(shēng shì)　　余温(yú wēn)——渔翁(yú wēng)

清蒸(qīng zhēng)——清真(qīng zhēn)　虫子(chóng zi)——橙子(chéng zi)

征程(zhēng chéng)——忠诚(zhōng chéng)　争气(zhēng qì)——中气(zhōng qì)

真沉(zhēn chén)——真诚(zhēn chéng)　冲锋(chōng fēng)——春风(chūn fēng)

手准(shǒu zhǔn)——手肿(shǒu zhǒng)　一顿(yī dùn)——移动(yí dòng)

崇敬(chóng jìng)——纯净(chún jìng)　　从前(cóng qián)——存钱(cún qián)

7. in与ing，ing与iong的辨正

in与ing发音时双唇均要略展，但in是前鼻音，ing是后鼻音。ing与iong都是后鼻音，但韵母iong中多了一个圆唇元音"o"，因此发音时唇形接近圆唇，而ing在发音时唇形要略展，无圆唇音。

时兴(shí xīng)——时新(shí xīn)　　　银钱(yín qián)——赢钱(yíng qián)

频繁(pín fán)——平凡(píng fán)　　　经营(jīng yíng)——金银(jīn yín)

杏子(xìng zi)——信子(xìn zi)　　　　人名(rén míng)——人民(rén mín)

中英(zhōng yīng)——中庸(zhōng yōng)　真行(zhēn xíng)——真熊(zhēn xióng)

无情(wú qíng)——无穷(wú qióng)　　　炯炯(jiǒng jiǒng)——井井(jǐng jǐng)

穷人(qióng rén)——情人(qíng rén)　　　雌雄(cí xióng)——词形(cí xíng)

8. uan、an的辨正

韵母uan比an多了一个元音u，但有些地区如山东青岛的方言，在发uan时常常省略韵头u，从而造成发音偏误。

一段(yī duàn)——一旦(yī dàn)　　　　专注(zhuān zhù)——粘住(zhān zhù)

杂乱(zá luàn)——砸烂(zá làn)　　　　喘气(chuǎn qì)——产气(chǎn qì)

拴上(shuān shàng)——山上(shān shàng)　　关心(guān xīn)——甘心(gān xīn)

展伸(zhǎn shēn)——转身(zhuǎn shēn)　　汗气(hàn qì)——换气(huàn qì)

感人(gǎn rén)——管人(guǎn rén)　　　干旱(gān hàn)——官宦(guān huàn)

软蛋(ruǎn dàn)——软缎(ruǎn duàn)　　谈谈(tán tán)——团团(tuán tuán)

9. ün、iong的辨正

ün与iong出现发音偏误的原因是前后鼻音不分，我国山西等地区方言中就存在把iong发成ün的现象。

应允(yīng yǔn)——英勇(yīng yǒng)　　运气(yùn qì)——用气(yòng qì)

晕倒(yūn dǎo)——拥倒(yōng dǎo)　　　勋章(xūn zhāng)——胸章(xiōng zhāng)

韵律(yùn lǜ)——用律(yòng lǜ)　　　　熏晕(xūn yūn)——汹涌(xiōng yǒng)

用费(yòng fèi)——运费(yùn fèi)　　　勇斗(yǒng dòu)——芸豆(yún dòu)

雄性(xióng xìng)——寻衅(xún xìn)　　穷装(qióng zhuāng)——裙装(qún zhuāng)

永兴(yǒng xīng)——陨星(yǔn xīng)　　雄鸡(xióng jī)——寻机(xún jī)

除努力克服上述发音偏误外，我们还应自觉培养普通话发音意识，在工作和生活中用现代汉语与人交流时，一定要使用标准普通话，避免因说话时夹杂方言、读错字等徒增领会、表达方面的困难。另外，对于由发音时形成的不良习惯所导致的语速问题、音质问题，我们也应有意识地通过坚持相关发音训练逐渐进行改善。

五、普通话发音阶梯式训练

绕口令训练是公认的提高发音准确程度、口齿伶俐程度的有效方式之一，但对于初学者来说，切忌急于求成，正确的方法是先按照所学的声韵母的正确发音方法读准每一个音：开始时可以拖长、提高每一个声韵母的读音，以字练声；然后逐步加快速度；同时采用阶梯式训练方法，从简单易学的绕口令开始练习，根据熟练程度加大难度，长此以往，会使唇、齿、牙、舌、喉的灵活性得到明显提高。

(一) 训练程序与规则

1. 阶梯一：前期准备(二选一)

(1) 向老师或同学请教，找出自己在声韵母发音方面的不足，编制普通话发音纠错计划表，进行过程训练，按时间节点找老师进行检验。

(2) 向老师或同学请教，找出自己在声韵母发音方面的不足，按互补原则组成小组，制订普通话发音阶段纠错训练计划，按时间节点找老师进行检验。教师应对进步明显的小组给予适当奖励。

2. 阶梯二：绕口令单项训练(具体内容见第30页)

3. 阶梯三：绕口令综合训练——绕口令比赛

(1) 教师提供绕口令，分为A、B、C三级(具体内容见第36页)，难度分别呈阶梯式递增，先从最简单的A级开始练习。

(2) 将学生分成小组，一组以6人左右为宜。分组原则：每组平均分配在前一阶段学习中语音、语速问题突出且进步较小的学生，其余学生帮助其纠正。

(3) 要求：学生课下熟练背诵绕口令，力求语音标准，停连恰当，在此基础上语速要尽量加快。在符合上述要求的基础上，用时较少者获胜。

(4) 方式：分小组比赛，抽签决定组内每一位成员应背诵的绕口令。

(5) 具体时间评判标准：

① 语音不准确者，在小组所用时间上一个字加3秒钟；

② 语速过快导致吞字一处加2秒钟；吞字过多致使完全无法听清，取消本小组比赛资格；

③ 停连不当一处加3秒钟。

(6) 奖励：排名前三位的小组获得加分或小礼物。

(二) 绕口令单项训练

1. 声母训练

1) b、p、m、f

(1) 八百标兵奔北坡，炮兵并排北坡跑，炮兵怕把标兵碰，标兵怕碰炮兵炮。

(2) 一平盆面，烙一平盆饼，平平拉过平盆要吃饼。饼碰盆，盆碰饼。

(3) 我家有只肥净白净八斤鸡，飞到张家后院里。张家后院有只肥净白净八斤狗，咬了我的肥净白净八斤鸡。我拿他的肥净白净八斤狗，赔了我的肥净白净八斤鸡。

(4) 有个面铺门朝南，门上挂着蓝布棉门帘，摘了蓝布棉门帘，面铺门朝南；挂上蓝布棉门帘，面铺还是门朝南。

2) d、t、n、l

(1) 调到敌岛打特盗，特盗太刁投短刀。挡推顶打短刀掉，踏盗得刀盗打倒。

(2) 老唐端蛋汤，踏凳登宝塔，只因凳太滑，汤洒汤烫塔。

(3) 牛良蓝衣布履扛楠木，刘妞绿衣拷褛买蓝布，牛良的楠木上房梁，刘妞的蓝布做衣裳。

(4) 大梁拴好牛在柳树下纳凉，碰上从牛栏山牛奶站挤了牛奶要拎到岭南乡牛奶店的刘奶奶，大梁忙拉刘奶奶到柳树下纳凉，接过刘奶奶的牛奶去岭南乡牛奶店送牛奶。

(5) 刘庄有个刘小柳，柳庄有个柳小妞。刘小柳放奶牛，柳小妞路边种杨柳。刘小柳的牛踩了柳小妞的柳，柳小妞的柳扎了刘小柳的牛。

3) g、k、h

(1) 哥哥挂钩，钩挂哥哥刚穿的白小褂儿。姑姑隔着隔扇去钩鼓，鼓高姑姑难钩鼓，哥哥帮姑去钩鼓，姑姑帮哥哥把小褂儿补。

(2) 妈妈爱栽花，爸爸爱种瓜；妈妈栽桃花，爸爸种西瓜；桃花红，红桃花，娃娃脸上笑哈哈；爸爸给我吃西瓜，娃娃心里乐开花。

(3) 古老街上胡古老，古老街下古老胡，古老街上的胡古老找古老街下的古老胡比古老。结果不知是胡古老的古老比古老胡的古老古老，还是古老胡的古老比胡古老的古老古老。

4) j、q、x

(1) 九月九，九个酒迷喝醉酒。九个酒杯九杯酒，九个酒迷喝九口。喝罢九口酒，又倒九杯酒。九个酒迷端起酒，"咕咚、咕咚"又九口。九杯酒，酒九口，喝罢九个酒迷醉了酒。

(2) 七巷一个漆匠，西巷一个锡匠，七巷漆匠用了西巷锡匠的锡，西巷锡匠拿了七巷漆匠的漆，七巷漆匠气西巷锡匠用了漆，西巷锡匠讥七巷漆匠拿了锡。

(3) 稀奇稀奇真稀奇，蟋蟀踩死老母鸡，气球碰坏大机器，蚯蚓身长一丈七。

5) z、c、s

(1) 紫紫茄子，紫茄子紫。紫茄子结籽，紫茄子皮紫肉不紫。紫紫茄子结籽，紫紫茄子皮紫籽也紫。你喜欢吃皮紫肉不紫的紫茄子，还是喜欢吃紫皮紫籽的紫紫茄子。

(2) 山前有个崔粗腿，山后有个崔腿粗，二人山前来比腿。不知是崔腿粗比崔粗腿的腿粗，还是崔粗腿比崔腿粗的腿粗。

(3) 司机买雌鸡，仔细看雌鸡，四只小雌鸡，叽叽好欢喜，司机笑嘻嘻。

6) zh、ch、sh、r

(1) 知道就是知道，不知道就是不知道。不要知道说不知道，也不要不知道说知道。老老实实，实事求是，一定做到不折不扣地真知道。

(2) 大车拉小车，小车拉小石头，石头掉下来，砸了小脚指头。

(3) 石室诗士施氏，嗜狮，誓食十狮。施氏时时适市视狮。十时，适十狮适市。是时，适施氏适市。氏视十狮，恃矢势，使是十狮逝世。氏拾是十狮尸，适石室。石室湿，氏使侍拭石室。石室拭，氏始试食是十狮尸。食时，始识是十狮，实十石狮尸。试释是事。

(4) 日头热，晒人肉，晒得心里好难受。晒人肉，好难受，晒得头上直冒油。

(5) 山山爱荒山，松柏种满山。荒山变宝山，人人夸山山。

(6) 夏日无日日亦热，冬日有日日亦寒，春日日出天渐暖，晒衣晒被晒褥单，秋日天高复云淡，遥看红日迫西山。

7) h、f

(1) 山前有只虎，山下有只猴，虎撵猴，猴斗虎，虎撵不上猴，猴也斗不了虎。

(2) 我们要学理化，他们要学理发。理化不是理发，理发也不是理化，理化理发要分清。学会理化却不会理发，学会理发却不懂理化。

(3) 风吹灰飞，灰飞花上花堆灰。风吹花灰灰飞去，灰在风里飞又飞。

8) 平翘舌音

(1) 上桑山，砍山桑，背着山桑下桑山。

(2) 锄长草，草长长，长草丛中出长草，锄尽长草做草料。

(3) 四是四，十是十，十四是十四，四十是四十，不要把十四说成四十，也不要把四十说成十四。

(4) 我说四个石狮子，你说十个纸狮子。石狮子是死狮子，四个石狮子不能嘶；纸狮子也是死狮子，十个纸狮子也不能撕。狮子嘶，撕狮子，死狮子，狮子尸。要想说清这些字，必须读准四、十、死、尸、狮、撕、嘶。

(5) 四十四个字和词，组成一首绕口词。桃子李子梨子栗子橘子柿子槟子和榛子，栽满院子村子和寨子。刀子斧子锯子凿子锤子刨子尺子，做出桌子椅子和箱子。名词动词数词量词代词副词助词连词，连成语词诗词和唱词。蚕丝生丝熟丝缫丝染丝晒丝纺丝织丝，自制粗丝细丝人造丝。

2. 韵母训练

1) a、o、e、i、u、ü

(1) 巴老爷有八十八棵芭蕉树，来了八十八个把式要在巴老爷八十八棵芭蕉树下住。巴老爷拔了八十八棵芭蕉树，不让八十八个把式在八十八棵芭蕉树下住。八十八个把式烧了八十八棵芭蕉树，巴老爷在八十八棵树边哭。

(2) 白伯伯，彭伯伯，饽饽铺里买饽饽。白伯伯买的饽饽大，彭伯伯买的大饽饽。拿到家里喂婆婆，婆婆又去比饽饽。不知是白伯伯买的饽饽大，还是彭伯伯买的大饽饽。

(3) 哥哥弟弟坡前坐，坡上卧着一只鹅，坡下流着一条河，哥哥说："宽宽的河。"弟弟说："白白的鹅。"鹅要过河，河要渡鹅。不知是鹅过河，还是河渡鹅。

(4) 八十八岁公公门前有八十八棵竹，八十八只八哥要到八十八岁公公门前的八十八棵竹上来借宿。八十八岁公公不许八十八只八哥到八十八棵竹上来借宿，八十八岁公公打发八十八个金弓银弹手去射杀八十八只八哥，不许八十八只八哥到八十八岁公公门前的八十八棵竹上来借宿。

(5) 打南边来了个哑巴，腰里别了个喇叭；打北边来了个喇嘛，手里提了个鳎目。提着鳎目的喇嘛要拿鳎目换别着喇叭的哑巴的喇叭；别着喇叭的哑巴不愿拿喇叭换提着鳎目的喇嘛的鳎目。不知是别着喇叭的哑巴打了提着鳎目的喇嘛一喇叭；还是提着鳎目的喇嘛打了别着喇叭的哑巴一鳎目。喇嘛回家炖鳎目，哑巴滴滴答答吹喇叭。

(6) 芜湖徐如玉，出去屡次遇大雾。曲阜苏愚卢，上路五回遇大雨。

2) ai、ei、ao、ou

(1) 买白菜，搭海带，不买海带就别买大白菜。买卖改，不搭卖，不买海带也能买到大白菜。

(2) 贝贝飞纸飞机，菲菲要贝贝的纸飞机，贝贝不给菲菲自己的纸飞机，贝贝教菲菲自己做能飞的纸飞机。

(3) 大妹和小妹，一起去收麦。大妹割大麦，小妹割小麦。大妹帮小妹挑小麦，小妹帮大妹挑大麦。大妹小妹收完麦，噼噼啪啪齐打麦。

(4) 隔着墙头扔草帽，也不知是草帽套老头儿，还是老头儿套草帽。

(5) 咱村有六十六条沟，沟沟都是大丰收。东山果园像彩楼，西山棉田似锦绣，北山有条红旗渠，滚滚清泉绕山走。过去瞅见这六十六条沟，心里就难受；今天瞅见这六十六条彩楼、锦绣、万宝沟，瞅也瞅不够！

3) ia、ie、ua、uo、üe

(1) 天空飘着一片霞，水上游来一群鸭。霞是五彩霞，鸭是麻花鸭。麻花鸭游进五彩霞，五彩霞挽住麻花鸭。乐坏了鸭，拍碎了霞，分不清是鸭还是霞。

(2) 打南边来了个瘸子，担了一挑子茄子，手里拿着个碟子，地下钉着木头橛子。没留神那橛子绊倒了瘸子，弄撒了瘸子的茄子，砸了瘸子的碟子，瘸子猫腰拾茄子。打北边来了个醉老爷子，腰里掖着个烟袋别子，过来要买瘸子的茄子，瘸子不卖给醉老爷子茄子，老爷子一生气抢了瘸子的茄子，瘸子猫腰捡茄子拾碟子，拔橛子，追老爷子，老爷子一生气，不给瘸子茄子，拿起烟袋别子，也不知是老爷子的烟袋别子打了瘸子的茄子，还是瘸子用橛子打了老爷子的烟袋别子。

(3) 一个胖娃娃，画了三个大花活蛤蟆；三个胖娃娃，画不出一个大花活蛤蟆。画不出一个大花活蛤蟆的三个胖娃娃，真不如画了三个大花活蛤蟆的一个胖娃娃。

(4) 真绝，真绝，真叫绝，皓月当空下大雪，麻雀游泳不飞跃，鹊巢鸠占鹊喜悦。

4) iao、iou、uai、uei

(1) 水上漂着一只表，表上落着一只鸟。鸟看表，表瞪鸟，鸟不认识表，表也不认识鸟。

(2) 凉勺舀热油，热勺舀凉油。凉勺舀了热油舀凉油，热勺舀了凉油舀热油。

(3) 槐树槐，槐树槐，槐树底下搭戏台，人家的姑娘都来了，我家的姑娘还不来。说着说着就来了，骑着驴，打着伞，歪着脑袋上戏台。

(4) 梅小卫叫飞毛腿，卫小辉叫风难追。两人参加运动会，百米赛跑快如飞。飞毛腿追风难追，风难追追飞毛腿。梅小卫和卫小辉，最后不知谁胜谁。

5) an、ian、uan、üan

(1) 大姐编辫，两个人编。二姐编那半边，三姐编这半边；三姐编这半边，二姐编那半边。

(2) 苏州玄妙观，东西两判官，东判官姓潘，西判官姓管，管判官要管潘判官，潘判官要管管判官，闹得谁也不服管。

(3) 男演员、女演员，同台演戏说方言。男演员说吴方言，女演员说闽南言。男演员演飞行员，女演员演研究员。飞行员、研究员，吴方言、闽南言。你说演员演得全不全？

(4) 山前有个阎圆眼，山后有个阎眼圆，二人山前来比眼，不知是阎圆眼的眼圆，还是阎眼圆的眼圆。

6) en、uen、in、ün

(1) 磙下压个棍，棍上压个磙，磙压棍滚，棍滚磙滚。

(2) 隔墙听见人分银，不知道多少人分多少银。只听见人说，人人分半斤银余银四两，人人分四两银余银半斤。

(3) 孙伦打靶真叫准，半蹲射击特别神，本是半路出家人，摸爬滚打练成神。

(4) 你也勤来我也勤，生产同心土变金。工人农民亲兄弟，心心相印团结紧。

(5) 蓝天上是片片白云，草原上是银色的羊群。近处看，这是羊群，那是白云；远处看，分不清哪是白云，哪是羊群。

7) ang、iang、uang

(1) 王庄卖筐，匡庄卖网，王庄卖筐不卖网，匡庄卖网不卖筐，你要买筐别去匡庄去王庄，你要买网别去王庄去匡庄。

(2) 辛厂长，申厂长，同乡不同行。辛厂长声声讲生产，申厂长常常闹思想。辛厂长一心只想革新厂，申厂长满口只讲加薪饷。

(3) 黄花花黄黄花黄，花黄黄花朵朵黄，朵朵黄花黄又香，黄花花香向太阳。

8) ing、ong、iong、eng、ueng

(1) 天上一颗星，地下一块冰，屋上一只鹰，墙上一排钉。抬头不见天上的星，乒乒乒乓踏碎地下的冰，啊嘘啊嘘赶走了屋上的鹰，稀里稀里拔掉了墙上的钉。

(2) 朦胧彩霓虹，玲珑小聋童。聋童采柠檬，聋童不懵懂。

(3) 刮着大风放风筝，风吹风筝挣断绳。风筝断绳风筝松，断绳风筝随风行。风不停，筝不停，风停风筝自不行。

(4) 冲冲栽了十畦葱，松松栽了十棵松。冲冲说栽松不如栽葱，松松说栽葱不如栽松。是栽松不如栽葱，还是栽葱不如栽松？

(5) 小涌勇敢学游泳，勇敢游泳是英雄。

(6) 丝瓜藤，绕丝绳，丝绳绕上丝瓜藤。藤长绳长绳藤绕，绳长藤伸绳绕藤。

(7) 老翁卖酒老翁买，老翁买酒老翁卖。

(8) 说大风，好大的风，十个人见了九个人惊。刮散了，满天星。刮平了，地上坑。刮化了，坑上冰。刮倒了，冰上松。刮飞了，松上鹰。刮跑了，一老僧。刮碎了，一本经。刮灭了，屋里灯。刮掉了，墙上钉。刮翻了，钉上弓。

(9) 十字路口红绿灯，红黄绿灯分得清，红灯停，绿灯行，黄绿灯亮快快行，行停停行看灯明。

9) 前后鼻音

(1) 你说船比床长，他说床比船长，我说船不比床长，床也不比船长，船床一样长。

(2) 甄总爱吃正宗的川菜不会做正宗的川菜，郑总爱吃正宗的川菜也会做正宗的川菜，甄总爱吃郑总做的正宗的川菜，郑总喜欢甄总吃他做的正宗的川菜。

(3) 东洞庭，西洞庭，洞庭山上一根藤，藤条头上挂铜铃。风吹藤动铜铃动，风停藤定铜铃静。

(4) 小琴和小青，小琴手很勤，小青人很精，手勤人精，琴勤青精。你是学小琴还是学小青？

(5) 京剧叫京剧，警句叫警句。京剧不能叫警句，警句不能叫京剧，更不能叫金剧。

(6) 天上一个盆，地下一个棚，盆碰棚，棚碰盆。棚倒了，盆碎了，是棚赔盆，还是盆赔棚?

(7) 会炖我的炖冻豆腐，来炖我的炖冻豆腐。不会炖我的炖冻豆腐，就别炖我的炖冻豆腐。炖坏了我的炖冻豆腐，那就吃不成我的炖冻豆腐。

(三) 综合训练之绕口令精选

1. A 组

(1) 咬牛奶，喝面包，夹着火车上皮包。东西街，南北走，出门看见人咬狗。拿起狗来打砖头，又怕砖头咬我手。

(2) 白石白又滑，搬来白石搭白塔。白石塔，白石搭，白石搭白塔，白塔白石搭。搭好白石塔，白塔白又滑。

(3) 一位爷爷他姓顾，上街打醋又买布。买了布，打了醋，回头看见鹰抓兔。放下布，搁下醋，上前去追鹰和兔，飞了鹰，跑了兔，打翻醋，醋湿布。

(4) 小猪扛锄头，吭哧吭哧走。小鸟唱枝头，小猪扭头瞅，锄头撞石头，石头砸猪头。小猪怨锄头，锄头怨猪头。

(5) 一块粗土布，一条粗布裤。哥哥拿布又拿裤，飞针走线来扎布，扎过布，再缝裤，裤子破了用布补。

2. B 组

(1) 司小四和史小世，四月十四日十四时四十上集市，司小四买了四十四斤四两西红柿，史小世买了十四斤四两细蚕丝。司小四要拿四十四斤四两西红柿换史小世十四斤四两细蚕丝。史小世十四斤四两细蚕丝不换司小四四十四斤四两西红柿。司小四说我四十四斤四两西红柿可以增加营养防近视，史小世说我十四斤四两细蚕丝可以织绸织缎又抽丝。

(2) 南边来了他大大伯子家的大耷拉尾巴耳朵狗，北边来了他二大伯子家的二耷拉尾巴耳朵狗。他大大伯家的大耷拉尾巴耳朵狗，咬了他二大伯家的二耷拉尾巴耳朵狗一口；他二大伯家的二耷拉尾巴耳朵狗，也咬了他大大伯家的大耷拉尾巴耳朵狗一口。不知是他大大伯家的大耷拉尾巴耳朵狗，先咬了他二大伯家的二耷拉尾巴耳朵狗；还是他二大伯家的二耷拉尾巴耳朵狗，先咬了他大大伯家的大耷拉尾巴耳朵狗。

(3) 六十六岁刘老六，修了六十六座走马楼，楼上摆了六十六瓶苏合油，门前栽了六十六棵垂杨柳，柳上拴了六十六个大马猴。忽然一阵狂风起，吹倒了六十六座走马楼，打翻了六十六瓶苏合油，压倒了六十六棵垂杨柳，吓跑了六十六个大马猴，气死了六十六岁刘老六。

(4) 山上住着三老子，山下住着三小子，山腰住着三哥三嫂子。山下三小子，找山当腰三哥三嫂子，借三斗三升酸枣子，山当腰三哥三嫂子，借给山下三小子三斗三升酸枣子。山下三小子，又找山上三老子，借三斗三升酸枣子，山上三老子，还没有三斗三升酸枣子，只好到山当腰找三哥三嫂子，给山下三小子借了三斗三升酸枣子。过年山下三小子打下酸枣子，还了山当腰三哥三嫂子，两个三斗三升酸枣子。

(5) 蓝教练是女教练，吕教练是男教练，蓝教练不是男教练，吕教练不是女教练。蓝南是男篮主力，吕楠是女篮主力，吕教练在男篮训练蓝南，蓝教练在女篮训练吕楠。

3. C 组

(1) 牛郎年年恋刘娘，刘娘连连念牛郎，牛郎恋刘娘，刘娘念牛郎，郎恋娘来娘念郎。

(2) 粉红墙上画凤凰，凤凰画在粉红墙，红凤凰，粉凤凰，粉红凤凰花凤凰。

(3) 化肥会挥发，黑化肥发灰，灰化肥发黑；黑化肥发灰会挥发，灰化肥挥发会发黑；黑化肥发灰挥发会花飞，灰化肥挥发发黑会飞花。

(4) 红鲤鱼家有头小绿驴叫李屡屡，绿鲤鱼家有头小红驴叫吕里里，红鲤鱼说他家的李屡屡比绿鲤鱼家的吕里里绿，绿鲤鱼说他家的吕里里比红鲤鱼家的李屡屡红，不知是绿鲤鱼比红鲤鱼的驴红，还是红鲤鱼比绿鲤鱼的驴绿！

(5) 东门童家门东董家，童、董两家，同种冬瓜，东门童家知道门东董家冬瓜大，来到门东董家学种冬瓜。门东董家懂种冬瓜，来教东门童家种冬瓜。童家、董家都懂得种冬瓜，童、董两家的冬瓜比桶大。

普通话发音小程序推荐：普通话学习App。"普通话学习App"能够进行针对训练，提高发音水平。

专题三 语言表达中的语调、语气训练

预期收获:

(1) 了解语调、语气在语言表达中的意义。

(2) 掌握语调、语气的训练方法,能够在不同场景合理调整自己的语调、语气。

【典型案例】

说话习惯引起的投诉

李霞是一名主题公园实习生,这天她接到了一位客人咨询票价的电话。

客人:"请问现在门票多少钱一张?"

李霞:"80元。"

客人:"那老人票价多少?"

李霞:"40元。"

客人:"60岁以上老人不免费吗?"

李霞:"不免费。"

客人挂断了电话。不久,李霞就接到了投诉,理由是客人认为她说话敷衍、语气不好。经理询问情况时,李霞觉得很委屈,她说自己平时说话就是这样,没想到竟被投诉了。

分析与讨论:

(1) 为什么说在沟通中语调和语气的作用非常重要?

(2) 你在人际交往中是否经常遇到沟通不畅的问题?如果有,原因是什么?思考一下是否与你说话时的语调、语气有关。

一、恰当使用语调、语气的意义

无论在交际中还是在演讲中,恰当地使用语调语气不仅能提高表达质量,还能提高效率。

在人们讲话的声音中，语调、语气所占的比重远高于语音。由此可见，语调、语气是将一句话表现得生动灵活的主要手段。语调的抑扬顿挫直接将语句生动化，而语气是将说话人的感情附带其中。一个讲究语调、语气的人是很有语言修养的人。

(1) 什么是语调？即说话的腔调，就是一句话里声调高低轻重的配置。每个句子都有语调，语调的作用是很大的，它不仅起着润色语言、促进思想沟通的作用，还能反映说话者的内心世界，表露情感和态度。

老舍先生说过："我写文章，不仅要考虑每一个字的意义，还要考虑到每个字的声音。不仅写文章是这样，写报告也是这样。我总希望我的报告可以一字不改地拿来念，大家都能听得明白。虽然我的报告做得不好，但是念起来很好听，句子是现成的。比方说我的报告中句末用了一个仄声字，如'他去了'，下句我就要用个平声字，如'你也去吗'，让句子念起来叮当响。好文章让大家愿意念，也愿意听。"据说，法国作家福楼拜每写完一篇文章，都要用钢琴检验句子的音节是否响亮。

(2) 语气代表一种特殊的心情。语气是体现说话人立场、态度、个性、情感、心境等起伏变化的语音形式，是思想感情、词句篇章、语音形式的统一体。有了恰当的语气，才能讲出一连串声音符号，生动、正确地反映说话人的本意。

【案例1-1】国庆节期间，一位男游客带着孩子在景区体验项目。一位工作人员在接待时注意到孩子没有戴口罩，便上前提示其戴口罩。家长说："孩子忘记戴口罩了，我们先捂着嘴巴。"工作人员马上大声说："不行！必须戴口罩才能体验。"语气里透露着严肃、指责。男游客非常生气，说工作人员态度不好，要投诉他，这时一位年长的工作人员过来，和气地安抚游客说："我们这个员工刚来，还不太懂事，我帮您拿个口罩给孩子戴上，不要耽误孩子体验项目。"这时游客态度好转，说道："他要是好好说话，我们也没必要投诉。"

二、语调、语气表达训练

如何把握有声语言的语调变化，让表达显得错落有致、抑扬顿挫，有"大弦嘈嘈如急雨，小弦切切如私语，嘈嘈切切错杂弹，大珠小珠落玉盘"的境界呢？可以从以下几个方面来训练。

(一) 语调、语气基础训练——声调训练

在专题一的学习中，我们已经认知了现代汉语中的四个声调，事实上，声调除了使声音抑扬顿挫、悦耳动听外，还具有区别意义的作用，尤其是在字形相同的情况下，不同的声调能起到区别词性和词义的作用。

游戏训练：解读对联

游戏程序：

给出对联：好读书，不好读书；

好读书，不好读书！

讨论：

(1) 这副对联怎么念？

(2) 你能试着解释一下吗？

提示：

这是一副同字异读联，上下联并不完全一样，作者是明代著名文学家、书画家徐渭。联中那四个"好"字有不同的读音，上联第一个、下联第二个"好"字读做hǎo，上联第二个、下联第一个"好"字读做hào，这副对联应该读成："好(hǎo)读书，不好(hào)读书；好(hào)读书，不好(hǎo)读书！"意思是说年轻的时候，眼神好，精力旺盛，可以好好读书，却不喜欢读书，荒废了青春；等到上了年纪，懂得了读书的好处，想用心读书时，已老眼昏花，体力不支，不可能好好读书了。

人在朗读、说话或者讲演时会释放很多和自己相关的信息，包括个人素质、文化内涵等方面。换言之，个人的文化素养必定会通过有声语言表现出来。

现代汉语中各地方言发音的声调差别较大，如果声调发不准，很可能造成误听，引起误会。例如，西南地区的采购员小张到武汉出差，他走进百货商场，看到柜台上摆的小酒壶挺好看，想买一个，便高兴地叫道："哇，小媳妇(小水壶)，挺漂亮，多少钱一个，我要一个！"售货员是位20出头的姑娘，听他喊"小媳妇"，便认为他心术不正，气得骂了一句"流氓"。"6毛？"小张心想：6毛真便宜，多买几个。于是他说："6毛就6毛，你这儿的'小媳妇'我全要了。"这下售货员气坏了，骂他无耻。小张一听，这是什么话，售货员怎么骂人，就说："我要'小媳妇'嘛，你怎么骂起人来了？"结果双方吵了起来。所以说，准确的声调是我们必

须掌握的口头表达的基本功。

(二) 语调、语气训练之二——准确把握说话人的思想和感情态度

游戏训练：

表演小品《主角与配角》(摘自1990年陈佩斯、朱时茂创作表演的小品，本文有所删改)

游戏程序：

(1) 给出小品文本，介绍作品背景以及剧中人物的性格特点。

(2) 引导学生根据剧中人的性格特点揣摩、归纳其语调、语气特点。

(3) 请同学们分组进行表演，表演完毕后评选出最佳演员，并阐述这样评选的原因。

背景介绍：

陈佩斯和朱时茂在同一幕剧中分别饰演配角(叛徒)和主角(八路军)，但陈佩斯对所饰演的角色不满意，执意要与朱时茂交换角色。如果将这两位个性鲜明的演员角色互换，将会出现什么样的喜剧效果呢？

……

朱：好啦！开始！

陈：队长——别开枪！是我啊！

朱：哦——是你小子啊！

陈：(神气)嘿嘿，是我！

朱：啊！是你把敌人引到这儿来的？

陈：嗯……嘿嘿……队长。(嬉皮笑脸)呃——皇军让我给您带个话儿，只要你能够投降皇军……

朱：(不耐烦地)白日做梦！你这个叛徒！

陈：(嬉皮笑脸地)呃——我这都是为了你好啊。皇军说了，只要你投降，皇军保证你荣华富贵，钞票大大的有……

朱：住口！住口！我代表人民代表政府我枪毙了你……

陈：等等，我俩换一下角色怎么样。

朱：啊——每个人的条件不一样嘛，我这个角色你就演不了。

陈：你的角色我演不了？我演得比你强！

朱：行，来！开始了。队长——

陈：站住！别过来——

朱：队长——别开枪，别开枪。队长，别开枪！

陈：什么人？

朱：别开枪！是我！

陈：啊——是你小子！我问你！是你把鬼子引到这儿来的？

朱：队长。鬼子让我给你带个话儿……

陈：皇军说什么？

朱：——鬼子让你缴枪投降。

陈：你这个叛徒！我原来一直以为，只有我这模样的能叛变——没想到啊没想到——你这浓眉大眼的家伙也叛变革命啊！就没什么条件吗？

朱：没条件啊！

陈：你别跟我装糊涂——你当我不知道吗？

朱：你知道什么？

陈：呵呵！我来的时候皇军都告诉我了……

朱：怎么说的？

陈：皇军托我给您带个话儿。

朱：嗯……

陈：只要你能够缴枪投降，皇军保证你荣华富贵，钞票大大的有……

朱：白日做梦！你这个叛徒——

陈：队长！我……

朱：我代表政府、代表人民枪毙了你……

陈：(要倒之前回过神儿)啊！不对啊！我是八路啊！

游戏小结：

(1) 陈、朱两人的语言表达风格迥异，陈佩斯素以喜剧演员形象示人，在语言表达中多使用曲调和升调；朱时茂却一身正气，慷慨激昂，多使用平调和降调。人的思想、情感和态度往往通过语调表达出来，所以说陈佩斯反串的失败归根结底是语调"出卖"了他的思想。

(2) 语调是语句的调子，是语句的音高变化的流动形式。语调离不开具体的语用环境，但起决定作用的还是说话者的思想和感情态度。

在一般情况下，人的思想和感情、态度有一种基本状态，并不会出现大的起伏。也就是说，语调的变化是以一种基本语调为基础的。基本语调在中音区进行；那些表现高昂、激越、紧张、热烈、愤怒、仇恨等情绪的语调在高音区进行；而那些表现低沉、悲哀、凄凉、沉痛等情绪的语调一般在较低音区进行。然而，这种划分只是一种抽象的结果，事实上语调起伏变化万千，很难找到完全相同的形式。为了便于练习，我们可以把基本相似或大体相同的语调进行归类。

(三) 语调语气训练之三——语调的类型与应用

游戏训练：

下文给出八句话，请同学们品读，每句话适合用什么语调朗读；尝试概括各种语调的特点，思考其用语环境。

示例：

(1) 有这样轻松脚步的老年人，心情也应该是轻松的，还能闻不到红叶香？

(2) 盼望着，盼望着，东风来了，春天的脚步近了。

(3) 孩子长得虎头虎脑，还戴着一顶虎头帽。

(4) 哎哟，像你这么好心肠的人真是世间少有喽。

(5) 我到现在终于没有见——大约孔乙己的确死了。

(6) "哈！这模样了！胡子这么长了！"一种尖利的怪声突然响起来。

(7) 这是胜利的预言家在叫喊——让暴风雨来得更猛烈些吧！

(8) 十二年过去了，那小姑娘的爸爸一定早回来了。

游戏小结：

口头语言表达有四种句调：升调、降调、平调、曲调。

(1) 升调也叫高昂调，就是由平向上升高，句末明显上扬。它常用来表达喜悦、兴奋、惊异、号召等感情，也常用于疑问句和语音未定的句子尚未终结时中间的停顿处，如示例中的句子(1)(7)。

(2) 降调也叫低降调，就是先平后降，句末明显下抑。它常用来表达感叹、请求、自信、肯定、劝阻、允许等感情，也常用于祈使句式之中，如示例中的句子(2)(8)。

(3) 平调又叫平直调，就是全句没有明显的高低升降变化，句末音节与句子基调基本持平。它常用来表达严肃、庄重、神秘、冷淡、踌躇等感情，也用于叙述、说明等陈述句式之中，如示例中的句子(3)(5)。

(4) 曲调又叫曲折调，就是由高到低或者由低到高，使全句有上升或者下降的高低变化。它常用来表达怀疑、幽默、讽刺、意外、烦躁、夸张、轻薄等感情，也常用于感叹句式之中，如示例中的句子(4)(6)。

(四) 语调语气训练之四——把握重音

恰当地运用重音，能准确地表达具体语句所蕴含的思想感情，突出地表达作品的主题，鲜明地表达语言的节奏感；同时还可以使听者对一些色彩鲜明、形象生动的词语产生深刻的印象。重音有语法重音、逻辑重音、感情重音三种。

(1) 语法重音是根据句子的语法结构确定的重音。它不带有特别强调的色彩，音量只是稍稍加重，重音位置也比较固定。语法重音通常遵循以下规律。

① 短句中的谓语一般重读。例如：

中国人民站起来了。

我们欢呼，我们歌唱。

② 有宾语的主谓短语中，宾语一般重读。例如：

我们明天去上海。

李红在写作业呢。

③ 定语、状语、补语一般重读。例如：

谁的钢笔丢了？

风还在猛烈地吹着。

同学们干得可带劲儿了。

④ 用来做比喻的词语一般重读。例如：

像花儿一样鲜艳，像露珠一样晶莹。

⑤ 指示代词和疑问代词一般重读。例如：

这才是真正的革命者！

天底下哪有这等好事？

(2) 逻辑重音是为了强调句子的某种特殊含义而把某个词语重读的现象，又叫强调重音。它的位置不受语法结构的约束，而由说话时的环境、说话人的思想感情以及特定的修辞要求决定。逻辑重音的位置千变万化，并不固定，且同一句话逻辑重音的位置不同，意思也有所不同。

【案例1-2】公司小王是新人，经常迟到，当他又一次迟到时，办公室主任对他说："你呀，又迟到了！"说这话时，主任把"你呀"说得又长又重，小王立刻羞红了脸，露出了不好意思的表情。副主任也对小王说了同样一句话，不过他特别在"又"字上加大了音量。结果小王反唇相讥："不就是迟到嘛，大不了扣工资。"

【案例1-3】"我请你吃饭"可以有不同的讲法。一对恋人，男生请女生吃饭，但女生以为是别人请客而不愿意参加男生的聚会，对话由此开始。女生："我跟他们没什么交情，为什么要他们请。"男生："不是他们请，是我请你吃饭。"女生耍小姐脾气说："我不去，就是不去。"男生苦口婆心地说："拜托！拜托！我请你吃饭！"女生说："我去可以，但是要带我妈一起去。"男生急了："小姐，我请你吃饭，又不是请你妈。"她任性地说道："我累了，没力气。"男生更急了："我请你吃饭，又不是做饭。""我就是不爱吃面食，你每次都勉强我。"男生发脾气了："我没说邀请你吃面，我请你吃饭！"

由此可见，把握重音的关键是找到重音的确切位置。这就需要明确讲话的重点，弄清话语的主旨，真正把握每句话的表意重点——表意的重点词语往往就是重音的位置。同一句话，由于重音位置的移动，表意的重点就会发生变化。

(3) 感情重音是内心节奏加快，情绪特别激动而形成的。它能传达出人物的兴奋、激昂、爱憎、喜悦、愤怒、悲哀等感情。它的作用在于使语言色彩丰富，有血有肉，充满生气；听上去真切感人，具有强烈的感染力。感情重音不仅表现在语句中的某一词语上，还常常表现在整句话、几句话甚至一段话上。

(五) 语调语气训练之五——适当停顿

停顿是指说话或朗读时，段落之间、语句之间、词语之间出现的间歇。适当停顿可以调节语气、节奏，还可以把语言的层次表现清楚，恰如其分地传情达意，使有声语言语清意明，增强语言的表现力、感染力。

1. 停顿的类型

(1) 沉默是停顿最直接的表现形式。在语言交际活动中，人们不仅需要借助有声语言表达感情，还需要借助无声语言表情达意。甚至，在某些特定的语言环境中，无声语言更能表达有声语言所无法表达的思想内容。

【案例1-4】高中时，有位语文老师很温柔。有一次上语文课，老师正在讲课文，少数同学窃窃私语，课堂纪律很乱，但语文老师没有大声地批评，也没有让大家安静，只是讲着讲着突然没有声音了。同学们觉得很奇怪，就抬起头来，见老师抱着书正安静地看着大家，同学们明白这是老师在无声地警告大家，立马闭嘴不说话了，语文老师也开始继续讲课，随后的课堂纪律好了很多。

(2) 停顿，通常分为逻辑停顿、心理停顿和语法停顿。

① 准确的逻辑停顿能够强调某一特殊的意思或某种逻辑关系。

【案例1-5】在古代，婚姻大事全凭父母之命、媒妁之言。有一个大户托媒婆给少爷说亲，没过多久，媒婆送来一张纸，上面写着"漆黑头发全无麻子脚不大周正。"大户一家一看，姑娘"漆黑头发/全无麻子/脚不大/周正"，顿时心花怒放，马上应允了这门亲事。可是将新娘迎娶进来，送入洞房以后，大户才发现新娘原来是个秃子，跛脚而且满脸麻子，长得还黑。大户气愤地找媒婆算账，可是媒婆笑嘻嘻地说："纸条上写得很清楚'漆黑/头发全无/麻子/脚不大周正'。"

【案例1-6】宋代大文学家、书画家徐渭一生跌宕起伏，晚年生活穷困潦倒，每当家里断炊，徐渭就去朋友家里蹭吃。有一天，适逢春雨绵绵，徐渭寄食的这户人家对他非常厌烦，趁他上厕所之际，在灶台上题了一行字，委婉地下了逐客令。那行字是这样写的："下雨天留客天留人不留。"本意是下雨天留客/天留人不留。徐渭回来后，看到那行字后心知肚明，他不但不走，反而哈哈大笑地说："既然你们如此盛情，我就再留几日。"说完，他还煞有其事地读起那行字："下雨天/留客天/留人不/留！"

停顿在口语表达中起着标点符号的作用，有助于加强语言的清晰度，同时巧设停顿可造成言外之意、弦外之音。

② 有意识地安排心理停顿能帮助说话人表达某种感情或达到某一目的。它常常取决于说话人的心理情绪。

【案例1-7】有一次，当比尔穿着拖鞋走出家门，打算拿邮筒里邮件的时候，一阵大风刮过，门"砰"一声关上了。他身上没带钥匙，而这时已是晚上六七点钟。万般无奈，他只好向邻居借电话，请锁匠来开锁。于是，围绕开锁的价格问题，比尔和锁匠之间有了这样一番"谈判"。锁匠看了比尔一眼后说："价钱嘛……55美金。"比尔听了之后，心里想：这么贵！40美元我还能勉强接受。他皱了一下眉头说："55美金……"年轻的锁匠以为他生气了，马上不好意思地说："好吧，好吧，50美金好了。"这次比尔没有作声。锁匠说："……嗯……现在是晚饭时间，应该算加班呢……就算你45美金好啦！"其实比尔根本不知道行情，他的心理价位是40美金。锁匠的内疚感让他的劳务费自动降了价。随后比尔开口了："40美金！"这时候，锁匠一副如释重负的样子，说道："好吧，不过你得给我现金。"

③ 恰当地使用语法停顿能够使结构明确、层次清楚。语法停顿是句子中的自然停顿，它通常是为了强调或突出句子中的某个成分。因此，在表达时必须正确地理解句子的意思和语法结构，才能正确停顿而不致停连不当。例如：

冬天/过去了，微风/悄悄送来了春天。(主谓间停顿)

这是我们党历史上/召开的一次/具有伟大历史意义的会议。(修饰语和中心词的停顿)

上海在人才技术和管理方面/都有明显优势。(介词短语前后)

房里/曾充满清朗的笑声。(方位词后面)

农村改革初期/安徽出了个"傻瓜瓜子"问题。(时间状语后面)

在那个年轻的夜里，月色曾怎样清朗，如水般的澄明/和洁净。(某些连词前面)

2. 停顿的附加作用

(1) 停顿能使口语抑扬顿挫。有声语言的表达要有节奏感，应按心理、逻辑、语法的需求把它们音化为一个个跳跃的节奏，要注意停连结合。当停不停，听起来模糊不清；当连不连，听起来支离破碎。比如"羽毛球10元30个"，到底是10元钱能买30个，还是每个羽毛球10元钱，你要买30个。再如"来了的和尚未来的同志均有捐款的义务"，从这句话中很难分辨到底谁有捐款的义务。

(2) 适当停顿可以给对方留出反应的时间，更利于交流。

【案例1-8】导游小刘在讲解兵马俑一号铜车马的时候说道："一号车取名为立车，是秦陵博物院的镇馆之宝，是一件珍品，也是禁止出国展出的国宝。有的游客看到这辆车就会问：'小刘啊，看到眼前这辆马车，我怎么感觉怪怪的？'大家看看哪里怪呢？"说到这里，导游小刘停顿了几秒钟，然后接着说："是不是车体太小了？咱们古人怎么乘坐这么小的马车呢？"这时小李又停顿了几秒钟，游客们陷入沉思，接着小刘解释道："因为这两辆马车是陪葬用品，所用的材质是青铜，在古代，货币、武器都是用铜制造的，这就相当于用钱造车啊，所以为了节省财力，就等比例缩小了尺寸。"

案例中，导游运用适当停顿的技巧，使游客能够紧跟导游思路，激发游客对一号铜车马的兴趣。

(六) 语调语气训练之六——恰当使用语气

1. 语气的产生、特点及重要性

语气产生自声和气的结合，它是克服固定腔调、准确表达丰富情感的重要途径。一句话，用不同的语气表达，反映了不同的情绪与表达的意图。

一方面，某一种声和气所表达的特定意思是人们在长期的使用过程中逐步形成的。它有其特定的稳定性，一般不以人的意志为转移，这就是说话时声和气的语义特点。我们只能遵循这一特点，而不能根据个人的好恶去随意违背它和改变它。例如，我们不能用大吼来表达柔情蜜意，也不能用粗声粗气来称赞别人，更不能用恶声恶气来表达激动的心情，因为这样不能正确地表达我们的本意，甚至会招致麻烦和痛苦。

另一方面，相同的词语配上不同的声和气往往会表达不同的意思。比如说"你这死鬼"一语，若粗声粗气地说，表示抱怨、指责、反感；若恶声恶气地说，表示警告、愤怒、怒斥；若细声细气地说，表示亲昵；若嗲声嗲气地说，表示打情骂俏或者暧昧；若阴声阳气地说，表示诅咒；若高声大气地说，表示向听者示意去采取某种行动；若唉声叹气地说，表示被迫接受对方的建议和行为。

2. 语气的恰当使用

(1) 训练：两人一组，练习使用不同的语调说同一句话。一人说，另一人听，分析说话者的语气是否符合要求。

你到那里去过？

表示高兴(这太好了！)

表示惊讶(真没想到！)

表示怀疑(这可能吗？)

表示责怪(你不应该去那里呀！)

表示愤怒(真是太不像话了！)

表示惋惜(哎，无可挽回的过失。)

表示轻蔑(那地方你也去，太差劲了！)

(2) 讨论：为什么有的同学表达得惟妙惟肖，有的同学倾尽全力也达不到预期效果？

(3) 小结：口语表达时，语气的适当使用十分关键，因为说话语气往往是一个人内心潜意识的表露。只有掌握丰富、贴切的语气，才能使我们在交往中赢得主动。

如何恰当地使用语气，可以从以下三个方面入手。

首先，关注谈话的对象。驾驭语气最重要的是因人而异。语气能够影响听者的情绪和精神状态。语气适应于听者，才能同向引发，如喜悦的语气会引发对方的喜悦之情，愤怒的语气会引发对方的愤怒之意；语气不适应于听者，则会异向引发，如生硬的语气会引发对方的不悦之感，埋怨的语气会引发对方的满腹牢骚等。

其次，结合谈话的场合。把握语气要注意说话的场合，这是十分必要的。一般来说，场面越大，越要注意适当提高音量，放慢语流速度，把握语势上扬的幅度，以突出重点。相反，场面越小，越要注意适当降低音量，适当加大词语密度，并把握语势的下降趋向，追求自然。另外，语气在不同的情况下有不同的用法，比如慷慨激昂的语气给人以气壮山河之感，其磅礴的气势会增加语言的震撼力量；抑扬顿挫可以加强语气，抓住听众的情绪，打动他们的心弦；当我们置身于某些特定的场合中，不宜高声喧哗，需要用平和舒缓的语气，起到"润物细无声"之效；想要说服别人，就先要说服自己，然后以自己的沉稳自信去征服别人，这就是所谓的"以气夺人"。

最后，抓住合适机会。同样的一句话，在不同的时候说，效果往往会大相径庭。抓住时机、恰到好处地运用语气才能产生良好的效果。

总之，我们在表达某种情感的时候，不仅要注意各种语气的含义，注意语气和说话内容的一致，注意语气与措辞的一致以及语气之间的协调，还要注意语气、内容、措辞的交叉运用。因为只有这样，我们的对话才能取得比较好的效果。

课后专题训练

一、朗读下列句子，比较当重音落在不同字词上时句子的意义

1. 我请你跳舞。

   我请你跳舞。

   我请你跳舞。

   我请你跳舞。

   我请你跳舞。

2. 吃饭前要洗手！

   吃饭前要洗手！

   吃饭前要洗手！

   吃饭前要洗手！

   吃饭前要洗手！

   吃饭前要洗手！

3. 我知道你会唱歌。

   我知道你会唱歌。

   我知道你会唱歌。

   我知道你会唱歌。

   我知道你会唱歌。

   我知道你会唱歌。

二、舞台剧表演

下面一段话剧中的对话摘自曹禺的《日出》，请同学们仔细揣摩人物的心理，运用恰当的语调、语气进行表演。(背景介绍：小职员李石清凭借溜须拍马当上了总经理潘月亭的秘书之后，仍寻找机会达到出人头地的目的。他偷翻了潘月亭的抽屉，得知潘月亭已将银行的全部产业抵押出去的秘密，他便用这一点来要挟潘月亭，当

生动表达练习

上了襄理。后来潘月亭得知公债行情上涨，以为自己的银行可以转危为安，就向李石清反攻倒算，准备炒李石清的鱿鱼。)

李石清：(强自镇静着)经理，您一定知道，圣人说，小不忍，则乱大谋。

潘月亭：(冷酷地)我是忍了一阵子。你也许还不知道，行里的同仁背后骂我是个老糊涂，瞎了眼，叫一个不学无术的三等货来做我的襄理。

李石清：(极力压制自己)我希望经理说话不妨客气一点，字眼上可以略微斟酌斟酌再用。

潘月亭：我很斟酌，很留神。

李石清：(勉强一笑)好了，这些名词字眼儿都无关紧要，头等货、三等货，都是这么一说，差别倒是有限。不过，经理，我们都是多年在外做事的人，我想，大事小事，至少该讲点信用。

潘月亭：(一阵大笑)你也要谈信用！信用我不是不讲，可是我想，我活了这么大年纪，我明白跟哪一类人才可以讲信用。

李石清：那么，经理对我是不打算讲信用了。

潘月亭：这句话真不像你这么聪明的人说的。

(潘月亭将雪茄碾灭，掸掉落在袖子上的一点烟灰。)

潘月亭：你的汽车在门口等你，坐汽车回家是很快的。(由身上取出一个封套)李先生，这是你的薪水清单。襄理薪水一月是二百七十元。这个月，会计告诉我你预支了二百五十元，我想我们还是客气点儿好，我照付一个月全薪，这是剩下的二十元，请你点一点，不过你今天的汽车账，行里是不能再给你付了。

(李石清睁着一双愤怒得呆住了的眼睛，瞪视着潘月亭。他伸手接过钱。)

潘月亭：(站起来)好，我不陪你了，你以后没事儿可以常到这儿来玩玩，你叫我月亭也可以，称兄道弟，跟我"你呀我呀"地说话也可以，现在我们是平等的了。再见。

三、语言表达

结合自己的实践经历，谈谈准确表达的重要性。

四、模拟训练

请用微信扫描二维码，欣赏传统贯口《八扇屏·莽撞人》，结合本节课所学，从语调、语气、重音、停顿等方面分析其生动表达艺术。

准确表达练习

传统贯口
《八扇屏·莽撞人》

项目二　日常交际语言表达技能训练

 专题一 语言倾听艺术训练

预期收获：

(1) 了解倾听在沟通中的重要意义，认识到倾听是沟通的开始。

(2) 掌握倾听的基本要求和技巧，逐步做到"集中精力倾听""有同情心地倾听""主动倾听"。

【典型案例】

金人的价值

传说古代曾经有个小国给中国进贡了三个一模一样的金人，皇帝特别高兴。可是这个小国的人不厚道，同时还出了一道题目：这三个金人哪个最有价值？皇帝想了许多办法，请来珠宝匠检查，称重量，看做工，都是一模一样的。怎么办？小国的使者还等着回去汇报呢。泱泱大国，不会连这点小事都处理不了吧？最后，有一位退位的老臣说他有办法。皇帝将使者请到大殿，老臣胸有成竹地拿着三根稻草，插入第一个金人的耳朵里，这根稻草从另一只耳朵出来了。第二个金人的稻草从嘴巴直接掉了出来，而第三个金人的稻草掉进了肚子里，什么响动也没有。老臣说："第三个金人最有价值！"使者默默无语，表示答案正确。

这个故事告诉我们，最有价值的人，不是"左耳朵进，右耳朵出"的人，也不一定是最能说的人，而是把话记在心里，多听少说的人。老天给我们两只耳朵、一张嘴巴，本来就是让我们多听少说的。善于倾听是沟通的基本素质，是沟通的第一要义。

分析与讨论：

(1) 为什么说在沟通中"倾听"最有价值？

(2) 在现实生活中你最愿意把心里话说给谁听？你认为他在倾听方面具有哪些值得学习的地方？

一、倾听的意义

关于倾听的意义，古今中外人们的观点有着惊人的一致：从"金人的价值"这个小故事中就可以看出，我们的古人认为最有价值的人是善于"倾听"的人，西方同样也有句著名的谚语，叫做"沉默可使傻子成为聪明人"。而据国外学者研究，人们在日常的语言交往活动中，听、说、读、写所占的比例分别为45%、30%、16%、9%。在一项关于友情的调查中，调查结果显示：拥有朋友最多的人，并不是我们所以为的那些能言善辩、引人关注的人，而是那些善于倾听的人。同样，我们经常听到很多人抱怨说缺少真正的朋友，而这往往是由不能很好地倾听造成的。不善于倾听的人，很难让对方推心置腹，这些都充分表明了"倾听"在沟通中的重要意义。

(一) 现代社会中，"渴望被倾听"已成为人们的一种普遍需求

几年前，某报曾发布一则新闻，内容是有一名女孩在网上推出了倾听租赁者服务业务。平时，朋友对她都很信任，有不开心的事都喜欢找她倾诉，她渐渐发现身边被感情或其他事情困扰的人很多，但又常因找不到可信任的倾诉对象而烦恼，由此便产生了当一名倾听者的想法。由于形式新颖、价格低廉，当然最重要的是生活压力大，有很多不便随意倾诉的事情让人们心情郁闷，这个业务一推出就得到了很多人的响应。从人类的本性来说，渴望表达是一种基本的心理需要，而善于倾听便可轻而易举地满足人们的美好愿望。

(二) 倾听是一种最高层次的沟通礼仪

汤姆·彼得斯在其《追求优秀的热情》一书中说："倾听是礼貌的最高形式。"在人际交往中，懂得倾听，是一种十分宝贵而难得的品质，是尊重别人的表现，因为任何人都希望有听众，希望与他人共享自己的经历或感受。有这样一个故事。在圣诞节，一个美国男人为了和家人团聚，兴冲冲地从异地乘飞机往家赶，一路幻想着团聚时的喜悦情景。突然，这架飞机在空中遭遇了猛烈的暴风雨，随时有坠毁的可能。空姐也脸色煞白，在这万分危急的时刻，飞机在驾驶员的冷静驾驶下终于安全着陆。这个美国男人回到家后异常兴奋，不停地向妻子描述在飞机上遇到的险情，并且满屋子转着、叫着、喊着。然而，他的妻子正在和孩子兴致勃勃地分享节日的愉悦，对他经历的惊险没有丝毫兴趣。男人叫喊了一阵子，却发现没有人听他的倾诉，他死里逃生的喜悦与被冷落的心情形成巨大的反差，感觉自己的死活根本没人在乎，从而对活下去的意义产生了强烈质疑。在妻子去准备蛋糕的时候，这个美国男人来到阁楼，用上吊的古老方式结束了从险情中捡回的宝贵生命[①]。这个令人唏嘘的故事告诉我们：悉心倾听是表达关爱和理解的有效途径之一，堪称交际中难以替代的最高层次的礼仪。

(三) 倾听是进行良好沟通的必要前提

良好的沟通都是从"倾听"开始的。只有善于倾听，才能充分了解对方的真正意图，使沟通得以顺利进行，达到预期的效果。在工作中，倾听是进行有效合作的前提；在教学中，倾听是实施有效教育的前提；在生活中，倾听是进行良好情感交流的前提。这里列举一个常见的服务案例，案例中的主管成功运用"倾听"这个法宝轻松化解了冲突：一位年轻的父亲带着孩子来到某著名景区的文创产品购物店，一进门就开始抱怨："你们的产品每年都是这些，小孩子每次来都要买一个，家里都是一样的玩具，不给买就闹，真是没办法……"还没等客人说完，服务员就打断他，表示不赞同："先生，您这样讲就不对了，我们景区产品这么多，怎么可能都是一样的呢？"客人听后更生气了，大声说："你这是什么态度啊！那你说说都有什么不一样啊？自己的产品样式少，还不让别人说啊，就会用这些东西赚小孩子的

---

① 寇建平. 听我说! 听我说! 听我说! [J]. 跨世纪(时文博览), 2011(4).

钱！实在太差劲了！"这时主管听到争执走了过来，问客人有什么需要帮忙的，客人十分不满地把事情重复了一遍，并且再次抱怨道："看看，就说这个河马造型的玩具吧，家里都有三个了……"主管一听就明白了，客人没有注意到系列玩具在细节上的差别，所以才对店里的产品有意见，但他并没有进行反驳，而是认真听完了客人的话，并真诚地说："我非常理解您的心情，您看对我们的产品还有什么建议呢？"这时，客人的情绪已经明显缓和了，甚至有些不好意思："这些玩具质量都不错，我就是感觉可以多一些新样式，这样选择也多一些。"主管肯定了客人的建议，表示会跟公司反馈，然后微笑着说："您家小朋友的观察力很细致啊，您说的这个河马玩具每个季度都有更新呢，她买回家的应该都是不同的，这样孩子就可以集齐一个系列了，还有一定的收藏价值呢！您说是吧？"客人仔细看了看玩具，笑着对孩子说："别说还真是，那就再挑一个吧！"于是，客人不但没有投诉，反而又一次购买了商品。这正如著名演说家卡耐基所说："最挑剔的人在一个耐心的倾听者面前也会软化下来。聆听是最好的恭维。"

二、倾听的艺术

倾听是一种能力，更是一门艺术，要想做一名受欢迎的倾听者，就要了解倾听应具备的各种要素并掌握其中的技巧。

(一) 倾听的基本要素：集中精力——举牌游戏训练

1. 游戏规则和程序

(1) 所有学生按学号排好队。

(2) 两人并排站立，每人手中有一红一黄两张牌，听口令举牌。

(3) 由另一位同学发出口令，口令为"红牌举起来""红牌放下来""黄牌不要放下来"等，当出现错误时，他就会被罚下场，后面的学生上场。

2. 讨论

你做对了几次？你出错的原因是什么？

3. 小结

清楚地听懂别人的口令，大脑做出正确的指示，四肢做出正确的动作，这个过程看似简单，但是对处于紧张状态下的人来说并不容易。只有完全地集中注意力，才能做到这一点，因此我们在与人交流时首先要学会集中精力倾听的技巧。

(1) 聆听时，注视说话人。如果对方的话值得聆听，应该注视他，用虔诚的目光让他感知到你的真诚，赢得他的赞许，获得他的信任。美国一位资深外交官对周恩来总理在外交活动中注意倾听的风格留下了深刻的印象。他说："凡是亲切会见过他的人都不会忘记他。他身上焕发着一种吸引人的力量。长得英俊固然是一部分原因，而使人产生第一印象的是他的眼睛。你会感到他全神贯注于你，他会记住你和你说的话。这是一种使人一见之下顿感亲切的罕见的天赋。"这个例子说明了倾听中目光的重要性。倾听中的注视要使人感觉真诚，除了用心，还要掌握一定的技巧：用目光注视对方的双眉之间，这样既显得郑重，又避免尴尬。

(2) 靠近说话者，身体前倾，专心致志地听。一定要让说话者感到你对他所说的内容的渴求，注意倾听每一个字，让说话者觉得你在聚精会神地听。切忌大大咧咧，做出无所谓的表情和动作。

(3) 不要随便打断说话者的话。在对方讲话时，无论多么渴望表达自己的见解，都要默默地把想说的话记在心中，等到对方说完后再发表看法，不要随便插话。有这样一个案例：某公司业务员小刘被部门经理劈头盖脸地狠批了一顿。最令小刘感到郁闷的并不是被批评本身，而是那项出错的工作根本就不是她经手的，但她刚想辩解两句，就被领导以"不要给我找借口"给噎回去了。这位经理在不明真相的情况下批评了小刘且没有做到倾听对方的声音，而是武断地打断了小刘的话，不仅冤枉了下属，还大大降低了下属对他的好感，十分不利于以后的工作。在生活中，我们经常在倾听别人说话时沉不住气，急于发表自己的见解，这样的做法不仅会导致自己不能完整领会对方话语的意思，还会使对方不满，甚至引发争吵，使谈话不欢而散，这是倾听中的禁忌。

(4) 巧妙地提问。在倾听中要避免盲目地、过多地提问，但又要让对方感觉你没有走神，这时就需要做出合适的回应，在允许的情况下我们不妨采用以下技巧。一是用简短的词汇告诉对方：我正在听你说话，请继续，比如"对""是的""真的吗"。二是重复对方的话，如对方说："我昨天逛街买了件特别漂亮的衣服！"你可以说："是件特别漂亮的衣服？"这样会激发讲话者继续倾诉的热情。三是还可以进行简短的提问，如"后来怎么样了""你的结论是……""究竟是怎么回事呢"等。

(5) 千万不要假装倾听。有些人特别是年轻人在谈话中总是表现出认真倾听的样子，但事实上他们表里不一，或者想着自己下一步要说的话，或者已经神游太虚了。其实，这样的佯装是十分虚伪和愚蠢的，比起走神更让人反感。如果对方此时发问，他很可能会暴露自己的真实状态，导致气氛尴尬，对方也会因此很难再信任他。

(二) 倾听要素之二：做到有同理心地倾听——心算题游戏训练[①]

1. 游戏内容

首先，老师讲这样一个故事。

"上中学的小冰很聪明，心算能力特别强。有一天，老师出了一道心算题，来考考他。

(1) 有一辆公共汽车，载有24人，到了一站上了18人，下了3人。

(2) 到了另外一站上了5人，下了20人。

(3) 然后又上了16人，下了2人。

(4) 到了另外一站又上了4人，下了18人。

(5) 之后上了9人，下了4人。

(6) 到了下一站上了2人，下了5人。

(7) 最后上了6人，下了8人。"

讲完后，老师停下来，不说话，望着学生，看学生的反应。这时，可能会有学生说出某个答案。

2. 讨论

(1) 你是怎样反应的？你的答案正确吗？

(2) 如果你自认为做到了认真倾听，而且努力思考和计算，但你的答案被老师否定了，你觉得原因是什么？

3. 小结

在倾听时，应该最大限度地尊重说话者，不仅要集中精力倾听，还要用心聆

---

① 经理人培训项目编写组. 培训游戏全案[M]. 北京：机械工业出版社，2007.

听，在思维上与说话者保持一致，做到有同情心、有同理心地倾听，这是高层次的倾听，其目的是理解对方而不仅是"做出"反应。很多人在倾听时常犯的错误并非不听和没有应答，而是他们经常选择那些自己需要听的或只注意到所"听"内容的表面而不能深入其中。

有这样一个经典的小故事。美国知名主持人林克莱特有一次在节目中访问一名小朋友，问他："你长大后想要做什么呀？"小朋友认真地回答说："我长大后要当飞机驾驶员！"林克莱特接着问："如果有一天，你驾驶的飞机飞到了太平洋上空，可是恰巧飞机的引擎熄火了，你该怎么办呢？"小朋友想了想说："我会先告诉坐在飞机上的人马上绑好安全带，然后我就背着降落伞先跳出去。"现场的观众听到这儿顿时笑得东倒西歪，而林克莱特则继续注视着这个孩子，想看看他是不是一个自作聪明的家伙。没想到，孩子的两行热泪立刻夺眶而出，林克莱特这才发觉孩子的真正用意远非人们所想的那样。于是，林克莱特就问他："你为什么要这样做呢？"他的回答透露出一个孩子真挚的想法："我要去拿燃料，我还要回来！我还要回来！"

现实中的我们往往习惯以自己常规的思维方式来判断别人的想法，从而无法真正领会倾诉者的真正意图，这样做不仅不利于日常交往，还会对工作产生影响。例如，旅行社计调人员小张就遇到了此类问题，她在旅游团出发前与领队沟通时，告诉对方不能保证所有团内人员都分到一个宾馆，领队回复说希望尽量在一起，以便交流。小张想当然地理解为领队可以接受大家分开住宿，未与领队进一步确认，就将旅游团安排到了两个宾馆，结果旅游团到达住处后，领队非常不满，随即投诉了小张。

因此，不管别人向我们倾诉情感还是表达意愿，都要与对方的思维保持一致，而且要与其进行确认，只有在"耳到""口到""手到""眼到"的基础上做到"心到"，才能让对方真正体会到你倾听的诚意，防止产生误会。

（三）倾听要素之三：学会主动倾听——画图游戏训练

1. 游戏程序与规则

(1) 准备一幅简笔画，选出一名表达能力较强的学生对这幅画进行描述。

(2) 再找5名没有看过这幅简笔画的学生到画板或黑板前按所听到的描述进行绘画。

(3) 描述者面向观众，绘画者背向观众，在整个过程中描述者不得回头，只能问一些关于绘画进程的问题，如"画完了吗""可以继续了吗"；绘画者也不得回头，不要去看旁边的人，按自己的理解画图，不允许提问，只能提出关于配合的要求，如"等一下""讲慢一点"。

2. 讨论

为什么大家画出来的画差异很大？

3. 小结

在这个游戏中，按照规定大家只能被动听从，而每个人对话语的理解是不同的，这样就会出现不同的绘图情况。这表明倾听并不是被动的，而是开动思维、主动思考的过程。当然在实际沟通中，我们并不会受到这么严格的限制，应该先耐心听完，再提出疑问，说明自己没有听清或听懂的内容，要求对方进行说明解释，直至把问题弄清楚，这同时也表明你在认真地倾听对方说话，否则对方得不到任何回应，会有被忽视的感觉。

三、倾听所需的思维训练

认真倾听是一种教养，更是一种能力。倾听是对个人注意力、观察力、记忆力、理解力、想象力的挑战和训练，是一个逻辑的归纳、综合和演绎的过程。

(一) 观察力训练

很多人都知道这个有趣的案例：一位化学老师让学生用食指沾上尿液，然后品尝其味道，而他自己在做示范时却用了中指，学生们都没有发现老师的"猫腻"而纷纷上当，尝到了尿液的滋味。

这个案例说明的道理是显而易见的，即观察力在倾听过程中是相当重要的，在一些特殊的场合下，不能只是倾听语言，还要认真观察对方的行为，这样才能有助于我们做出正确的判断。

倾听时要观察对方的言行举止、表情、穿着，甚至周围的环境，并体会对方的真实用意，促使谈话顺利进行。有这样一则故事：一个推销员听说一位建筑商需要一大批建筑材料，便前去谈生意，可很快被告知有人已捷足先登了。他还不死心，便三番五次请求与建筑商见面。那位建筑商经不住纠缠，终于答应与他见一次面，但时间只有20分钟。推销员像往常推销一样说明来意，建筑商果然并不感兴趣，敷衍了几句，推销员马上停止了这个话题。这时他注意到办公室墙上的一幅油画，猜想建筑商一定喜欢绘画艺术，不然也不会把这幅画挂在这么显眼的地方，便试探着与建筑商谈起了当地的一次画展。果然一拍即合，建筑商兴致勃勃地与他谈论起来，竟谈了1小时之久。临分手时，建筑商允诺推销员，下一个工程的所有建筑材料都由他来供应，并将他亲自送出门外。显然，这次沟通如此顺畅，用心的观察帮了推销员的大忙。

(二) 记忆、理解能力训练——信息接力棒游戏训练①

1. 游戏规则和程序

(1) 从报纸或杂志上摘取200字左右的文字，但不要选太热门的信息，要保证大多数学生都没有听过。

(2) 选一名口齿清晰的学生作为读书人，将其他学生每5人分成一组，并编上号。

(3) 依次请每组的1号走到前面，读书人以极小的声音将文字悄悄地念给1号听，不许他做任何记录或提问。

(4) 1号再按同样的方式将他所听到的内容说给本组的2号听……

(5) 最后，由每组的5号复述他所听到的内容。

2. 讨论

(1) 每个传递者都会不可避免地漏掉一些信息，统计一下他们漏掉最多的信息是什么？

(2) 文字在传递中，是否出现了错误和人为的篡改？

(3) 日常生活中，我们在倾听时应该如何加强记忆力和理解能力？

3. 小结

提高听力的有效方法有很多，比如做笔记，但是在不方便做笔记的情况下，我们可以通过默记信息的关键词等方法来加强记忆，最有效的就是记下信息之间的逻

---

① 经理人培训项目编写组. 培训游戏全案[M]. 北京：机械工业出版社，2007.

辑关系，深刻理解信息，这样无论信息有多长，关系有多么复杂，都不会影响我们获取有效的信息。

(三) 逻辑思维能力训练——考考你的思维能力游戏训练①

1. 游戏程序和规则

给每个学生发一张纸，让他们在纸上写下15个阿拉伯数字序号，作为题号。请学生们认真听老师提出的问题，在心里计算出结果，再写在相应题目的后面，不可以在纸上计算或做标记。

老师以正常语速读出以下15个问题。

(1) 8乘以2，加上4，再除以5，等于_____

(2) 11减去3，加上4，再加3，然后除以3，等于_____

(3) 15加上10，除以5，乘以6，加上6，再除以4，等于_____

(4) 有一个数字比13大4，将它加上5，除以2，减去3，等于_____

(5) 有一个数字比9小2，加上6，再加上5，乘以2，除以4，等于_____

(6) 6加上12，减去9，再加上10，减去13，翻一倍，等于_____

(7) 4加上5，加上6，加上7，再加上9，加上9，除以4，等于_____

(8) 11减去6，加上5，乘以5，减去15，再减10，加上1，等于_____

(9) 比6大6，加上3，除以5，乘以4，加上1，等于_____

(10) 有一个数字是36的算术平方根，将它加上5，加上14，除以5，加上3，除以4，等于_____

(11) 比6大5，减去3，加上2，加上3，加上9，除以2，等于_____

(12) 在一系列数字"4—7—8—6—9—12"中，前三位数字是_____

(13) 在一系列数字"4—6—9—9—7—6—3"中，前三位数的和是_____

(14) 在一系列数字"7—9—6—8—4—9—6—10"中，最小的一个奇数是_____

(15) 在一系列数字"4—5—7—8—6—2—1—9"中，各数字之和是_____

答案：(1)4；(2)5；(3)9；(4)8；(5)9；(6)12；(7)10；(8)26；(9)13；(10)2；(11)11；(12)4，7，8；(13)19；(14)7；(15)42。

———————————

① 经理人培训项目编写组. 培训游戏全案[M]. 北京：机械工业出版社，2007.

2. 讨论

你能做对几道题？如果你的错题较多，你觉得原因是什么？如果你都做对了，你认为原因是什么？

3. 小结

在倾听时，我们不仅要紧紧跟随倾诉者的思路，还要迅速地在大脑中将这些信息综合起来进行分析，这样才能抓住核心，达到较好的倾听效果。在这个过程中，要注意尽量避免先入为主的心理效应的影响。

 **课后专题训练**

倾听技能练习

一、游戏训练

游戏名称：倾听大转盘

游戏规则和程序：

(1) 将参加人员每10人分成一组，其中5人围成里圈，另外5人围在外圈并与里圈的人两两面对。

(2) 里圈的学生扮演倾听者，外圈的学生扮演倾诉者，由老师给出倾诉主题，倾诉时间为1分钟。一轮倾诉结束后，倾听者顺时针移动一个人的位置；老师给出第二个主题，倾诉者再次述说，以此类推。当所有学生转完一圈回归原位后，倾听者与倾诉者互换角色，开始新的倾听与倾诉。

(3) 在整个过程中要求学生投入感情，在游戏结束后每位同学选出一名他认为最好的倾诉者、一名最好的倾听者并写明原因。根据得票情况，每一组选出一名最佳倾诉者、一名最佳倾听者，并请投票者分析这两名学生获选的原因。

二、案例分析

判断下列案例中关于倾听的做法是否正确，并分析原因。

(1) 一段父女之间的对话。"爸爸，我们去超市吧。"一个大约8岁的小女孩说。"去超市干什么？""我想买几罐八宝粥。""整天就想着吃，怎么不多花点心思到学习上去呢？"父亲责备道。"我是想买给奶奶吃。上次奶奶生病了，姑姑买了一罐八宝粥给奶奶，奶奶说很好吃。但奶奶又说太贵了，想吃却舍不得买。""好孩子，是爸爸错怪你了。"①

(2) 小猫长大了。有一天，猫妈妈把小猫叫来，说："你已经长大了，三天之后就不能再喝妈妈的奶了，你要自己去找东西吃。"小猫惶惑地问妈妈："妈妈，那我应该吃些什么东西呢？"猫妈妈说："你要吃什么食物，妈妈也说不清楚，就用我们祖先留下的办法吧！这几天夜里，你躲在人类的房顶上，仔细听人们的谈话。他们自然会告诉你的。"第一天晚上，小猫躲在房顶上，看见一个大人对一个孩子说："来，把鱼和腊肉放到冰箱里，不然就会让小猫偷吃了，小猫可是最爱吃鱼和腊肉了！"第二天晚上，小猫躲在家具后面，听见一个女人对一个男人说："帮我一下，把香肠和牛奶放到冰箱里，别让小猫偷吃了。"第三天晚上，小猫躲在厨房的角落里，看到一个妇人对自己的孩子说："奶酪、肉松、鱼干吃剩了，要收好，小猫的鼻子可灵了，明天你想吃也没了。"就这样，小猫每天都很开心，它回家告诉妈妈："妈妈，我已经知道我要吃什么了，只要我仔细倾听，人们都会教给我该吃什么。"靠着倾听别人的谈话，小猫知道了自己爱吃的食物，之后它努力学习生活的技能，终于成为一只身手敏捷的大猫。

(3) 乔治在一家小理发店为人擦鞋，他经常听一些朋友在理发时无意中说这样的话："我真希望我的头发能变直。"理发师们都没有留意这句话，乔治却记在心里。每次遇到来擦鞋的客人，他总是不忘问一句："您是做什么工作的？"

终于有一天，乔治在问一位来擦鞋的男士时，那位男士告诉他自己是一位化学家。"化学家是做什么的？"乔治又问。"调配一些东西。"化学家只好这样通俗地解释。"那么，您能调配一种东西让我的头发变直吗？"乔治问道。化学家说："也许可以试试。"

过了一段时间，化学家有一次来擦鞋时，带来了一小瓶液体的制剂。乔治将制剂抹在头发上后，头发果然变直了。后来，乔治便与这位化学家联手，将这种产品装瓶后卖给他的朋友和理发店，并将这种制剂命名为"华发"。

(4) 古代有很多善于接受正确意见、对逆耳忠言能够欣然接受进而取得成功的帝王。如齐桓公对管仲言听计从，最终使齐国大治，成为"首霸"，但他对管子的临终遗言没有完全执行，便落得个饿死于内宫、群子抢政的败局；汉高帝刘邦之所以

---

① 周正华. 影响教师的101个经典教育案例[M]. 长春：北方妇女儿童出版社，2007.

能从草莽英雄变成第一个农民皇帝，就在于他信任萧何、张良，听从他们的建议；魏武王曹操兼听则明，遂成为一代枭雄；唐太宗李世民听从魏征的劝谏，成就了盛唐大业。

三、倾听能力自测

说明：以下题目的评分标准为选择"几乎"得5分，选"常常"得4分，选"偶尔"得3分，选"很少"得2分，选"几乎从不"得1分。

态度方面：

(1) 你喜欢听别人说话吗？

(2) 你会鼓励别人说话吗？

(3) 你不喜欢的人在说话时，你也会注意听吗？

(4) 无论说话人是男是女，年长年幼，你都注意听吗？

(5) 朋友、熟人、陌生人说话时，你都注意听吗？

行为方面：

(6) 你是否在倾听中会目中无人或心不在焉？

(7) 你是否注视听话者？

(8) 你是否忽略了足以使你分心的事物？

(9) 你是否通过微笑、点头或使用其他方法来鼓励他人说话？

(10) 你是否深入考虑说话者所说的话？

(11) 你是否试着指出说话者所说的意思？

(12) 你是否试着理解对方为何说那些话？

(13) 你是否让说话者说完他(她)的话？

(14) 当说话者犹豫时，你是否鼓励他继续说下去？

(15) 你是否会重复说话者的话，弄清楚后再发问？

(16) 在说话者讲完之前，你是否避免批评他？

(17) 无论说话者的态度与用词如何，你都注意听吗？

(18) 若你预先知道对方的说话内容，你也会注意听吗？

(19) 你是否会向说话者询问他所用字词的意思？

(20) 为了请他完整地解释他的意见，你是否会询问他？

将所得的分数加起来：

90～100分，你是一个优秀的倾听者；80～89分，你是一个很好的倾听者；65～79分，你是一个需要改进、尚算良好的倾听者；50～64分，在有效倾听方面，你确实需要加强训练；50分以下，你迫切需要提高你的倾听能力。

 介绍语言艺术训练

预期收获：

(1) 了解介绍在人际交注中的重要作用，在社交场合，介绍是人与人之间相互认识和交注的第一座桥梁。根据在介绍中的处境和身份的不同，介绍可分为自我介绍、他人介绍两种形式。

(2) 掌握介绍的基本要求和技巧，学会巧妙地介绍自我与介绍他人，做到口齿清楚，注意礼节，把握分寸，繁简得当。

【典型案例】

独特的自我介绍①

我国台湾著名节目主持人凌峰在1990年春节联欢晚会上的自我介绍如下所述。

在下凌峰，我和文章(台湾歌手)不一样，虽然我们都得过"金钟奖"和"最佳男歌星"称号。但是，我是以长得难看而出名的(掌声)。两年多来，我们大江南北走了一趟——拍摄《八千里路云和月》，所到之处呢，观众给予我们很多的支持，尤其男观众对我的印象特别好，因为他们认为本人的长相像中国(笑声、掌声)。中国五千年的沧桑和苦难全都写在我的脸上(笑声、掌声)。一般来说，女观众对我的印象不大好。有的女观众对我的长相已经到了忍无可忍的地步(笑声、掌声)，她们认为我是人比黄花瘦，脸比煤球黑(笑声)。但是我要特别声明：这不是本人的过错，实在是家父家母的错误。当初并没有征得我的同意就把我生成这个样子(笑声、掌声)。但是，

---

① 张先亮. 语言交际艺术[M]. 北京：科学出版社，2000(10).

时代在变、潮流在变、审美的观点也在变。如果你仔细地归纳一下，你会发现，现在的男人基本上分为三种：第一种，你看上去很漂亮，可看久了也就那么一回事，就像我的好朋友刘文正；第二种，你看上去很难看，看久了是越看越难看，就像我的好朋友陈佩斯；第三种，你看上去很难看，看久了你会发现，他另有一种男人的味道，就像在下我(笑声、掌声)。鼓掌的都表示同意了！鼓掌的都是一些长得和我差不多的(笑)，真是物以类聚啊！接下来，按规定我迎接挑战，带来了一首歌曲，叫做《小丑》。我认为每个人都扮演了许多次的小丑：有的时候是在孩子面前；有的时候是在父母面前；有的时候是在爱人面前；有的时候是在领导面前。我呢，是在观众面前，给大家带来一首《小丑》——掌声有没有就无所谓啦(笑声、掌声)。

分析与讨论：

(1) 为什么凌峰的自我介绍博得了大家的阵阵掌声？他运用了哪些技巧？

(2) 在现实生活中，你所听到的哪次介绍让你印象最为深刻？你从中学习到什么？

小结：

随着社会的不断发展，人们参加的交际应酬越来越多。怎样才能引起别人的注意，赢得别人的欣赏，并成为社会活动中的焦点呢？除了要注意自己的容颜、服饰、风度和形象，还要驾驭好语言这个最有力的社交工具。

一、介绍的主要形式

介绍是一种常见的公关口语形式，一个人要学习、要工作、要交际，就离不开介绍。根据在介绍中的处境和身份的不同，介绍可分为自我介绍、他人介绍两种形式。

自我介绍是向别人展示自己的重要手段，自我介绍得好不好，直接关系到你给别人留下第一印象的好坏及以后交往的顺利与否。自我介绍的形式与内容可以多样化，既可以简单介绍自己的姓名，也可以详细地介绍自己的特点、爱好等，一切需要根据语境而定。

他人介绍，又称第三者介绍，是指第三者为彼此不相识的双方引荐、介绍的一种方式。人在社会中生活，要参加社会活动，希望结交更多的朋友。这不仅是工作上的需要，也是个人心理上的需要。人们总是从陌生到熟悉，从相识到相知，最后慢慢成为朋友。在初次交往时，除了自我介绍，还有一种重要的途径就是他人引荐。通过介绍与他人认识，这已成为现代社交中必不可少的方式，而且越来越显示出它的重要性。介绍他人时，选择什么内容，采用什么形式，都是有讲究的。这不仅关系到被介绍者能否被顺利、有效地了解，还反映出介绍者的语言水平、文化修养。

二、自我介绍的表达艺术

(一) 自我介绍的类型与方式

依照自我介绍时表述内容的不同，自我介绍可以分为下列具体形式。

1. 应酬式

应酬式自我介绍，适用于某些公共场合和一般性的社交场合，如旅行途中、宴会厅里、通电话时。对介绍者而言，对方或者是泛泛之交，或者早已熟悉，进行自我介绍只不过是为了确认身份而已，故此种自我介绍的内容要少而精。应酬式自我介绍的内容最为简洁，往往只包括姓名一项即可。例如：

"您好！我的名字叫张涵。"

"我是王建军。"

2. 工作式

工作式自我介绍，也叫公务式自我介绍，主要适用于工作场合。它是以工作为自我介绍的中心，因工作而交际，因工作而交友。

工作式自我介绍的内容，应当包括姓名、供职的单位及其部门、担任的职务或从事的具体工作三项，是工作式自我介绍内容的三要素。其中，第一项姓名，应当一口报出，不可有姓无名，或有名无姓。第二项供职的单位及其部门，如果有必要最好全部报出，具体的工作部门有时也可以暂不报出。第三项担任的职务或从事的具体工作，有职务最好报出职务，职务较低或者无职务，则可报出目前所从事的具体工作。例如：

"你好！我叫张建伟，担任××市政府外事处处长。"

"我叫李萍，现在在人民大学国际政治系教外交学。"

3. 交流式

交流式自我介绍，主要适用于社交活动中，它是一种刻意寻求与交往对象进一步交流与沟通，希望对方认识自己、了解自己、与自己建立联系的自我介绍。有时，它也叫社交式自我介绍或沟通式自我介绍。

交流式自我介绍的内容，大体上应当包括介绍者的姓名、工作、籍贯、学历、兴趣以及与交往对象的某些熟人的关系等，介绍时不一定非要面面俱到，应当依照具体情况而定。例如：

"我叫邢冬松，现在在北京吉普有限公司工作。我是清华大学汽车工程系90级的毕业生，我想咱们是校友，对吗？"

"我的名字叫沙静，现在在天马公司当财务总监，我和您先生是高中同学。"

"我叫甄鹏鸣，天津人。我刚才听见你在唱蒋大为的歌，他是我们天津人，我特喜欢他唱的歌，你也喜欢吗？"

4. 礼仪式

礼仪式自我介绍，适用于讲座、报告、演出、庆典、仪式等正规而隆重的场合。它是一种意在表示对交往对象的友好、敬意的自我介绍。

礼仪式自我介绍的内容，亦包括姓名、单位、职务等，但是还应加入一些适宜的谦辞、敬语，以示自己礼待交往对象。例如：

"各位来宾，大家好！我叫范燕飞，是云海公司的副总经理。现在，由我代表本公司热烈欢迎大家光临我们的开业仪式，谢谢大家的支持。"

5. 问答式

问答式自我介绍一般适用于应试、应聘和公务交往。在普通的日常交际应酬场合，有时也会用到问答式自我介绍。

问答式自我介绍的内容，讲究问什么答什么，有问必答。例如：

甲问："这位小姐，你好，不知道应该怎么称呼你？"乙答："先生你好！我叫王雪时。"

主考官问："请介绍一下你的基本情况。"应聘者答："各位好！我叫张军，现年29岁，陕西西安人，汉族，共产党员，已婚，2018年毕业于西安交通大学船舶工程系，获工学硕士学位；现在北京首钢船务公司任助理工程师，已工作3年。其间，曾去阿根廷工作1年。本人除精通专业外，还掌握英语、日语，懂电脑，会驾驶汽车和船只；曾在国内正式刊物上发表过6篇论文，并拥有一项技术专利。"

(二) 自我介绍的基本要求和技巧

在社会活动中，互不相识的人见面后免不了要做自我介绍。自我介绍包括对姓名、年龄、职业、住址、经历及特长等方面的介绍，应根据场合和需要的不同来决定其繁简。自我介绍时，态度要平和，要清晰地报出自己的姓名，并用微笑来表达自己的友好，同时还要掌握分寸，不要有意抬高或贬低自己，这会让人产生反感，而不愿与你来往。自我介绍实际上是一种自我推销，它给别人留下的是第一印象。一般来说，自我介绍时要注意以下几点。

(1) 平和自信。初次交往中，大家都想多了解对方，又都想被对方了解。自我介绍时要大大方方、不卑不亢，切不可羞答忸怩、吞吞吐吐、左顾右盼；应勇于向他人展示自己，树立自信，让别人产生希望与你交往的愿望。

(2) 繁简得当，即视交际的需要来决定介绍的繁简。一般来说，参加聚会、演讲、为他人办事、偶尔碰面、为单位公关等，自我介绍宜简约，只要介绍姓名和工作单位即可；而在另一些场合，如求职、恋爱、找人办事、招标时投标、深交朋友等，则可以介绍得细致。

【案例2-1】导游小方带团时这样介绍自己："亲爱的游客朋友们，大家好。欢迎来到美丽的海滨城市——青岛。我是各位崂山之行的导游小方，我右手边这位帅气的大叔呢，是有着20年驾龄的李师傅，有李师傅为咱们保驾护航，您尽可放心。"

这段导游词中导游小方的自我介绍简单易懂，便于让游客迅速记住导游员的称呼，符合工作需要。

(3) 把握分寸。介绍自己要有自谦和自识，在自我介绍中少不了要说"我"，但要把握好分寸。有的人在自我介绍时，左一个"我"，右一个"我"，使人听了反感；有人把"我"的形象树立得很高大；更有甚者，一提到"我"，便洋洋得意，这样的自我介绍不会给对方留下良好的印象。

　　掌握分寸的关键是要以平和的语气说出"我"，要目光亲切、神态自然，这样才能使人从这个"我"字中感受到你自信、自立而又自谦的美好形象，这样才能使对方对你产生信任感。切不可自吹自擂，一般不用"很""最""第一"这类字眼。

　　(4) 巧言介绍。加深印象是自我介绍的目的。自我介绍首先要介绍自己的名字，并对"姓"和"名"加以解释，你解释得越巧妙，别人对你的印象就越深。这可以反映一个人的知识水平和人格修养，也可以体现一个人的口才。

　　【案例2-2】刘知章是一名大一新生，在新生见面会上她是这样介绍自己的："大家好，我叫刘知章，大家猜一猜我为什么叫这个名字吧。"紧接着她说道，"我爸姓刘，我妈姓章，我的名字寓意着我爸妈心心相印、相濡以沫的爱情。"

　　这位学生的自我介绍解释了自己姓名的来历，听者自然记忆深刻。

　　【案例2-3】在全国"荣事达"杯节目主持人大赛中，一个名叫潘望的主持人是这样做自我介绍的："我叫潘望，早在孩提时代，我那只有小学文化的军人爸爸和教小学的妈妈就轮番地叮嘱我：'望儿，你可是咱们家的希望啊！'为了不辱使命，我肩负着双亲的重托，脚踏实地、一步一个脚印地走来，直到今天，走到这个国家级的最高赛场。但愿教师们能给我这只盼望飞翔的鸟儿插上奋飞的翅膀。"①

　　这段自我介绍将姓名与父母的心愿并列呈现，听者自然记忆深刻。一个人的姓名，往往有深厚的文化积淀，或反映时代的乐章，或寄予双亲对子女的殷切厚望。因此，巧解姓名会令人动情，加深印象。

　　(5) 独具特色。简单地介绍姓名留给人的印象非常平淡，独具特色的自我介绍才能给他人留下深刻的印象。

　　【案例2-4】谭飞是一个个子不高，戴着眼镜的电视节目主持人，他在向大家介绍自己时是这样说的："单看咱这形象，不如在电视中那么闪闪发亮，眼睛不大还有点近视，但这丝毫不影响我的睿智与远见；耳朵虽小，更能提醒我要耐心倾听观众的心声；嘴巴也不气派，正说明我不夸夸其谈，唢呐和号角的孔都不大，但同样能怒吼与呐喊；个子虽然矮小了点，可潘长江先生说过：'浓缩的都是精华。'有人说'缺点在一定条件下也会成为优点'，这话难免有些夸张，但'缺点在一定条

---

① 张先亮. 语言交际艺术[M]. 北京：科学出版社，2000(10).

件下会成为特色'则是毋庸置疑的。"

谭飞的自我介绍借容貌自嘲，这种看贬实褒的介绍技巧给他人留下了深刻的印象。

【**案例2-5**】一位来自云南的大学生，他是这样进行自我介绍的："我来自云南，云南是阿诗玛的故乡，是一个佳丽辈出的地方，但是大家千万别忘了，云南也是大理石的故乡，相信大家能从我的身上看见大理石的朴实、厚重与刚强。"

这位学生通过介绍自己家乡的地方特色引出自我介绍，让人印象深刻。

三、他人介绍的表达艺术

(一) 他人介绍的类型

(1) 根据介绍的正式程度，他人介绍可分为正式、一般、随意三类。

① 正式的介绍，一般用于非常正式的场合中向值得敬重或身份很高的人士作介绍。这种介绍要用非常礼貌、完整的语言，并且在语气上要体现出对尊者的尊重。例如：

"李小姐，我可以介绍这位张先生认识你吗？"

"陈老，请允许我介绍我的朋友——王先生。"

② 一般的介绍，一般用于普通的社交场合中，介绍的语言比较随便、直接，但在介绍的语言中要体现出介绍的顺序原则。例如：

"张老师，我给您介绍一下，这是我们王经理。"

"王经理，这是我常常跟您提起的，我的启蒙恩师——张老师。"

③ 随意的介绍，一般用于双方是非常熟悉的朋友之间，特别是年轻人之间，这种介绍不太在乎介绍的礼节规范，比较随意，语言也简洁，一般只需报出双方的姓名即可。例如：

"小宋，来见见齐先生。"

"李莉，这就是我的好哥们儿——王帅。"

(2) 根据介绍人的人数，他人介绍可分为以下三类。

① 向一人介绍多人。在社交场合中，经常会出现这样的情况，那就是其中一个人的地位比较高或比较特殊，为了表示对他的尊重，有必要让在场的人都认识他。由于这个人的地位高或特殊，又不能带着他去认识其他人，所以作为介绍者，就应

该让其他人去认识他。至于介绍其他人的顺序，可以依据年龄和身份的高低依次报出。例如：

"余老，我给您介绍一下，这位是……这位是……"

② 多人相互介绍。在小范围内的会议或聚会上，主人一般需要为到场的每个人相互作介绍，以便沟通。这种介绍可以考虑几种方式：一是根据身份、地位的高低依次报出来宾的姓名和职业；二是根据来宾的位置依次介绍，不一定拘泥于形式。例如：

"这边在座的依次是朝阳集团的李明、孙健，信息公司的王荣、刘华。"

③ 向多人介绍一人。这种介绍常见于聚会中主持人或主人向老成员介绍新成员，向先来者介绍后来者，向在场的每一位来宾介绍重要的嘉宾或身份特殊的名人等。介绍通常应在活动开始之前，用简短的语言重点突出这个人的主要经历、个性或成绩。例如：

"各位来宾，这位英俊的小伙是新加入我们公司的信息技术人才——王亮。"

需要注意的是，要充分了解所介绍之人，千万不能在介绍的过程中出现错误，以免造成被介绍方的不愉快。

(二) 他人介绍的基本要求

1. 口齿清楚、主次得当

在为别人作介绍时，很重要的一点是口齿清楚。介绍就是将别人不知道、不了解的内容说出来。如果介绍时口齿不清，含含糊糊或者读错音，那么被介绍的双方就不能弄清对方姓甚名谁，进而会影响交际。

【案例2-6】日本有一位知名度很高的电视节目主持人，名字叫铃木健二。在日语中，他的名字很容易和"汽油桶"读混。有一次，铃木健二到一所学校去参加校庆，校长向全校学生介绍说："这就是荧屏上大家所熟悉的——汽油桶。"学生们先是怀疑自己的耳朵，继而便捧腹大笑[①]。

试想，如果铃木健二不是知名的节目主持人，学生听了校长的介绍后，一定以为他就叫"汽油桶"。

---

① 豆丁网. 现代交际礼仪教学案例[EB/OL]. (2019-10-16)[2021-12-25]. http://www.docin.com/p-17873933.html.

2. 巧言介绍，把握分寸

在介绍他人时，措辞要巧妙，介绍得有意蕴、有趣味，才能给大家留下深刻的印象。如果介绍的时机不对、分寸不对、内容不对，则会适得其反。

【案例2-7】约翰·梅森·布朗是美国一位作家兼演说家，一次他应邀去某地演讲，会议主持人是这样介绍他的："先生们，请注意了。今天晚上我给你们带来了不好的消息。我们本想邀请伊塞卡·F.马科森来给我们讲话，但他来不了，病了。(下面嘘声)后来我们要求参议员布莱德里奇前来，可他太忙了。(嘘声)最后，我们试图请堪萨斯城的罗伊·格罗根博士来，也没有成功。(嘘声)结果我们请到了约翰·梅森·布朗。"

这是一次很不成功的介绍，请分析问题出在哪里？会议主持人没有抓住重点进行介绍，他应该用热情洋溢的言语直接介绍约翰·梅森·布朗，而主持人把自己的不顺利的准备工作罗列给听众。这些废话不仅与介绍演讲者没有关系，反而浪费了大家的时间，并且把一些负面信息传递给了听众。"今天晚上我给你们带来了不好的消息……"，言下之意是没有办法才请来了现在的演讲者，这严重损伤了被介绍者的自尊心。

【案例2-8】一位教授应邀在某学院演讲，内容是关于婚姻生活的问题。演讲结束后，院长在表示感谢时说："我想由于贾博士目前还没有结婚，所讲的可能只是他想当然的理论。"此言听罢，教授先是一阵尴尬，接着急中生智，赶紧补充道："当然，因为我走的是学术研究，而一般人走的是'临床'，前者通常引导后者。"

院长对演讲者婚姻状态的一番介绍让贾博士感到很尴尬，对这次演讲也是无益的，因为这句介绍不仅没有起到正面作用，反而起到了负面作用，好在教授灵机一动，巧妙地为自己圆场。

3. 注意礼节，语调轻松

在为他人作介绍时，一定要注意以下介绍方面的礼节。

首先是介绍的顺序方面。在介绍陌生人相识时，要把年纪轻的先介绍给年纪大的，把职务低的先介绍给职务高的，把男客人先介绍给女客人。如果双方年龄、身份相当，那么要先把自己较熟悉的一方介绍给另一方。这是一种礼貌，是出于对长者、领导、女性的尊重。如果要同时介绍几个人，则要先介绍年长的、职务高的、知名度大的和女性。

其次是介绍的内容方面。为他人作介绍，至少要准确介绍双方的姓名、身份、地位等基本信息。如果被介绍双方会单独长时间在一起，就要为他们做一些话题的铺垫，介绍的内容应尽可能详细，可以为他们寻找一个共同的兴趣或爱好，避免介绍人离去后双方无话可说、陷入尴尬，也可避免他们因不了解对方而说出冒犯的语言。必要时，应说出自己与被介绍人的关系，以便让新朋友之间相互了解和信任。有一些细节也应注意，比如不介绍别人的绰号，因为这是很熟悉的朋友间的称呼，不太适合向别人作介绍。还有，介绍时最好加上对方的头衔，因为这是他自己不好意思说出，但又希望别人知道的事情，所以，介绍者应善解人意地为其说出。

再次是介绍的手势方面。为他人作介绍时，介绍哪一方就要将手心向上指向哪一方。具体动作是四指并拢，拇指打开，手心朝上指向被介绍一方。介绍时，应面带微笑，以示尊重。被介绍的人和介绍人都应面带微笑，认真倾听，表现出想要结识对方的热情。

最后是介绍的语言语调方面。介绍的语言要热情，语调要轻松，用文雅的语言并配以恰当的体态语，声音宜略扬，这样可以制造一种和谐、活泼的相识气氛。比如介绍时一般使用这样的礼貌语言："请允许我为您介绍……""我非常荣幸地向大家介绍……"若较熟悉被介绍者，则可以介绍得轻松些，如："小王，这是我常跟你提到的老同学陈方。"介绍的语言切忌不冷不热，用词不当。需要注意的是，介绍别人时，表情应该自然大方，体现出对双方的尊重，不要插科打诨或嘻哈随便。但介绍完毕，开个小玩笑是可以的。

课后专题训练

介绍语言练习

一、设计独特的自我介绍

(1) 目的：学会在不同场景中自如、熟练地向别人介绍自己。掌握自我介绍的艺术，就打开了与人交往的大门，精彩、独具特色的自我介绍能在他人的脑海中留下深刻的印象。

(2) 要求：参考以下案例，选择下面一个场景，请同学们运用讲来历、联想、拆字、释义、猜谜语等方法介绍一下自己，进而让别人能够迅速记住你。要求口齿清楚，谈吐自如，注意把握自我评价的分寸。

【案例参考】

① 上海特级教师钱梦龙有一次去外地授课，面对素不相识的学生，钱老师课前作了如下介绍。

师：看了同学们的预习作业，感到很有意思，大家肯动脑筋，智力水平高。下面，我出一个谜语，看大家能否猜得着。谜语是"发了财还想成才"。打一个人名。

生：猜出来了，是钱梦龙。

师：猜对了，可为什么就是我呢？

生：发了财是有钱，想成才就是梦龙。

师：对了，望子成龙嘛！很好！

② 有一位男士名叫苏天海，他在进行自我介绍时说："我的父母给我起这个名字是希望我这个男子汉的心胸像天空和大海一样广阔。"有一位女士名叫苏醒，她在进行自我介绍时说："父母总觉得我稚气十足，让他们不放心，希望我早日苏醒，成熟起来。"

③ 一男士名"贾愚"，大家都觉得这个名字很奇怪，介绍时方揭示真意，"贾(假)愚者，真聪明也"。这样的介绍往往能反映出一个人的文化修养和性格特点，心胸狭隘的人是不会拿自己的姓名来营造气氛的。

【场景选择】

① 大学报到的第一天遇到新同学；

② 大学第一堂课上见到新老师；

③ 新生联欢会；

④ 参加学生会竞聘；

⑤ 参加校园演讲大赛；

⑥ 大学毕业之际参加企业实习；

⑦ 就业时参加求职面试。

二、模拟交际场景进行介绍接力

在社交场合应该先把谁介绍给谁？这是非常关键的。按照礼仪的要求，介绍的基本原则是受到尊重的一方，有了解对方的优先权。按照这一原则，介绍的顺序如下：先向地位高者介绍地位低者；先向年长者介绍年轻者；先向女士介绍男士；先向主人介绍客人；先向已婚女士介绍未婚女士；先向先到者介绍后到者；先向众人介绍个人；先将家人介绍给别人；在工作场合一般以职位高者优先，也就是将职位低者介绍给职位高者。

(1) 目的：学会自然、礼貌地介绍他人。好的介绍能够帮助你迅速提升在朋友心目中的形象，也能够体现你的学识、修养。

(2) 说明：几名同学一组，模拟一个交际场合，每名同学在小组中扮演一定的角色，对他人一一进行介绍。

(3) 要求：介绍时要求口齿清楚，自然大方，有礼有度。

专题三　赞美语言艺术训练

预期收获：

(1) 了解人们渴望被赞同的本性及赞美语言在沟通中的正面作用。

(2) 掌握赞美语言的表达技巧和注意事项，学会真诚地赞美，做对方喜欢的交谈者。

游戏训练：优点大轰炸

游戏规则和程序：

活动开始时，不告知参与者活动主题，先是让参与者闭目沉思两分钟，思考自己有哪些优点；之后，再用几分钟时间，在一张纸上把刚才想到的优点写下来；写好后将纸折叠好，投入讲台上的纸盒里。

然后，告诉众人要举行的活动叫"优点大轰炸"，由一名学生从纸盒里抽取"幸运者"，如抽到写有"李四"名字的纸张，"李四"就是"幸运者"。之后，众人对"幸运者"进行赞美。众人对"幸运者"进行称赞时，必须要发自内心，并举出事例来说明。

活动结束时，将学生刚才写下的纸张还给参与者，让参与者把自己没写却由自己的同学说出来的优点记录下来，并在这张纸上写一段内心的感受。

分析与讨论：

(1) 当被称赞特别是被出乎意料地称赞时，你最突出的感受是什么？

(2) 大部分同学被称赞时都表达了感谢，被别人感谢时，你最想说的是什么？

(3) 当没有机会表达感谢时，你有什么想法？

一、赞美语言广受欢迎的原因

《孔子家语·致思》中有这样一句话："与人交，推其长者，违其短者，故能久也。"意思是说，与人交往要看重他的长处，避开他的短处，这样才可以长久地交往下去。这句话说明，我国古人重视在人际交往中发现、赞美别人的优点，认为这是对他人的一种尊重。这一观点也从侧面揭示了人们喜欢被赞美的原因——渴望被肯定。渴望被肯定是人们本性中对美好的需求，我们不应该无视或忽略这一现象，更不应误以为这是人们虚荣心的表现。相反，我们要理解并顺应此需求，在交谈中不吝惜自己的赞美之词，因为这是对他人的认可，还是让他人对你产生好感的妙招。

二、赞美语言的技巧

(一) 培养自己形成赞同的性格与态度

一个经常使用赞美之语的人，通常是一个善于发现他人优点的人。善于赞美是一种胸怀，这样的做法能够给对方带来快乐，有利于对方进一步发挥潜力和发现"闪光点"，进而使他在"这一方面"做得更好。我们应该改变"挑刺"的习惯，经常转换角度看问题，在自己的头脑中形成固定的思维框架，即表现出一种赞同的态度，培养一种赞同的性格，成为一个自然而然地赞同别人和认可别人的人，给别人鼓励，帮助别人进步。

(二) 赞美一定要发自内心，坚持"真诚""适度"的基本原则

1. 赞美首先必须是真诚的

赞美不等同于虚伪的奉承，赞美必须建立在真诚的基础上，不切实际的、盲目的赞美很可能引起对方的厌恶。那么，什么才是真诚而适度的赞美呢？举个简单的例子，在商场买衣服的时候，我们经常会看到急于求成的售货员心口不一地赞美所有试穿衣服的人，这种所谓的赞美往往会使我们产生反感，因为它没有实事求是，是不负责任的溢美之词。而可取的做法是根据顾客的实际情况给出合理的建议，进行适度的赞美，即赞美必须是由衷的、客观的、中肯的，而不是一味地、无原则地奉迎。

比如你的一位同学街舞跳得不错，你对他说："你的舞技真是世界第一。"这样的赞美已经脱离了事实，变成了吹捧，其结果只能使双方都很难堪，但若换个说法："你的街舞跳得真不错，看着特带劲儿。"你的同学一定很高兴，说不定会情不自禁地给你现场秀上一段呢！

再如在景区纪念品销售店，有位妈妈陪伴女儿选择玩偶，小朋友在几个毛绒玩具之间犹豫不定，而其中有个玩具恰好是热卖款，店员就可以对顾客说："小朋友眼光不错啊，这个玩具是我们的王牌产品呢，而且价格也合适哦。"这样的夸奖就是真诚适度的，既可以让顾客开心，也可以帮助他们尽快做出决定，进而达到销售的目的。

2. 赞美要有尺度，不可滥用

赞美就像烹调，掌握火候很重要，火候合适会使被赞美者感觉舒服、受用，过度则会让人吃不消。恰当的赞美往往能够拿捏准确，收放自如；过度的赞美即使如燕窝、鱼翅般珍稀，"吃"多了也会消化不良。

【案例2-9】李新是一名布料销售员，通过不懈努力，他得到了一次拜访本市著名服装企业家的机会，时间只有半小时。一见面，李新就表现出了崇拜之情："苏先生，终于见到您了，您可是我的偶像呢！""你好，很高兴见到你！""您的创业经历深深地打动了我，您是怎么克服那么多困难走向成功的呢？是不是离不开朋友和家人的支持和鼓励啊。""对。""肯定是因为您人缘好，对人大方吧！您的

人品一定很让人信服！您的家人也是真有眼光！"短短的拜访时间里，李新就这样不停地称赞苏先生，以致于苏先生很难插上嘴，从开始的高兴变得有点不自在了，后来苏先生终于忍不住打断了李新："年轻人，你今天是不是还有别的事情？"李新这才意识到拜访时间已经快结束了，他根本来不及充分表达自己的销售意愿，错失了这次宝贵的推销机会。

(三) 赞美内容应具体而用心，切忌空泛

空泛的赞美即使出自真心，也会让人感觉生硬和难以接受，具体而用心的赞美才能夸到点子上。

1. 赞美的内容要因人而异，找到合适的赞美点

"生人看特征，熟人看变化。"意思是赞美陌生人要看其特点，赞美熟人则要说他的变化，也就是说赞美要因人而异。

有这样一个故事：有一个国王的一只眼睛失明了，一只脚是瘸的。有一次，他找来很多人为自己画像。第一个画家很实在，就按写生的画法，照实画，国王虽然知道这是自己真实的样子，但是画像的确太丑了，把第一个画家杀了。第二个画家战战兢兢的，把国王画得英明神武，国王觉得这是对他的嘲讽，把第二个画家也杀了。第三个画家很冷静地画完了画，国王看了以后很高兴，赏了他很多财宝。大家知道第三个画家画的是什么吗？他画的是：国王用一只眼瞄准目标，一条腿弓着，一条腿站着拉弓射箭的情景。这幅画既符合实际，又巧妙地避开了国王的残疾，还表现了国王的神采。最后，第三个画家受到了国王的褒奖[①]。

所以说，赞美不仅仅是说最好听的，还要符合对方的特点。

那么，要如何把握赞美点呢？我们可以从以下两方面入手。

(1) 一般来说，年龄不同，赞美点也不同。老年人喜欢怀念过去的光荣岁月并希望别人能常常提及，我们可多称赞其当年的辉煌，但他们思想相对保守，因此赞美老年人所用的语言应该间接、委婉。年轻人充满活力，往往寄希望于未来，对一切新鲜事物都充满好奇也充满信心，因此应从其外表、判断力、诚意、交际能力等方

---

① 风青杨. 如何让客户对你产生好感[J]. 北方牧业，2010(12).

面入手，赞美年轻人性格豪迈，工作能力强，做事认真努力，将来一定有非凡成就等。上述这些方面代表了绝大多数年轻人的心理期待，如果你能在语言中让他们美梦成真，你的赞美自然就会取得极好的效果。由于年轻人喜欢直接，所以赞美语言要相对热情、外露。

(2) 性别不同，赞美点也不同。女性较男性更显温柔本色，她们关心自己的容貌，关心自己的家人，也渴望拥有足够的智慧和能力来保护自己，她们更敏感，更需要细致入微的赞美。因此，要想做好女性的赞美工作，一定要了解女性的特点及关注点，如品位、美容保养等，可以具体夸赞其面容(包括皮肤、五官、发型)、服饰(包括衣服、鞋子、配饰)、独特气质等，这样才能打动她们。

肯定男性时除相貌外，还应偏重其精神气质、才华成就等。因为成熟男性最在乎的是自己的成就，所以你的赞美最好从事业入手。下面是一些简单的例子。

"某某甘拜下风，能不能请教一下您经过怎样的努力，才拥有今天事业的成功？"

——赞美其事业成功。

"不知道哪一天才可以像您一样，能够拥有这么辉煌的事业，有这么多的员工来帮您赚钱。"

——肯定其工作成果。

"像您这么有地位的人我们真的是望尘莫及啊！"

——仰慕其社会地位。

"哇！您的实力真是无人可比呀！"

——恭维其实力。

"您是个有气度、有风度的男性！"

——夸奖其有气度。

"跟您做生意不用担心，您的信用最可靠了！"

——对其表现出信任。

同理，不同职业、不同身份、不同性格的人想要获得的赞扬也是不能一概而论的。如在销售中，对于严肃型的顾客，赞美语言的选择要谨慎，应自然朴实、点到为止；而对于相对喜欢虚荣的顾客，则用语可以稍微张扬一些，尽量发挥赞美的作用。

需要注意的是，针对不同的交流对象应该从不同的方面用不同的语言去赞美，这样才能取得良好的效果。

2. 赞美应就事论事

表达赞美时，应坚持做到对事不对人，而在实际生活中，我们表扬别人时总喜欢使用概括类、总结类的话语而把具体的事实隐藏起来，比如我们在称赞某个朋友的时候，"他很善良""她很乐观""她是个热心人"等很容易就脱口而出，但后面并不加任何注脚，使得赞美缺乏说服力，被赞美的人也会感觉无关紧要；相反，如果我们举出一两个具体事例，那么赞美的效果会立竿见影。

【案例2-10】家具公司的推销员小吴得知一家文化公司刚装修完办公室，于是，上门来向项目负责人董经理推销办公家具。一进门，小吴便赞叹道："哟，您这办公室真漂亮，我大大小小的公司跑了不少，还从没见过您这么有品位、懂情趣的老板。"董经理顿时喜上眉梢，嘱咐助理沏了一杯茶请小吴坐下细谈。小吴用手摸了摸椅子的扶手，说："这可是上等红木，这在我们家具界也不多见，看来，我今天真是来对了，能遇到您这样识货、懂货的人！""呵呵，我只是一直都比较喜欢这些玩意儿。"董经理的自豪感油然而生。之后，董经理带小吴参观了整个办公室，并兴致勃勃地拿出了几件心爱的木质藏品让小吴赏鉴，还细致地介绍了自己公司此次装修和配备家具的规划。结果可想而知，小吴很顺利地拿到了订购合同[①]。

3. 善于观察，赞美对方自认为得意的事

【案例2-11】小刘跟一位客户相谈甚欢，眼看大功告成，客户突然谈起了他刚考上大学的女儿，小刘认为这年头考上大学并不是什么罕见的事情，就礼貌地敷衍了几句，马上又将话题转向了生意，没想到客户突然变了脸色，拒绝继续商谈并拂袖而去。小刘百思不得其解，第二天，他终于忍不住给客户打了一个电话，询问客户为什么突然改变主意。客户很不高兴地在电话中告诉他："昨天我同你谈到了我的女儿，她是我们家的骄傲，可是你一副不屑的神情。"小刘明白了，这次生意失败的根本原因是自己只顾生意而没有赞美客户最得意的女儿，忽略了客户的心理感受。

---

① 广州新励成卡耐基软实力培训学校. 如何赞美别人[EB/OL]. (2019-12-11)[2021-12-25]. http://www.qinxue365.com/kczx/73040.html.

相反，有的人善于选取对方引以为豪的人或事给出赞美，对方会不知不觉地产生一种成就感和满足感，使沟通顺畅、和谐。

【案例2-12】一家鲜花店的女店主，每次有顾客光临时，她总是热情而真诚地接待，要是一位母亲带着孩子光顾，她总会跟女士攀谈起孩子，把小孩子夸赞一通，说得母亲心花怒放，之后再说选花的事，顾客往往会爽快地买一束；若是遇到恋爱中的小伙儿，她定会把他和心上人一起夸赞，说他懂浪漫，说姑娘跟他很相配，再介绍一些寓意比较好的花，小伙子会欣然接受。女店主身上没有商人的气息，字字句句都说到顾客的心坎儿里，让人觉得她真诚可信，就像一位贴心的朋友，在这亲切和谐的氛围中顾客自然会购买店里的鲜花。

4. 别出心裁，赞扬对方难以被察觉的长处

赞美不可千篇一律，毫无特点。有句话叫"勿以善小而不为"，赞扬也是同样的道理，要做到勿以"优"小而不"赞"。称赞一个人时，与其称赞他最大的优点，不如发现他最不显眼，甚至连他自己也未曾发现的优点，这样的称赞显得弥足珍贵。

【案例2-13】小汪在一家鞋店当导购，她的销售业绩总是最好的，原因就在她那张巧嘴上。一次，商店里走进来一位身材匀称、面容姣好的女顾客，小汪热情地迎上去帮她介绍新上市的鞋子。顾客在试穿看中的一双橙色凉鞋时，小汪看见顾客脖子上戴的小熊链子从衣服里滑了出来。"您的小熊链子真漂亮！"小汪笑着说。同时，她的眼睛里流露出不加掩饰的喜欢。顾客看着小汪，内心也是一片欢喜，因为这同以往的赞美不一样，之前每次别人都会说她长得漂亮、有气质。听得久了，她也就对这样的夸赞完全没感觉了。这次有人赞美自己佩戴的饰物，她心中当然觉得格外高兴。就因为这一句与众不同的赞美，女顾客爽快地掏钱买下了这双凉鞋①。

这个例子充分说明，小事往往很容易被人们忽视，因此我们要做一位有心人，善于发现赞美的题材，发掘潜藏于小事背后的重大意义。

---

① 广州新励成卡耐基软实力培训学校. 如何赞美别人[EB/OL]. (2019-12-11)[2021-12-25]. http://www.qinxue365.com/kczx/73040.html.

5. 建立被赞美方的"自我心像"，赞美你希望对方具有的优点

很多人都有过这样的经历，当你想要一个顽皮的孩子安静下来的时候，夸奖他是个乖孩子远比训斥他要见效快——赞美你希望对方具有的优点，这是赞美的"杀手锏"，因为当对方被赋予一个美名时，他就会为了对得起这个美名，为了在夸赞者心目中继续保持良好形象而更加极尽所能。有这样一则故事：两位猎人去打猎，每个人都打了两只兔子，A猎人回家后，妻子不满意地说："怎么才打了两只兔子？真没用。"A猎人辛苦打猎却被抱怨，心里很不舒服，为了让他妻子知道自己打猎不容易，第二天就空手而归了。B猎人回家后，妻子非常高兴地说："哇，你真了不起，竟然打了两只兔子！"B猎人心想：这算什么呀，明天我要打更多兔子。结果第二天，B猎人打了4只兔子带回家，而这正是他妻子所希望的。

(四) 赞美的方式

(1) 按表达方法的不同，赞美可分为无声赞美和有声赞美两种。在公开场所，当某人表现精彩的时候，大家通常会对他投去赞许的目光，或点头表示赞同，或跷起大拇指，这是无声赞美。但在近距离交谈的时候，只使用这种方式显然是远远不够的，在发出赞美暗示的同时一定要明确说出来，例如边点头边说"是的"，注视着对方的眼睛说"您说得很对，我完全赞同""我认为您的看法可行"等，这便是有声赞美。

(2) 从赞美的针对性考虑，赞美又可分为公开赞美和私下赞美。一般来说，人们都喜欢被公开赞美，但在某些场合下公开赞美较为低调的沟通对象会让其感到不自在，起不到应有的赞美效果，这时可选择私下赞美的方式。

(3) 直接赞美与间接赞美。赞美有直接和间接之分，间接赞美在人际交往中的作用尤为重要。较常用的间接赞美方式有以下几类。

一是引用第三者的赞美，例如"听同学们说你文笔很好""听你们领导说你的销售业绩一直处于领先""听你的朋友说你篮球打得很好"等。原一平有一次去拜访一家商店的老板，于是就有了这样一段对话："先生，你好！""你是谁呀？""我是保险公司的原一平，今天我刚到这里，想请教您这位远近闻名的老板。""什么？远近闻名的老板？""是啊，根据我听到的情况，大家都说这个问

题最好请教你。""哦！大家都在说我啊！真不敢当，到底是什么问题呢！""实不相瞒，是……""站着谈不方便，请进来吧！"案例中原一平成功地运用了他人对老板的夸赞，博得了老板的好感和信任[①]。

　　二是背后赞美，即赞美的话语不当面说出，而是告诉别人，这些话一旦通过他人传达给当事人，他肯定会由衷地感谢你，因为这比当面赞美听起来更真实，表明你是在真心赞美他。小说《红楼梦》中描写了这样的场景。史湘云、薛宝钗都劝宝玉在仕途上用心，贾宝玉很反感，对她们说："林姑娘从来就没有说过这样的混账话！要是她也说这些混账话，我早就和她生分了。"此时恰巧黛玉走到窗下，听到了宝玉对自己的赞美，不觉又惊又喜，又悲又叹。之后，宝黛二人互诉衷肠，感情倍增。在黛玉看来，宝玉是在背后赞美自己的，而且不知道自己会听到，这种赞美就不是刻意的，以此推断宝玉确实可以称得上知己。如果宝玉当着黛玉的面说这样的话，生性多疑的黛玉反而会认为宝玉是在讨好她或打趣她。

　　三是通过自嘲，赞美对方。某节目主持人在节目中就常运用这种方法赞美别人，有一次他称赞某嘉宾多才多艺："嘉宾××样样精通，我是样样稀松。"这既赞美了对方，也显示了自己的谦虚和幽默。另外，通过赞扬其家人等来表示对当事人的肯定也是常见的间接赞美方式。

(五) 把握赞美的时机，做到及时、适时

　　赞美不宜拖延，有了适当的赞美机会，我们就应该说出来，错失时机就意味着赞美失效，费力而不讨好，这就是所谓的优点要随时发现，赞美要及时表达。在对方有进步的时候，要立即送上赞美，使其保持不断努力的信心；在对方获得成功时，要赶紧表达赞美，以示你的关注和认同。下面的案例就说明了把握赞美时机对工作的良好促进作用。

　　【案例2-14】这天，旅行社来了一位客人，咨询一周左右的国内旅游线路，因为客人是企业白领，对旅游品质要求较高。据此工作人员推荐了两条高端零自费旅游线路。客人开始详细咨询，并提问了大量关于景点的细节问题，工作人员见状，及时夸赞道："您对景点了解得可真多，是不是平时对这些很有研究啊？"客人听

---

① 文义明. 世界上最伟大的推销大师实战秘诀[M]. 北京：中国经济出版社，2011.

后很是开心，说道："研究谈不上，不过我确实喜欢看一点地理和旅游文化方面的书。"随后，客人很快达成了赴西藏旅游的意向，并签署了旅游合同。

不仅如此，批评之前也是赞美的好时机，例如有个下属交上一份报告，但报告内容不够具体，聪明的领导会先以赞赏开头："这份材料的结构很清晰，不错！"然后指出不足："只是内容方面需要再充实一下。"这就使刺耳的批评变成了乐于接受的建议，并能使领导赢得下属的尊重。

(六) 在被人认同时，要记得表达感谢

被赞美时，很多人会出于害羞或其他原因顾不上甚至不知道应该做出回应，殊不知赞美是双向的，发出赞美的人内心也渴望对方的肯定，因此我们应该记得致谢，这是一种礼貌，是对对方能够发现你的优点的感谢，也是让双方关系更好的催化剂。

当然，表达感谢的方式是多种多样的，在国际礼仪中，大大方方地说"谢谢"是较常见的方法。我们中国人比较谦虚，通常会以"哪里哪里""您过奖了"等谦逊语言作为回应。表达感谢也可以是个性化的，例如，幽默法——"一般一般，世界第三"；回报法——"你也很棒啊"等。

 **课后专题训练**

一起点赞练习

一、游戏：赞美训练营

规则与程序：两人一组列出计划，内容是在一周内合作完成一些事情，如一起做一次大扫除、一起购物等，在每一次合作中双方相互赞美对方10次，事后记录下来，一周结束后写出感受并在课堂上交流。

二、案例分析

试分析下面案例运用了哪些关于赞美的技巧，并结合自己的相关经历谈谈感受。

(1) 旅行社计调人员小张一上班，经理就安排了一个工作任务：到某公司签旅游合同。小张问清情况后，拿上合同就出发了，走到半路接到了旅行社经理电话，称客户方负责签合同的贾主管临时有事外出，办公室还有两位主管，找任何一位签字均可。不料到了办公室遇到了难题，两位主管都表示责任比较大，不想签字。为了打消对方的顾虑，小张先让他们共同逐条查看合同，确定与原来商定的合同内容没

有出入。同时，细心的小张注意到其中一位主管的桌子上放着钢笔练习簿，羡慕地说：“这是您写的字吗？真有力度啊！”这位主管一听就咧开了嘴角，态度也缓和了下来，说道：“我们都看过了，这份合同没问题，那就我来签字吧！”

(2) 刘先生因业务需要和某老板打交道，很多人都觉得这个老板很难缠，刘先生的下属也批评该老板。刘先生承诺下属，用一个星期的时间来改变这种情况。刘先生与老板开始做游戏，起先刘先生不断地讲一句话：“老板，与您合作是我这辈子最快乐的事情。”在吃饭、握手的过程中，刘先生不断地重复说：“与您合作是我这辈子最快乐的事情。”接下来的第三天、第四天，刘先生一直在重复这句话，最后一直坚持七天，讲了几百次。等到老板要离开的那天，老板握着刘先生的手说：“小刘，与你合作是我这辈子最快乐的事情。”①

(3) 舒红是某通信公司的电话营销代表，主要工作是通过电话销售CDMA手机。有一次，她拨通了一家企业老总的电话：“您好，请问是蒋先生吗？”“我就是，请问你是？”“我叫舒红，是××通信公司的，您叫我小舒就可以了。”“你有什么事吗？”“蒋先生，我有个问题想请教您一下。”“什么问题？”“现在大家都在谈论手机辐射这个话题，您是怎么看待这个问题的呢？”“你究竟想说什么，我现在很忙，没有时间回答问题。”“没有关系。听蒋先生说话，您以前是做播音工作的吗？”“为什么这么说呢？”“您的声音很有磁性，而且发音非常标准，就连生气时说话让人听起来都很舒服。”“哈哈！有你这么说话的吗？”“听您的声音，应该不到40岁吧？”“你说什么？我都快60岁了，有那么年轻就好了。”“您说什么？您快60岁了，真不敢相信，那您也真会保养，声音听起来这么年轻。”“没有骗你啦，你前面要问我什么来着？”“直说吧，我也是为您的健康着想，给您推荐一款没有辐射的绿色手机。”“请详细地说一说。”②

(4) 一名专门推销食品罐头的推销员说：“陆经理，我去过你们商场多次，作为本市最大的专业食品商店，我非常欣赏你们商场高雅的店堂布局，你们货柜上陈列了省内外许多著名品牌的食品，窗明几净，服务员和蔼待客，百问不厌，看得出来，陆经理为此花费了不少心血，可敬可佩！”听了推销员这一席恭维的话语，陆

---

① 豆丁网. 门店销售技巧[EB/OL]. (2014-04-15)[2021-12-25] .https://www.docin.com/p-813018173.html.

② 李向阳. 打遍天下：电话营销实战案例精选[M]. 北京：人民邮电出版社，2009.

经理不由得连声说："做得还不够，请多包涵，请多包涵！"他嘴里这样说，心里却是乐滋滋的。这位推销员以赞美对方的方式开始推销产品，很容易便获得了顾客对自己的好感，推销成功的希望也大为增加①。

(5) 一天，化妆品推销高手玫琳·凯与朋友一起逛成衣店，听到旁边有两位女孩子在说话。两位女孩中一位金发，一位黑发。金发女孩买了一件新衣服，穿起来很好看，黑发女孩称赞她："刚才你放下的那件衣服，扣子挺漂亮的。"金发女孩突然有点生气："那是什么破衣服，扣子难看死了，看看这个。" 这时，玫琳·凯和朋友走了过去。玫琳·凯面带笑容地对金发女孩说："这件衣服的领子很漂亮，衬得你的脖子像高贵的公主一样有气质，要是再配上一条项链，那简直就完美极了。"金发女孩很高兴，因为她也是这么想的。她指责黑发女孩没有欣赏眼光，黑发女孩不服气："我也是这么觉得的，只不过没说出来罢了。"玫琳·凯对黑发女孩说："其实你可以试一下这件衣服，它特别能衬托出你优美的身材。"黑发女孩也高兴起来了。"当然，要是你们脸上的皮肤再稍微护理一下，会显得气质更加优雅。"三人就开始聊起了美容化妆的话题，而这正是玫琳·凯最擅长和最希望的。后来，两人都成为她的忠实顾客②。

(6) 我有一次去北京郊区的一家小工厂，有个红娘正在给一个男孩介绍对象。我只听男方的母亲说，女孩子的母亲太懒，她是老大，弟弟妹妹拖累了她。我对男方的母亲说："阿姨，您真有福气，看，介绍这么贤惠的女孩子到您家。""贤惠，她妈是出了名的懒虫，你别奉承了。""阿姨，您想，她妈妈懒，肯定该做的事都推给了女儿。那么，她女儿肯定很勤快。她又是老大，自然特别会管家操心，您真会挑选儿媳妇。""对！对！对！说得是。"红娘和男方的母亲一起高兴地表示肯定，"别人都说这姑娘不错，就说不出个理来。你行，你可以，你终于把我心中的疙瘩给消除了。"我接着又说："我表哥找对象时也因为拿不准，错过了一位好姑娘。我只是想真心帮阿姨辨识一下，在这儿冒昧了，看阿姨的眼睛长得特像我姑妈，觉得怪亲切的。"然后，我推荐了一本关于恋爱婚姻的书给她的儿子，她乐呵

---

① 史迪文. 世界上最会说话的人[M]. 北京：北京邮电大学出版社，2005.
② 史迪文. 世界上最会说话的人[M]. 北京：北京邮电大学出版社，2005.

呵地付了钱①。

(7) 以前，有位宰相请一个理发师为自己理发。理发师给宰相修面修到一半时，一不小心把宰相的眉毛给刮掉了。这可怎么办呢？他暗暗叫苦，心中十分害怕，如果宰相怪罪下来，那可是吃不了兜着走呀！

毕竟理发师是个老江湖，深知一般人的心理：盛赞之下无怒气嘛。他急中生智，连忙放下手中的剃刀，故意两眼直愣愣地看着宰相的肚皮，仿佛要把宰相的五脏六腑看个透似的。宰相见他这副模样，感到莫名其妙，迷惑不解地问道："你不修面，却看我的肚皮，这是为何？"理发师故意装出一副傻乎乎的样子说："人们常说，宰相肚里能撑船，我看大人的肚皮并不大，怎么能撑船呢？"宰相一听，哈哈大笑："那是说做宰相的气量很大，对一些小事情都能容忍，从不计较。"理发师听到这话，急忙"扑通"一声跪在地上，声泪俱下地说："小的该死，方才修面时不小心将相爷的眉毛刮掉了！相爷气量大，请恕罪。"

宰相一听啼笑皆非：眉毛给刮掉了，叫我今后怎么见人呢？但他又冷静一想：自己刚讲过宰相气量要大，怎能为这种小事自食其言呢？想罢，宰相豁达地对理发师说："无妨，去拿支笔来，把眉毛画上就是了。"②

(8) 某理发师傅带了个徒弟。徒弟学艺3个月后正式上岗，他给第一位顾客理完发，顾客照照镜子说："头发理得太长。"徒弟无语。师傅在一旁笑着解释："头发长，使您显得含蓄，这叫藏而不露，很符合您的身份。"顾客听罢，高兴而去。

徒弟给第二位顾客理完发，顾客照照镜子说："头发剪得太短。"徒弟再次无语。师傅笑着解释："头发短，显得精神、朴实、厚道，让人感觉亲切。"顾客听了，欣喜而去。

徒弟给第三位顾客理完发，顾客一边交钱一边笑道："花时间挺长的。"徒弟还是无语。师傅笑着解释："为'首脑'多花点儿时间很有必要，您没听说'进门苍头秀士，出门白面书生'吗？"顾客听罢，大笑而去。

徒弟给第四位顾客理完发，顾客一边付款一边笑道："动作挺利索，20分钟就解决了问题。"徒弟不知所措，沉默不语。师傅笑着抢答："如今，时间就是金

---

① 叶舟. 一切从赞美开始[M]. 北京：北京理工大学出版社，2011.

② 李向阳. 打遍天下：电话营销实战案例精选[M]. 北京：人民邮电出版社，2009.

钱，'顶上功夫'速战速决，为您赢得了时间和金钱，您又何乐而不为呢？"顾客听了，笑着告辞。

晚上打烊后，徒弟怯怯地问师傅："您为什么处处替我说话？反过来，我没一次做对过。"师傅宽厚地笑道："不错，每一件事都包含两重性，有对有错，有利有弊。我之所以在顾客面前那样说，作用有两个：对顾客来说，是讨人家喜欢，因为谁都爱听好话；对你而言，既是鼓励又是鞭策，因为万事开头难，我希望你以后把活儿做得更加漂亮。"徒弟很感动，从此越发刻苦学艺。日复一日，徒弟的技艺日益精湛，终成一代名师[①]。

专题四　提问语言艺术训练

预期收获：

(1) 了解提问在沟通中的主要功能，掌握常见的提问类型。

(2) 熟练运用提问与作答技巧。

【典型案例】

(一) 某餐厅服务员拾到一块名牌手表，拒不交公，她认为这样做并不"犯法"。她的经理问她："请你帮我弄清一个概念，什么是'不劳而获'呢？"服务员回答："这谁不知道啊？当然是不经过劳动而占有劳动果实了。"经理接着问："那么，拾到别人的东西据为己有，是不是'不劳而获'呢？"女服务员无言以对[②]。

(二) 孟子谏言齐宣王治国

孟子："请问，假若您需要出使他国，把妻子儿女托付给您的一位朋友照顾，回来时却发现，您的妻子儿女在忍饥挨饿。对这样的朋友该怎么办？"

宣王："和他绝交。"

---

① 李向阳. 打遍天下：电话营销实战案例精选[M]. 北京：人民邮电出版社，2009.
② 张笑恒. 会说话的女人最出色[M]. 北京：朝华出版社，2008.

孟子："请问，假若您的刑罚长官不能管理自己的部下，那该怎么办？"

宣王："罢免他的官职。"

孟子："那么，假若一个国家，统治和管理混乱，那又该怎么办呢？"

宣王无言以对，顾左右而言他。

分析与讨论：

(1) 典型案例(一)中，经理采用什么提问方式实现了教育员工的目的？与直接批评的方式相比，这种教育方式有什么特点？

(2) 典型案例(二)中，孟子采用假言设问和步步追问相结合的提问方式，先设两问，诱导齐宣王做出了肯定回答，最后提出要害问题——应该如何处置不会治理国家的君主，使齐宣王无言以对。不难想象，如果孟子不讲究提问技巧，直接提出第三个问题，必然会招致齐宣王的愤怒，甚至可能引来杀身之祸。

(3) 在哪些日常生活或工作场景中经常需要提问？提问的功能有哪些？

(4) 请列举常用的提问类型。

小结：

人际交往的基本形式是提问和回答。提问在交际互动中占主导地位，是我们人际交往的起点，不论是课堂授课、医院问诊、新闻采访、谈判交易，还是日常闲聊，要想获得成功，首先要善于发问。

在很多情况下，提问的目的不在于对方的解释说明，而意在促使对方倾听自己的表达和想法，顺着自己的思路做出或附和或肯定或赞同的答复。掌握一定的提问技巧可以限制甚至控制对方的回答。设计精妙的提问能够引导对方讲话，给对方提供说话的机会，打破交谈中的沉默局面，还可以启发对方深入思考，了解对方隐藏的真实意图。

提问并不是轻而易举或者简简单单地说出疑问，而是要阐明自己的主张和观点，让对方认真倾听自己的论述，进而使其理解、赞同和支持自己的观点或看法，这些目标的最终实现必须有一定的技巧做支撑。死板生硬地询问，不仅起不到预期的效果，还会造成伤害感情、破坏沟通的不良后果。学习和掌握提问的基本技巧和原则是非常必要的。

一、提问的主要功能

1. 获取信息，解疑释难

提问是解除疑点、获取信息的"金钥匙"。掌握这把钥匙，就可以开启对方的心灵之门。

2. 吸引注意，引起思考

提问能够引起对方注意，启发思维，激发兴奋点，控制交谈的方向。

3. 回避问题，以问代答

智巧的提问能够打破尴尬局面，使交谈活动顺利进行。

实验物理大师法拉第第一次在公开场合做电磁学实验表演时，实验刚刚结束，忽然有人站起来高声责问："这有什么用呢？"法拉第看了一眼提问者并反问道："请问，新生婴儿有什么用呢？"在这个案例中，提问者的不当提问暴露了他对科学的无知，而法拉第以问代答则隐含对提问者缺乏对科学的预见性的嘲弄，显得尤为高明[①]。

二、提问的基本原则

提问是一门语言艺术。不合时宜的提问，只会让对方感到失望和为难。比如，在聚会上对刚相识的姑娘说："你看起来很年轻，二十五六岁了吧？"且不说这样的提问涉及女性较为隐私的年龄问题，仅凭外貌随性臆断对方的年龄，倘若对方只有二十出头，那么应该如何作答，的确让人进退两难。话不投机不说，提问者自己也会陷入窘境，难以自圆其说。

精妙的提问可以使你获取所需的信息和知识，促进人与人之间的了解和交流。提问者除了有基本的谦虚、礼貌等态度外，还要遵循以下基本原则。

(一) 提问要看对象

首先，提问要因人而异，从提问对象的年龄、身份、职业、性格，以及民族、国

---

① 陈甲取. 反弹琵琶：以问代答[J/OL]. (2011-12-19)[2021-12-25]. http://xwb.my399.com/html/2011-12/19/content_6864284.html.

家文化背景出发，选择和设计不同的提问方式与技巧。例如，在向高龄长辈询问年龄时，不宜直接问"您多大年龄"而应问"您高寿"。

其次，不同的国家、民族，文化背景有差异，我们在设计问题时要提前了解，以免触及禁忌，引发误会。比如，在中国，朋友、同事、邻居见了面会很习惯地问一句："吃了吗？"或"到哪儿去啊？"彼此招呼一下，显得亲切友好。但是同样的问题，在西方很多国家则会显得很不礼貌，会引起误解或令人产生不愉快。问对方吃过没有，人家会以为你要请客吃饭；问对方去哪儿，则会涉及别人的隐私，落下干涉私事的嫌疑。西方国家具有强烈的私密意识，利用隐私问题(年龄、收入、动向等问题)来打开交谈局面是不可取的。

(二) 问题要明确、具体

提问要抓住要害，问题要明确、具体，只有这样才能启发对方的思路，获取预期的效果。

大家应该都有这样的生活经验，我们在餐馆里点菜时，如果直接问老板："今天的海鲜好不好？"餐厅老板一定会说好。而如果你换一种问法："今天有新到的活虾、海蟹吗？"就会有不同的效果，你应该能够吃到新鲜的海货。这两种提问会引起老板两种截然不同的心理反应。第一种提问方式，老板为了顾全自家招牌，招揽生意，肯定不会说不好，况且好与不好也没有固定的标准。而第二种提问从小处设问，化抽象为具体，餐厅老板需要有针对性地根据实际情况作答，不然可是会砸了自家买卖的。可见，提问要具体明确，更要从大处着眼，从小处设问，化抽象为具体，方能奏效。

(三) 问题要具诱发力

日本心理学家多户辉曾说过，要使对方乐于答话，就要挑拣他所擅长的来问。提问者应善于迎合对方的心理，所提问题要能激发对方的回答欲望，尤其在与陌生人打交道时更应该遵循这一原则。

在与身居异乡的人进行交谈时，可以利用他们最爱与人谈起日夜思念的故乡这一心理特点，寻找话题激发共同"兴奋点"，这样就可以马上拉近彼此的距离，提高沟通效果。在对不同对象进行提问时，要对对方的心理状态、文化素养、爱好特长等进行仔细的观察和揣摩，这样提出的问题才具有诱发力，一语中的。

三、常见的提问类型

(一) 激发式提问

激发式提问可分为以下两种类型。

第一种类型是通过提问引起对方的注意，激发对方的好奇心和展开沟通的兴趣。比如："我可以问你一个问题吗？""我昨天听到一个笑话，笑得肚子都痛了，你想不想听？"这一类提问通常以沟通对象为中心，用问题吸引沟通对象的兴趣和参与对话的热情，可以在短时间内成功消除彼此间的壁垒，拉近双方的距离。

第二种类型是提问者通常立足于高处，对结果进行提问，启发对方对过程进行思考，找到抵达结果的路径。麦克·戴尔就经常采用此类提问方式，诸如"怎样能让你在戴尔公司的工作更轻松、更成功、更具有意义？顾客的喜好是什么？他们需要什么？他们希望看到我们有什么样的进步？我们要如何改进"等，并针对这些问题与其下属展开有效的交流。

(二) 诊断式提问

当你感觉身体不舒服，去医院就诊的时候，几乎每名医生都会提出类似"哪里不舒服"的问题。这就是一个典型的诊断式问题。医生的提问旨在通过病人的回答进行衡量，从而做出选择和判断。下面来看一个医病之间的常见问答场景。

医生："请问，你哪里不舒服？"

病人："近两周，我的胃一直在痛，就在这儿(指着痛的地方)，在肚脐上方。"

医生："疼痛的感觉是怎样的？"

病人："烧灼样。"

医生："痛在深处还是在表面？"

病人："相当深。"

医生："以前有过类似情况吗？用过哪些有效方法缓解疼痛？"

……

当进行诊断式提问时，提问者多半处于类似"医生"的位置——希望弄清对方的需求、确定对方的立场、判定问题的症结、提供预备方案。为避免引起沟通中不必要的心理反感和误判，应注意提问策略，即漏斗式提问：先大后小，先原则后细节——先就背景、全貌、方向提问，再就具体环节、问题和方法提问。漏斗式提问可以帮助提问者获取更多信息，规避"诊断"偏颇的风险，同时让被提问者在相对宽松的氛围中，缓缓接受引导，提供更多的信息。当然，诊断式提问不能光提问不"诊断"，提问是手段，"诊断"是目的，要让"诊断"既可信，又容易被对方接受，注意对每一步骤的推演与确认，最后顺势导出结论。

(三) 定向式提问

定向式提问也称限定式提问，提问者的提问有明确的目的，问题的设置要为提问对象的思维定向。此类提问技巧通常在课堂教学、记者采访中被大量使用："然后呢？""还有呢？""你是说？""接下来发生了什么？""你的意思是？"这些都是进一步了解特定信息的"定向式问题"。这些问题往往较为具体、单一，提问对象的回答范围和思维受到提出的问题的限制，可以在一问一答间使谈话取得突破性进展。

(四) 解决式提问

解决式提问的目的在于寻找解决问题的方法——先了解异议的根源，再提出相应的方案。比如，在员工提出"为什么周末要加班"的问题时，不难发现其背后隐藏的潜台词：对加班的要求或现实不满，是否可以改变或者找出其他替代的办法？

【案例2-14】高尔夫果岭摆线是球童服务技能水平的重要体现。果岭线摆得不好很容易引起打球客人的不满。实习球童小王看线总是出错，刚上岗期间经常遭到客人的"嫌弃"。于是小王找到点场客人很多的22号球童，他也是小王的组长。"组长，您说我为什么总是看不好线？您有什么诀窍呢？"组长哈哈一笑，拉着小王到果岭上，一边演示，一边讲解，加深小王对果岭的了解。经过这次难得的"小灶"，在以后的实践中，小王看线越来越靠谱，实习生活也越来越顺利。

球童小王在摆线遇挫时勇敢开口是实习工作瓶颈的突破点。看似对自己看不好线的抱怨，其实隐藏着"请帮助我提高摆线"的请求和心愿。加上语句中透出对组长的崇拜，使得组长无法拒绝小王的请求，轻松实现了帮扶指导。

(五) 其他常见的提问方式

(1) 直接型提问。直接型提问要抓住核心问题，开门见山，切中要害。

【**案例2-15**】意大利著名女记者奥里亚娜·法拉奇的采访风格犀利，她经常在访谈的一开始就抓住关键问题正面出击。比如她采访我国领导人邓小平时就提出了以下两个问题。

法拉奇：四个现代化将使外国资本进入中国，这样会不可避免地引起私人投资问题。这样是否会在中国形成资本主义？

邓小平：归根到底，我们的建设方针还是毛主席过去制定的自力更生为主、争取外援为辅的方针。不管怎样开放，不管外资进来多少，它占的份额还是很小的，影响不了我们社会主义的公有制。吸收外国资金、外国技术，甚至包括外国在中国建厂，可以作为我们发展社会主义社会生产力的补充。当然，会带来一些资本主义的腐朽的东西。我们意识到了这个问题，但这不可怕。

法拉奇：那么，你是否认为资本主义并不都是坏的？

邓小平：要弄清什么是资本主义。资本主义要比封建主义优越。有些东西并不能说是资本主义的。比如说，技术问题是科学，生产管理是科学，在任何社会，对任何国家都是有用的。我们学习先进的技术、先进的科学、先进的管理来为社会主义服务，而这些东西本身并没有阶级性。

法拉奇抓住了当时国际社会普遍关心的热点问题，提问直接，甚至很尖锐，但这恰恰能展示提问对象的思想。邓小平关于引进外资、关于资本主义的精深思考，就在她的追问中得到了表达[①]。

(2) 间接型提问。间接型提问是借第三者意见来影响提问对象意见的一种提问方式。问句中的第三者应为较有影响力或为提问对象所熟悉的对象。

比如："您是否如××发言人一样认为此事件为偶发事件，不会影响实质性双

---

① 百度文库. 法拉奇的采访艺术[EB/OL]. (2011-06-14)[2021-12-25]. http://wenku.baidu.com/view/7dddc04e2e3f5727a5e962eb.html.

边关系？”

(3) 限制型提问。限制型提问是一种目的性很强的提问技巧，能帮助提问者获得较为理想的回答，减少提问对象拒绝或不回答的概率。

据说，在香港的一般茶室因为有些客人在喝可可时要放个鸡蛋，所以，侍者在客人要可可时必问一句："要不要放鸡蛋？"有心理学家建议，侍者不要问："要不要放鸡蛋？"而要问："放一个还是两个鸡蛋？"这样提问就缩小了对方的选择范围。这种问话显然可以使得商家多做生意，多获利。

(4) 选择型提问。选择型提问多用于朋友之间，同时，也表明提问者并不在乎对方的选择。

例如，朋友到你家做客，但你不知他的口味，于是问道："今天咱们吃什么？鲫鱼还是带鱼？"

(5) 婉转型提问。这种提问的意图是避免由于对方拒绝而出现尴尬局面。

例如，一个小伙子喜欢上了一个姑娘，但他并不知道姑娘是否喜欢他，此话又不能直说，于是他试探地问："我可以陪你走走吗？"如女方不愿与他交往，就会回答："我没有时间。"而这种拒绝方式也不会使双方难堪。

(6) 协商型提问。如果要别人按照你的意图去做事，应该用商量的口吻向对方提出要求。如你让秘书起草一份文件，把意图讲清之后，应该问一问："你看这样写是否妥当？"

四、提问的实用技巧

在沟通中，问什么、如何问其实大有学问。当你张口发问时，首先要观察并总结对方的特征，然后根据提问的目的及事务的性质选择提问方式。提问的技巧包括以下几种。

(一) 抓住契机

提问不仅要因人而异，还要因"时"制宜，因"地"制宜，善于掌握对方的心理，这样才能抓住发问的契机。

【案例2-16】高尔夫球童小王在一次服务中遇到了刚学高尔夫的肖先生。肖先生内敛严肃，球打得并不好，开始两人交流不多，气氛很冷淡。半个小时后，一旁肖先生的朋友向肖先生提议明天一起去打室内篮球赛。通过两人的聊天，小王得知，肖先生以前是篮球专业出身，刚好小王也是篮球爱好者，于是他趁机发问，请教上篮技巧，还询问了一些篮球名人轶事，两个人的关系迅速熟络，无话不说。打球结束后，肖先生不仅多给了小费，还成了小王的点场客人。

球童小王抓住有效信息，利用客人肖先生的专长和兴趣，利用导向性提问迅速破冰，拉近两人的心理距离，不仅在服务上获得肯定，还与客人成为了朋友。

(二) 用词准确

在提问时，应该用词准确、贴切，方能取得最佳的交流效果。

【案例2-17】某超市售货员向顾客打招呼："您好，请问您想要点什么？"心情不好的顾客马上回答："我想要的多了，你能白给吗？"售货员如鲠在喉，又问："那您想买点什么呢？"顾客冷笑说："不买，还不能看看吗？"售货员再次微笑着问："当然没问题。那您想看点什么？"售货员不厌其烦地询问，终于打动了顾客，得到顾客的认可，实现了导购服务①。

通过比较不难发现，在售货员三次问话中，"要""买""看"三个谓语动词的使用产生了不同的沟通效果：第一次问句中的"要"有乞讨的意味；"买"将提问者与回答者之间的关系明显置于买卖关系，暗含强迫购买的意味；第三次问句中，售货员用"看"替换前两次的谓语动词，表达了对顾客的尊重和体谅，顾客感受到自由选择的权利得到了维护，同时也感受到售货员的态度和立场，因此接下来的交流便可以变得融洽起来。

(三) 句式和语序的运用

问句按句式结构可以划分为是非问(以类似陈述句的结构形式提出疑问，多用"是"或"不"等肯定或否定作答)、特指问(常以疑问代词"谁、什么、怎样"等来代替未知部分以寻求答案)、选择问(提出两种或更多选项以供回答者选择作答)、

---

① 白智慧. 商超营业员职业化素养手册[M]. 北京：北京工业大学出版社，2011.

正反问(把有可能的正反、是否情况并列说出，让对方选择作答)、反诘问(用疑问的形式表达确定的意思以加强语气)、猜度问(将提问者心中的疑虑列举出来以供作答)等不同类型。在提问时，应根据不同的情况恰当地加以运用。

【案例2-18】王丽的父亲最近身体不好，王丽一直想带他去医院做体检。可是老人一方面担心花钱，另一面出于讳疾忌医的心理，总是拒绝去看大夫。这一天，王丽请了假，从单位急匆匆地赶回家，一进门，就对父亲说："爸，听单位同事说市区新建成的医疗中心规模大、环境好，去那儿看病的人每天都不少。不过，我还是担心那里的医生经验不如第一人民医院的丰富，毕竟一院成立的时间长，专家多。依您看，咱们今天是去医疗中心好呢，还是去第一人民医院保险？"老人不假思索地说："我看还是去第一人民医院吧……"

从上面的案例不难发现，如果王丽在一开始就用类似"去医院好吗"的是非问句，不仅不会实现带父亲去看病的目的，还可能因此引发父女之间意见不合，进而造成更大的矛盾。而改用选择问句，出其不意地将答案范围限制在两个医院之间，不仅顺利地实现了预期目的，更重要的是使老人感觉受到了重视，心意顺达，可谓"一箭双雕"。

此外，提问时，根据情况巧妙地改变、调整语序，也能取得意外的效果。

【案例2-19】有一天，一位教士在教堂做礼拜时，耐不住烟瘾，便问主教："我祈祷时可以抽烟吗？"结果，他遭到了主教的呵斥。其后，又有位教士也发了烟瘾，他换了一种口气问道："我吸烟时可以祈祷吗？"主教竟莞尔一笑，答应了他的请求。第二位教士的机智表现在他将原问句的状语和谓语的中心词调换了位置，用以表现自己时时处处在为上帝祈祷的忠诚，因此得到了主教的赞许[①]。

五、提问的注意事项

(1) 提出问题之前，应该准备充分，不要随意发挥。问题的设置要因人而异，尽量用谦卑的态度、温和的语气提出问题，这样会鼓励对方给出理想的答案。

---

① 李莹. 卡耐基口才艺术[M]. 北京：地震出版社，2009.

(2) 注意提问的时机。交谈过程中随意打断对方的发言来提问是不礼貌的行为，也会影响对方回答问题的兴趣和思路。

(3) 注意提问后要暂时保持沉默，这样才能将回答的压力抛给对方。我们在提问时，要改掉沉不住气或者自问自答的毛病，学会努力克服提问后的惯性论述。

(4) 可以利用提问引导双方交流的方向。对方回避或回答不完整时，我们要有耐心、毅力和勇气，有智慧地继续追问。

(5) 一个问题最好只含有一个主题，最多不要超过两个，这样才能使对方有效把握，精准回答。

六、作答的技巧与方法

回答是对提问的反馈，而巧妙的回答不仅委婉而礼貌地表达自己的真实想法，还通常能改变被动局面，化被动为主动。作答的技巧可以概括为以下几种。

(一) 答非所问

有的提问动机不良，企图通过提问使人陷入两难的境地。面对这样的问题，直接回答便会中了对方的圈套，应该采取"大问小答"的应对策略。

【案例2-20】一次，朱镕基总理即将访美时，俄罗斯记者在中美关系因台湾问题而恶化之际发问："您是否认为在国际事务中，中国将会与俄罗斯靠得更近，而不是与美国靠得更近？"朱总理面对中、美、俄关系这一敏感问题，微笑回应："我与叶利钦总统拥抱、与克林顿握手，一样表示我们是真诚的朋友。"朱总理既巧妙地回答了问题，又不乏幽默[①]。

(二) 避而不答

对于某些敏感的问题，出于某种原因不便回答或不能回答，在这种情形下，应该采取避而不答的方式，巧妙拒绝。

---

① 朱镕基答记者问编辑组. 朱镕基答记者问[M]. 北京：人民出版社，2009.

【**案例2-21**】丁俊晖在2010年斯诺克中国公开赛半决赛胜出后，记者现场采访了丁俊晖："小晖，祝贺你时隔五年之后重新杀入斯诺克中国公开赛的决赛。明天你将与威廉姆斯和卡特之间的胜者争夺冠军。听说你平常十分喜欢玩电子游戏，要是让你选择一个决赛对手，威廉姆斯和卡特你会选择谁？"丁俊晖微笑回答："谢谢你。比赛不是游戏，非常可惜我没有选择权。"这种拒绝方式非常机智地回避了记者提出的敏感问题，同时也没有影响现场采访的融洽气氛。

丁俊晖用了改变命题的手法将大问题化小，在幽默亲切的说笑中既回避了对实质性问题的回答，又没有影响双方的融洽沟通。他的机智回答给我们提供了一个很好的避而不答的范例。

(三) 奇问怪答

有时候，提问者为了有意难为对方，往往会提出一些古怪的难题，让人很难作答。面对这种问题，我们应尽量打破正常的思维模式，恰到好处地按照提问者的反常思路去构思答案。

【**案例2-22**】1935年，巴黎大学的博士论文答辩会上，主考官向年轻的中国留学生陆侃如提出了一个奇怪的问题："在《孔雀东南飞》的中国古诗中，为什么不说孔雀'西北飞'呢？"陆侃如应声而答："因为西北有高楼。"这里，陆侃如引用了我国古诗十九首中的名句："西北有高楼，上与浮云齐。""楼太高，孔雀飞不过去，只好向东南飞了。"真是问得怪，答得更怪。在莞尔一笑之余，又令人不得不拍案叫绝。

(四) 即兴智答

即兴智答要求回答者反应迅捷，思维机敏。对突如其来的问题，我们要沉着冷静，并能在极短的时间内迅速做出判断和反应，急中生智，以精巧的妙语作答，即答得快、答得妙。

【**案例2-23**】20世纪60年代，一位西方记者采访周恩来总理，在谈及中国金融状况时提出了这样一个问题："中国人民银行到底有多少人民币？"这个问题涉及国家机密，周总理没有马上回答。他略加思索后便微笑着说："18元8角8分。中国人民信誉可靠，币值稳定。"对方听了不禁一时发呆。在记者还未转过神儿时，周总理接着解释："中国人民银行发行的货币面额为10元、5元、2元、1元；5角、2角、1角；5分、2分、1分。这10种人民币加起来正好是18元8角8分。"记者听后大为叹服。

(五) 委婉曲答

在作答时，既不愿直言而得罪对方，又要使对方理解自己的本意，这时可采用委婉作答。

【案例2-24】20世纪，王光英飞赴香港创办光大实业，一下飞机有位女记者就问他："你带多少钱来投资？"这个问题实在难答，具体数目不好说，说多了事关经济机密；说少了，事关个人及国家体面；说"无可奉告"不仅生硬，又失礼节；哼哼哈哈，难脱纠缠。王光英看对方是个女记者，灵机一动说："对女士不能问岁数，对男士不能问钱数。小姐，你说对吗？"女记者无言以对，只好走开。在这次沟通中，王光英想起"西方人不能问年龄"这一普遍遵守的礼规，巧妙类比，指出女记者的提问悖情违礼了，巧妙地摆脱了被追问的困境。

📖 课后专题训练

一、放映《面对面》《杨澜访谈录》等精彩访谈节目的片段

目的：通过对高质量访谈节目的观赏，在活跃课堂的同时，丰富案例，加深学生对提问技巧的理解。

说明：放映结束后，组织学生对节目中主持人提出的问题进行整理和分类。

二、应聘面试中常见的问题汇总

1. 你为什么来我们公司应聘这份工作？

2. 你对我们公司有哪些了解？

3. 你在大学都学过哪些课程？

4. 你想过要自己创业吗？

5. 你在这类工作岗位上有什么经验？

6. 除了工资，还有什么福利最吸引你？

7. 你打算在我们公司工作多长时间？

8. 你的兴趣和爱好是什么？

9. 你的优点和缺点是什么？

10. 如果公司把你安排在与你应聘的岗位不同的位置，你会怎么办？

11. 你还有什么问题吗？

三、模拟应聘面试问答

某大型企业要招聘一名高级营销员，主考官向候选人问了以下三个问题。

问答练习

第一个问题，这个职位要带领由十几个人组成的团队，你认为自己的领导能力如何？

第二个问题，你在团队工作方面表现如何？这个职位需要和人交流、沟通，你觉得自己是否具有较强的团队精神？

第三个问题，这个职位是新设立的，工作压力特别大，并且需要经常出差，你觉得自己能适应这种高压力的工作状况吗？

事实上，对第一个问题来讲，主考官难以判断候选人的管理能力究竟如何；在第二个问题的暗示下，一般人都会说我具有很强的团队精神；在实际工作中，往往多数人都不喜欢出差，不喜欢自己的业余时间被占用，但是主考官的第三个问题直截了当地给予暗示，使候选人必须说"是"。由此可见，三个面试提问中最大的问题，就是错误地采用了封闭式提问的方式，同时提问中暗含答案，这是许多考官在进行面试时常犯的错误。

请根据提示完成下面的情景演练。

(1) 角色分配：考官4人，应聘者若干。

(2) 模拟背景：针对招聘岗位的要求和具有不同履历背景的应聘者，设计不同的面试问题，考查应聘人员的专业与职业素养，以选拔优秀人才。

(3) 活动组织：考官分工明确，对提问范畴有所规范；根据履历将应聘者划分为不同的人群，在面试过程中可有针对性地进行提问。

(4) 师生点评、总结。

专题五 劝服语言艺术训练

预期收获：

(1) 了解劝服语言运用的基本原则及劝服过程的基本步骤。

(2) 掌握劝服常用的方法及技巧，提升说服、批评、安慰等的劝服效果。

【典型案例】

(一) 某家用电器公司的推销员挨家挨户推销洗衣机。他来到一户人家里，看见这户人家的太太正在用洗衣机洗衣服，就忙说："哎呀，这台洗衣机太旧了，用旧洗衣机洗衣服是很费时间的，太太，该换新的啦……"不等这位推销员说完，这位太太马上产生了反感，驳斥道："你在说什么啊，这台洗衣机很耐用的，到现在都没有故障，新的也不见得好到哪儿去，我才不换新的呢！"

劝服练习1

过了几天，又有一名推销员来拜访。他说："这是台令人怀念的旧洗衣机，因为很耐用，所以对太太有很大的帮助。"这位太太听后非常高兴，于是她说："是啊，这倒是真的。我家这台洗衣机确实已经用了很久，是太旧了，我正想换台新的洗衣机呢！"于是推销员马上拿出预先准备好的宣传小册子，提供给她作为参考①。

(二) 某人总是感觉自己身患重病，身体日渐消瘦，精神也日益颓废，遍寻名医一直未果。后来他找到一家知名医院就诊，医生仔细检查后发现他的身体没有任何异常，可他还是一味地诉说身体如何难受。医生判断此人患的是疑心病，对他进行百般劝说，可是他根本听不进去，觉得自己患上了连医生也诊断不出的"疑难病症"。后来，医院的一位心理医生为他治疗，对他说："你患的是××综合征。正好，目前我们医院刚刚成功研制出一种特效药，专治此病。每天一针，只要三天就可康复出院。"果然，三天后，此人一身舒坦，办理了出院手续。其家属向医生致谢，并希望能再买些特效药巩固病情，医生笑着说："那所谓的'特效药'不过是普通的葡萄糖罢了。"②

---

① 凡禹. 成功人士99个说话细节[M]. 武汉：华中科技大学出版社，2009.

② 石言. 说话的技巧[M]. 北京：西苑出版社，2006.

分析与讨论：

(1) 典型案例(一)中两名推销员的推销目的一致，为什么会出现截然不同的结果？

(2) 通过典型案例(二)不难发现，其实真正治好病的原因是医生的语言暗示起到了作用。身处竞争激烈的现代社会，我们面临的心理问题对自身的威胁要远远大于生理疾病带来的折磨。医治心病最好的方法莫过于暗示劝服法。在看重身体健康，去健身房锻炼"花钱出汗"的同时，更应该注重人的心理"锻炼"，保持健康、积极的心态比维持健康的体魄来得更为不易和重要。

(3) 在日常学习生活中，你遇到过哪些劝服(包括批评、安慰)情况？举一个体会深刻的例子，并进行简单分析。

小结：

劝服，自古以来就在人们的相互交往中扮演着重要的角色，例如孔子周游列国说之以礼，苏秦张仪连横合纵于七国之间，留下了许多千古佳话。进入21世纪后，劝服更成为建立和谐人际关系的重要语言技巧之一。劝服是一门艺术，更是一个人综合素质的具体体现。

一、常用的劝服技巧

1. 让事实说话

当一种观念深入人心时，用话语的确难以改变。要想改变一个人对一件事的偏见，就要找到与他的观念相悖的事实，并在时机成熟时阐述它，发挥它，使之真正成为你的有力论据。

【案例2-25】1961年6月10日，周总理要接见溥杰的夫人嵯峨浩时，了解到嵯峨浩有顾虑。因为嵯峨浩时隔16年重返中国，而且是共产党领导下的新中国，她担心受到歧视。为了打消嵯峨浩的顾虑，周总理请了三个人来作陪：一位是老舍的夫人，一位是京剧名旦程砚秋的夫人，另一位是照顾周总理夫妇的护士。为什么请这三人？因为她们都是满族人。周总理先介绍这三位陪客，然后讲了党的政策，讲了中国各族人民都有平等的地位，不会受到歧视。如果没有三位满族人在场，以事实作证，嵯峨浩未必会相信周总理的话，未必去除偏见，打消顾虑。

2. 活用数据

我们生活在数字的世界里，每天所见、所闻、所思几乎没有不涉及数字的。因此，我们也许对数字或多或少会产生麻木或厌烦的感觉。其实，这样的感觉是很自然的，因为数字只是代表事实的一种符号，而非事实本身。在劝服他人时运用数字，要掌握下面两个要领。

首先，除非必要，否则不要随便借用数字说明问题。抛出的数字过多，不仅会令对方感到烦闷而关闭心扉，还会令对方觉得你没有人情味儿，认为你所关心的只是冷漠的数字。

其次，要设法为枯燥的数字注入活力。这就是说，要让数字所代表的事实，能成为一般人生活经验中的一部分。只有这样，人们才会对数字感到亲切，才能产生兴趣。举例来说，下面的第一种数字陈述方式若能改为第二种陈述方式，其影响力将显著提高。

A："假如各位接纳我的提议，则公司每个月至少能节省67 453 750元的开支。"

B："假如各位接纳我的提议，则公司每个月至少能节省67 453 750元的开支。从另一个角度来说，倘若这项节省下来的开支，能以加薪的方式平均分配给公司的每一位员工，则每个人每个月的工资将增加3 500元。"

3. 调整表情和声调

人的内心情感和想法往往通过面部表情来传递。在劝服中，恰当运用面部表情可以增强劝服的效果。面部表情要随着谈话所涉及的内容而变化。比方说，谈到对方在学习和工作方面有所进步、有所成就时，最好适当流露出喜悦和欣慰之情；谈到对方遭遇不幸或病痛时，眼神要自然流露出同情、关切之意等。

声调是劝服语言的直接表现形式。妥帖而富于变化的语言声调是劝服语言的重要辅助手段。通过语速的快慢、音量的大小、声音的高低、语气的轻重和抑扬顿挫可以让劝服对象增强对劝服者真情实感的感知程度。

4. 呼唤角色心理

人是社会动物，每一个人都在社会舞台上扮演着不同的角色。当人进入角色、角色转化或者被赋予多重角色时，总会产生相应的角色心理意识。我们可以利用这一心理让他人认清角色，改善角色认知，从而改正错误。

【案例2-26】7岁男孩小刚，看病时不愿打针。护士对他说："呦，男子汉还怕疼啊！"经过护士的一句话，小刚懂得了"男子汉"这个角色意味着坚强勇敢，认识到自己认为打针疼是不符合"男子汉"角色特征的，于是勇敢地接受了注射。

【案例2-27】在一辆公共汽车上，乘务员小丁因疏忽在关门时夹住了一位乘客，但是拒不认错。乘客和小丁吵了起来。汽车驾驶员挤到乘务员小丁身边，轻轻拍了拍她的肩膀并小声说："小丁，你是咱们公司的服务标兵，不要再和乘客吵架了，这不是解决问题的办法。"乘务员小丁一下子红了脸，认识到自己的言行与"服务标兵"的角色不相匹配，从而停止了争吵，并诚恳地向乘客道歉，一场风波终于平息了。

5."冷热水效应"

以不同温度的水作为参照物，我们在评判水的温度时会得出不同的结论：如果把手先放进冷水后再放入温水，会感觉温水热；如果把手先放入热水再放进温水，则会感觉温水凉。同一杯温水，我们对它的感觉和判断会截然不同，这就是"冷热水效应"。"冷热水效应"技巧在实际劝服工作中，特别是商务谈判中的效用十分明显和奇妙。预设的苛刻条件，总是能大大缩小劝服对象的心理预期值，使得他趋利避害，毫不犹豫地选择折中的办法。

【案例2-28】公司业务调整，需要让业务员小方到郊区分公司上班。经理找到小方，与他谈话："小方，因工作需要，公司对你的工作有新的调整。一个安排是把你调到西北地区新开设的分公司，一个安排是调到郊区的业务站，希望你能结合自己的实际情况考虑一下。"小方虽然不愿意离开已经十分熟悉的总公司，但是相比距离更远且需要重新打开工作局面的西北分公司，还是选择了相对较理想的郊区分公司。结果，该经理不用多费唇舌就妥当地完成了工作安排。

【案例2-29】某一化妆品销售代表，上个月业绩15万元，老板大加赞赏，要其再接再厉。但是销售代表知道接下来的这个月是销售的淡季，预估只能做出10万元的业绩。于是销售代表结合往年的数据对老板说出了自己的看法，给出了8万元的销售预估(比自己预估的目标少2万元)，并保证说努力完成任务。到了月底，销售代表完成9.8万元的销售业绩。老板很高兴，觉得销售代表不好高骛远，不会因为某个月的突出业绩而自满，而是结合实际情况做好本职工作，对这位销售代表赞赏有加。

二、劝服的基本步骤

1. 吸引对方的注意力和兴趣

为了让对方同意自己的观点，务必要吸引被劝说一方将注意力集中到自己设定的话题上。利用"这样的事，你觉得怎样""这对你来说，是绝对有用的"之类的话转移对方的注意力，让他愿意并且有兴趣往下听。

【案例2-30】某清洁剂推销员敲开一家人的房门，女主人正忙着整理客厅，根本没有兴趣与他细谈，只想赶紧把他打发走："我现在没有时间……而且我也没有多余的钱……"推销员透过打开的房门看到客厅地毯上正在运转的吸尘器，突然灵机一动，亲切和蔼地说："您好，太太。真对不起，在您正忙的时候打扰您。我今天来只是想告诉您，现在市场上已经有了这种清洁剂，对于整理客厅地毯的污渍真的很起作用。您不买也没有关系，您的客厅这么宽敞，地毯这么漂亮，有没有什么地方脏了，我可以帮您免费清洗一下。"女主人正在为昨天孩子泼洒在地毯上的可乐污渍而烦恼，将信将疑地请推销员进来。在亲自体验了清洁剂的效果后，女主人最终很高兴地购买了两瓶。

可见，这位推销员就是抓住了顾客的注意力，才能成功实现销售。

2. 明确表达自己的思想

首先，明白、清楚地表达自己的所思所想是成功劝服的首要因素。其次，适当运用引用、比喻和实例能够使表达更具体，能够顺利地让对方在脑海里留下深刻的印象。最后，不能忽视说话速度的快慢、声音的大小、语调的高低、停顿的长短、口齿的清晰度等，同时必须以适当的表情和肢体语言来加以辅助表达。

【案例2-31】一位导游在陪外籍游客游览时，有几位客人是"照相迷"，每到一处就会照个不停，有时在一个景点会耽搁很长时间，导游又不好意思生硬地规定时间，于是便委婉地说："中国幅员辽阔，名胜众多，佳景到处都是，美不胜收。使用再好的相机，拍再多的照片也不会使您满意。我认为，最好的相机就是您那双明亮的眼睛，只有它才能从这里带走真正完美的记忆。"游客们听后，知趣地随团走了。

【案例2-32】英国首相丘吉尔曾被人当面批评"做事总不能尽善尽美"，丘吉尔听到后没有直接驳斥，而是讲了这样一个故事："有一位船夫救起一个即将溺死的孩子。一个星期后，孩子的母亲叫住船夫：'上星期是你救起一个孩子吗？''是的。''太好了，我找了你好几天——我孩子的帽子呢？'"那些批评丘吉尔的人在听完这个生动的故事后惭愧地低下了头。

3. 动之以情，晓之以理，贵在坚持

劝服前，只有准确地揣摩对方的心理，才能打动人心。我们必须意识到劝服的主角不是自己而是对方。说服的目的是借对方之力为己服务，而非压倒对方，因此，一定要从感情深处征服对方。

【案例2-33】战国时期，秦国趁赵国政权交替之机，大举攻赵，并占领了赵国三座城市。赵国形势危急，向齐国求援。齐国要求以赵威后的小儿子长安君为人质，才肯出兵。赵威后溺爱长安君，执意不肯，致使国家危机日深。在这种强敌压境、赵太后又严厉拒谏的危急形势下，触龙因势利导，以柔克刚，用"父母之爱子，则为之计深远"的道理，说服赵太后，让爱子出质于齐，换取救兵，解除国家危难。

在整个劝谏过程中，触龙善于抓住整个事件的关键点，面对暴怒的赵太后，触龙没有像其他朝臣那样一味地劝谏，而是转移话题，安抚赵太后的情绪，分散她的注意力，由触龙自己的近况问到赵太后的近况，由自己的衣食住行联系到赵太后的衣食住行，接着由自己为儿女谋求生计联系到赵太后溺爱的小儿子长安君，再引出王位继承问题，最后过渡到自己最初的目的：说服赵太后让长安君出使齐国作为人质，搬兵救赵。不知不觉中，太后怒气全消，幡然醒悟，明白了怎样才是疼爱孩子的最好方法，高兴地安排长安君到齐国做了人质[1]。

三、常用的劝服方法

1. 诱导式劝服

诱导式劝服是指循循善诱，分析利弊或澄清事实，使对方逐渐信服，并做出明智选择的劝服方法。对于课堂上学生私语聊天或者不认真听讲的现象，教师采用诱

---

[1] 吴楚材. 古文观止[M]. 北京：中华书局，2004.

导式劝服，相对直言批评，可以取得较为理想的劝服效果。

【案例2-34】女儿向父亲抱怨自己的生活，抱怨事事都那么艰难，抱怨自己厌倦抗争和奋斗，好像一个问题刚解决，新的问题就又出现了。父亲一句话也没有说，把她带进厨房。他先往三口锅里倒入一些水，然后把它们放在旺火上烧。不久，锅里的水烧开了。他往第一口锅里放胡萝卜，往第二口锅里放鸡蛋，往最后一口锅里放碾成粉末状的咖啡豆，再将它们浸入开水中煮。

女儿咂咂嘴，不耐烦地等待着，纳闷父亲在做什么。大约20分钟后，父亲把火闭了，把胡萝卜捞出来放入一个碗里，把鸡蛋捞出来放入另一个碗里，然后又把咖啡舀到一个杯子里。之后，他转过身问女儿："亲爱的，你看见什么了？""胡萝卜、鸡蛋和咖啡。"女儿不耐烦地回答。父亲让她用手摸摸胡萝卜。她摸了摸，注意到它变软了。父亲又让女儿拿一只鸡蛋并打破它。她将蛋壳剥掉后，看到的是煮熟的鸡蛋。最后，在品尝香浓的咖啡时，女儿笑了。

三样食材面临同样的逆境——煮沸的开水，但其反应各不相同。胡萝卜入锅之前是强壮的，结实的，毫不示弱，但进入开水之后，它变软了，变弱了；鸡蛋原来是易碎的，但是经开水一煮，它变硬了；而粉状咖啡豆则很独特，进入沸水之后，反倒改变了水。

在案例中，父亲没有呵斥着教训女儿，而是通过生活中的小事情使女儿顿觉豁然开朗，告诉她：在艰难和逆境面前，人们也像胡萝卜、鸡蛋和咖啡一样，可以屈服，可以变得坚强，甚至能改变环境。

2. 迂回式劝服

迂回式劝服是指间接或旁敲侧击地说服，让对方容易接受，又不伤害其自尊心的劝服方法。

【案例2-35】几名中学生报名参团赴某地二日游，不想当晚入住酒店后突遇酒店停电，坐等一小时不见来电，他们与参团旅行社人员电话联系反映了停电情况。出于焦虑心理，几个学生十分冲动，每隔两三分钟就轮番给工作人员打电话催促，并有些出言不逊。旅行社工作人员态度礼貌，如是告知："首先旅行团里有很多客人都是成年人，他们也会及时反映并监督处理这个情况。其次建议同学们稍安毋躁，如果总是频繁给我打电话催促，电话一直占线，无法与酒店协商处理停电问题，问题也得不到解决。"果然，停止"电话轰炸"后，不过二十分钟，旅行社与酒店达成解决方案，为旅行团客人更换了另一家酒店入住。

【案例2-36】我国著名画家张大千早年在法国巴黎举办个人画展，特意邀请世界著名画家毕加索前来指教。毕加索在画廊里转了一圈儿，就不声不响地出去了。张大千紧追上去，请毕加索给予评价。"这里没有一张画是你的。"毕加索说。"整个画廊的画都是我画的啊！"张大千急忙解释道。毕加索还是摇摇头，一声不吭地走了。后来，张大千终于悟出了毕加索的言外之意："这些画不过是继承了传统的中国画笔法，是摹画出来的，并不是你的独创。"从此以后，张大千刻意求新，勤学苦练，终于画出了自己的特色，开创了中国画的新流派①。

【案例2-37】麦当劳总裁罗杰喜欢搞突击检查，以便对发现的问题进行及时纠正。一次，他去一家分店检查时，发现分店的经理总是坐在办公室里指挥，管理效率低下。于是，他临走时轻描淡写地对经理说："希望你能把你办公室里的椅背锯掉。"经理想了想，终于领会了罗杰的意思——实行"走动管理"，之后该店的经营效益显著提高②。

3. 鼓动式劝服

鼓动式劝服是指以鼓励和赞美的语言拉近双方的距离，消除隔阂，使劝服对象充满信心，愉悦地面对和解决问题。

在安慰求职失败或考试失利的朋友时，可以采用鼓动式劝服方法："一次失败并不可怕，可怕的是就此失去信心，一蹶不振。从失败中吸取教训，从零出发，积累更多的经验，只要精神旗帜不倒，确保革命的本钱不丢，什么困难也拦不住咱！"

研究发现，人都有一种希冀别人对自己的评价与自我评价相一致的心理，在这个前提下，劝服者与劝服对象在认识上容易达成一致。在劝服别人时，还可以通过第三者进行转达，使劝服对象感受到肯定和鼓励，这种间接接触的做法，也可以取得较好的劝服效果。

---

① 孔凡涛，杨丽，崔云秀. 公关口才艺术[M]. 北京：中国书籍出版社，2000.
② 刘书琴. 公关口才特训[M]. 广州：暨南大学出版社，2005.

4. 暗示式劝服

暗示式劝服是指要准确定位，通过暗示语言技巧让人听懂言下之意，实现劝服目的。

【案例2-38】一个旅行团的导游在办理酒店住宿手续时遇到一个问题：男性游客人数恰巧为单数。导游对团中三名男游客说："三位年龄相仿，同住一屋可以加强交流，相互关照；若是再增加一个双人标准间，要你们三个人中哪个补费也不合适，鉴于这种情况，你们看……"三位年轻人听到这里马上明白了导游的暗示，痛快地搬进了标准间。

【案例2-39】有一位财主很喜欢吃红烧鸭肉，但他常常责难厨师，要么说肉上有鸭毛，要么就说放盐太少。后来，财主发现厨师每次端上桌的鸭子都只有一条腿，于是更加严厉地责怪厨师，认为他偷吃了。"你看，鸭子本来就只有一条腿。"厨师指指窗外说。财主往窗外一看，只见在水池中休息的鸭子，真的只撑着一条腿。财主马上走出屋，来到水池旁，拍了拍巴掌，惊醒了鸭子，鸭子便伸出两条腿，一摇一摆地走了。"你看看，只要鼓励一下，鸭子就有两条腿了。"厨师对财主说[①]。

四、劝服的注意事项

1. 要把握好劝服的时机和场合，做好准备，谨慎行事

在具体情况下从劝服目的出发，针对对方的思想状态和心理特点，揣摩和把握有利的时机，善于运用外部环境，才能使劝服一举奏效。要想抓住劝服的最佳时机，就要善于观察、了解劝服对象的情绪变化，在其思想容易产生波动的时候及时进行劝服，防患于未然。切忌不分场合，信口开河，不管人前人后，指名道姓地实施劝服，这样的劝服不仅效果不佳，往往还会出现与劝服动机相反的后果。

一般来说，劝服之前应该做好一系列准备工作，包括掌握劝服对象的思想状况，摸清与劝服对象的思想和情绪相关的情况，如思想素质、文化素养、性格气质、社会关系及生平经历等，要抓住与劝服对象产生意见分歧的焦点，并设想在劝服过程中可能出现的情况及对策。

---

① 石言. 说话的技巧[M]. 北京：西苑出版社，2006.

2. 换位思考，恰当用词

劝服对方时，要站在对方的立场上想问题，劝服的态度要谦和、诚恳，要尽量用商量的语气，保护对方的自尊，这样才能取得好的劝服效果。特别是在批评和安慰的劝服情况中，更应该设身处地地为对方着想，注意双方的地位和身份，以免与劝服预期目的背道而驰。

【案例2-40】一位参加云南旅游团的女游客带7岁女儿同行，且要求小孩不占床位。在签订合同时，旅行社工作人员按常规向游客介绍合同条款，说明会尽量安排拼房，如果现实情况不允许，则要现交差价。女游客立刻产生了抵触情绪，认为自己的要求旅行社无法满足。工作人员先是跟她解释说："旅行社肯定会尽量做到使您拼房成功，但这个团里不一定有正好可以拼房的客人。况且，作为母亲，肯定是以孩子为先。根据以往的经验，到时候因为生活习惯、住宿安全等细节问题，加上您带着孩子，为了方便也不见得想跟别人住一间房。之前的客人出现过类似情况，本来都同意拼房了，但住了一天就要求分开了。"女游客听完后，意识到自己带一个孩子的不便，当即改口说："那算了，干脆不拼房了，我现在就把差价交上吧。"

从以上案例可以看出，旅行社工作人员没有直接拒绝女游客拼房的请求，而是设身处地为女游客举例说明拼房可能出现的细节问题，从而让游客自主做出放弃拼房的选择。

3. 针对不同的劝服情况，选择合适的措辞与表达方式

在现实生活中，当别人遇到不幸时，有些人往往不能做出恰当得体的反应。或许你也有过这样的经历：明明是想安慰别人，却不慎失口，词不达意。那么，在安慰别人的时候要注意什么呢？一是要尽量避免列举自己类似的经历，多注意别人的感情，不要以自我为中心；二是要学会用心倾听别人的心声，对于不善言辞的安慰对象，要从小事上给予关心和帮助。

【案例2-41】电视剧《精英律师》中有这样一个片段：男主新招的律师助理戴曦，被何赛发现好像是之前来律所送过外卖的小姑娘，戴曦愣在现场，低着头没说话，内心很纠结。男主的行政秘书栗娜刚好在现场，何赛转身走后，她就过去对戴曦说了一句话："何赛经常认错人，你不要放在心上。"简简单单一句话，实现了轻度介入的安慰，也在其他同事面前保住了戴曦的面子。

批评也是实际生活中常见的劝服手段，批评的语言应该兼具责任性和艺术性。心理学研究表明，一种批评如果反复进行，就会失去作用。批评别人时，每次只可提及一两点，切忌"万箭齐发"，让人难以招架，陷入难堪的局面。批评的话不宜反复说，一经点明，对方已经听明白并表示会考虑或有诚意接受就不必再说下去了。如果只图嘴巴快活，说个没完，那么很可能会得到相反的效果。

另外，在批评他人时，切忌用讽刺、挖苦的言辞，这是一种轻视他人的态度，也是不讲沟通技巧和缺乏修养的表现，可以灵活运用适当的技巧来启发、调动劝服对象进行积极思考。

【案例2-42】课堂上有的学生在说笑，有的学生在睡觉，有的学生眼观窗外。这时，老师突然停止讲课，语重心长地对大家说："如果坐在中间谈笑的那几个同学能像那位观看窗外景色的同学那样安静，也就会让前面睡觉的这几位同学睡得更香甜了。"此言一出立即引起哄堂大笑，那几位被点到的同学的笑容里则带有羞愧之色。

 **课后专题训练**

劝服练习2

一、说服技巧训练

心理学上有一种说服方法被称为"登门槛术"，即在预备说服别人接受一个较大或较难完成的事情时，先说服他接受一个相对较小或容易完成的事情，以便逐步接近最后的说服目标。正像你想进一间房子，又怕遭到主人的拒绝，就先说服主人让你的一只脚先踏过门槛，然后说服他让你的另一只脚踏进门槛里。这实际上就是"得寸进尺"、循序渐进的策略。在现实生活中，这种说服技巧是非常有效的。比如父母要求爱睡懒觉的孩子早点起床，先让他每天早起半个小时，这很容易做到，待他养成习惯以后，要求他再提前半个小时。如果一下子让他提早一个小时起床则会困难得多。

有时候运用与"登门槛术"相反的技巧也会起到作用，即首先提出一个大的要求，接着提出一个较小的要求。这与直接提出较小的要求相比，被接受的可能性会大大增加。那些小商贩经常使用这种方法。我们都有过这样的经历：卖主先是漫天要价，经过顾客与卖主的讨价还价，当卖主降低价格的时候，买主以为他退却了，便接受了这个价格，而实际上他仍然按照自己的意图进行了交易，却让双方都很满意。

请尝试运用"登门槛术"或与其相反的技巧，说服你的一位朋友改掉一种不良嗜好(如睡懒觉、赌博、吸烟、通宵上网等)。

二、安慰技巧训练

天有不测风云，人有旦夕祸福。当家人、至亲、友人不幸罹难或身患重症时，我们总会对那些不幸者表示同情和理解。在你试图安慰对方却又不知如何开口的时候，伟人富兰克林的几句话可供参考："我们和友人，像被邀请到一个无期限的筵席里。因为他们较早入席，所以他们就比我们先行离开，我们是不会同时离席的，但当我们知道我们迟早也跟他们一样要离开欢乐的筵席，并且一定会知道将在何处可以找到他们时，我们对于他们的先走一步为什么要感到悲哀呢？"

试想，假如公司里一位同事的母亲重病住院，公司领导委派你赴医院看望，你准备如何安慰他们？

三、批评技巧训练

批评的艺术是让他人既意识到自己的错误，努力改正，也理解你批评时的善意，对你心存感激。可以尝试在批评之前先总结一下他人的优点，然后慢慢地指明其缺点。在他人尝到苦味儿之前，先让他尝到甜味儿，那么他再尝这种苦味儿时就会好受些。

玛桑小姐在一家食品包装公司当市场调查员，她接下的第一份差事是为一项新产品做市场调查。她回忆说："当结果出来的时候，我几乎崩溃，由于计划工作的一系列错误，整个结果完全不对，必须从头再来。更糟的是，报告会议即将开始，我已经没有时间同老板商量这件事了。当他们要求我作报告的时候，我吓得发抖。我尽量使自己不哭出来，免得让大家嘲笑，这样做太过于情绪化。我简短地说明了一下情形，并表示要在下次会议时重新改正过来。坐下后，我等待老板大发雷霆。可出乎意料的是，他先感谢我勤奋工作，并表示执行新计划难免会出错。他相信新的调查结果一定正确无误，会对公司有很大帮助。他在众人面前肯定我，相信我已尽了力，并说我缺少的是经验，而非能力。会议结束后，我挺直胸膛离开会场，并下定决心不会让同样的情况再次发生。"

参考上述内容，完成下面的练习。

(1) 在小组合作完成一项任务时，由于一位成员没有及时完成任务而影响了小组整体的成绩，作为小组的领导者，你应该如何对其进行批评教育？

(2) 在某公司的加工车间，因大学应届毕业生小王和生产组长老郑的操作不当给公司造成一定的损失。作为车间主任，你打算怎样对他们开展批评教育？

 专题六 拒绝语言艺术训练

预期收获：

(1) 揭示难以说"不"的深层原因，增强人际交往中的自信与勇气。

(2) 掌握常用的拒绝方法和技巧，学会恰当、行之有效地拒绝。

【典型案例】

(一) 一位心理学家曾经说过："幽默是一种最有趣、最有感染力、最具普遍意义的传递艺术。"幽默可以成为处理紧张人际关系、避免尴尬气氛的有效润滑剂。在我们出于不便或其他原因而需要拒绝他人时，不妨学学钱钟书的方法。

拒绝案例分析

著名作家钱钟书先生非常幽默，常常妙语连珠。有一次，在拒绝一位英国女士的慕名求见时，他说："假如吃了鸡蛋已觉得不错，何必还要认识那下蛋的母鸡呢？"又一次，在谢绝了一笔高额酬金后，钱老莞尔一笑说："我都姓了一辈子'钱'了，难道还迷信钱吗？"[1]

(二) 在很多人看来，拒绝别人是一件让人很没有面子的事情，不仅会给人留下极坏的印象，还会破坏和伤害彼此的感情。学会合理地从对方的话语里引出一个合乎逻辑的问题，巧妙地把问题的否定答案传递给对方，就可以轻松地实现拒绝的目的，这样既能避免伤害对方的自尊，同时也维护了自己的形象。

---

① 百度文库. 钱钟书经典语录[EB/OL]. (2012-05-12)[2021-12-25]. http://wenku.baidu.com/view/a348696a1eb91a37f1115c15.html.

范晔《后汉书》中记载了一个"四知拒金"的故事：东汉时期的杨震学识渊博，任荆州刺史时发现王密才华出众，便举荐王密为昌邑县令。后来杨震调任东莱太守，途经昌邑时，王密去拜会杨震，并怀金十斤相赠，感谢杨震的栽培之恩。杨震说："我举荐你是让你做一个好官，不是送给我个人什么东西。"王密坚持说："三更半夜，不会有人知道的，你收下吧。"杨震神色严肃地说道："天知，神知，我知，子知。怎么可以说没人知道呢？"王密这才明白过来，大感惭愧，怏怏而去。

（三）在现实生活和工作中，我们有时要面对一些不合理的请求。在这种情况下，可以在表达同情和理解的前提下，坚定而友善地给予拒绝。

一次，一个妇人找到林肯理直气壮地说："总统先生，您一定要给我儿子一个上校的职位。我们应该有这样的权利，因为我的祖父曾参加过雷辛顿战役，我的叔父是布拉顿斯堡战役中唯一没有逃跑的人，我的父亲参加过那奥林斯之战，而我的丈夫是在曼特莱战死的，所以……"林肯回答说："夫人，你们一家三代为国服务，对国家的贡献已经够多了，我深表敬意。现在您能不能给别人一个为国效命的机会？"妇人无话可说，只好悄悄地走了。

（四）在拒绝别人时，运用贴切生动的喻讽等手段，把"不"隐含其中，既能恰当地表达自己的语意，又给对方出了难题，当对方知难而退时就不会对你的拒绝耿耿于怀了。

一位女士写了一篇很长的故事并寄给一位有名的编辑。几个星期后，稿子被退回。这位女士十分生气，马上打电话给那位编辑："亲爱的先生，我收到了你的退稿，但是你看都没看就把它否定了。为了试试您是否阅读过，在寄出前我把第18页和第19页粘在一起，现在它们还是粘在一块儿，您怎么解释？""亲爱的女士，早晨我吃鸡蛋时，发现了一个坏的鸡蛋，难道我非得把它全部吃完才能知道这是只坏蛋吗？"编辑回答道①。

---

① 百度文库. 名人社交成功大师精妙口才小故事[EB/OL]. (2010-09-11)[2021-12-25]. http://wenku. baidu.com/view/ 93741fc3d5bbfd0a795673b7.html.

分析与讨论：

(1) 思考：上述案例中的拒绝方式有何共同特点？

(2) 提问：在现实生活中，你有没有拒绝过别人？(回答要求：所选事例要有代表性，说明出于什么原因拒绝，你是如何拒绝他人的请求的，被你拒绝后对方有什么反应，你事后有什么想法)

(3) 讨论：列举出你所知道的常用的拒绝方法与技巧。

小结：

无论是在日常生活还是在职场工作中，身边的亲友、领导、同事及业务对象总会对我们寄予很大的期望。出于主观或客观的原因，我们很难保证每一次都微笑着说出"是"。拒绝是令人遗憾的，却又是难以回避的。拒绝的结果往往有两种：一是双方不欢而散，甚至因此怀恨在心；二是皆大欢喜，成为深交的契机。因此，要尽量掌握使自己不陷入被动而又不伤害对方自尊的拒绝技巧。

喜剧大师卓别林有句名言："学会说不吧，那样你的生活将会美好得多。"在什么情况下应该说"不"呢？一般来说，下列情况都应该考虑拒绝：违背自己做人的原则、不符合自己的兴趣爱好、违背自己的价值观念、可能陷入某种对自己不利的关系网、有损于自己的人格、助长虚荣心、庸俗的交易、违法犯罪等。

一、难以说"不"的心理分析

不敢和不善于拒绝别人的人，实际上往往是在戴着面具生活，活得很累并会失去自我，事后又常常后悔，也常常由于难以摆脱这种心理状态而自责、自卑。这种难以说"不"的心理因素分析起来可以概括为以下几种。

1. NSN综合征

所谓NSN(never say no)综合征是指由于不会拒绝而产生的紧张、焦虑、恐惧、自信心下降等情绪障碍。有NSN综合征的人，一般比较在意别人对自己的看法，认为拒绝别人会招致反感，影响人际交往。对他们来说，拒绝别人比不拒绝更难受。有NSN综合征的人其实是曲解了人际关系的平等原则，把他人的"满意"建立在自己的"痛苦"之上。

2. 利他性人格

具有利他性人格特征的人，每次助人时都会觉得有双重的回报：一是得到别人的感谢和赞扬，二是得到自我的满足和陶醉。具有利他性人格的人愿意帮助别人，不在乎别人是否回报。

二、常用的拒绝方法

1. 转折式拒绝

转折式拒绝是指在对方提出问题或要求时，先不表明自己的观点或先直接肯定对方的观点，然后予以拒绝。

就人的心理而言，说"是"总比说"不"要愉快得多。因此，为了友好地拒绝他人，在必要时先要用肯定来获取对方的好感，然后拒绝。如："我知道你的困难，但是……""我明白你的意思，也赞成你的看法，不过……"等。先肯定对方，使对方觉得受到了尊重，即使对方听到"不"字也不会太反感；相反，对方会觉得你理解他，觉得你富有同情心。比如，在商场遭到卖衣服摊主的无理纠缠，你可以说："这件衣服确实很漂亮，但不知道我丈夫是否喜欢，我们商量好了再来买吧！"这样的回答会让摊主从心理上能够接受，不再纠缠不清。

2. 诱导式拒绝

诱导式拒绝是指面对问题或要求，不直接答复，而是先讲明条件、说明理由，诱使对方自我否定的拒绝方法。诱导式拒绝的特点是"不战而屈人之兵"，让对方自动放弃提出的要求。

【案例2-43】战国时期，摻留是韩宣王非常信赖的大臣。一次，韩宣王为是否应重用两个部下的事情迟疑不决，于是他向摻留征求意见，摻留心里非常明白，重用二人是很不妥的，但直接说"不"，一则可能冒犯韩宣王，二则韩宣王可能以为自己嫉妒贤能。于是他说："魏王曾因重用这两个人丢过国土，楚国也曾因重用他们而丢过国土，如果我们也重用他们，将来他们会不会也把我国出卖给外国呢？"

掺留这种诱导式拒绝法果然非常奏效,韩宣王不久便打消了重用那两个人的念头①。

3. 模糊式拒绝

模糊式拒绝是指对事情不讲得过于明白,而是避重就轻、避实就虚,用暗示的方法让对方明白自己拒绝的意图。这种方法既避免了双方的尴尬,也达到了回绝的目的。因为含混的语言、模糊的表达,甚至装聋作哑、转移话题,可以让对方即使听了也不得要领,无法再次提出要求。比如,有人极力邀请你明天赴宴,如果你不愿或不能参加,不妨试试这样说:"明天恐怕不行,下次一定去"或者"明天我必须去公司参加一个会议"。

【**案例2-44**】韩国举办第24届奥运会时,中国代表团刚刚抵达首尔,韩国记者们便纷纷采访中国代表团团长李梦华:"中国能拿几块金牌?""中国能超过韩国吗?"李梦华答道:"10月2日以后(奥运会结束之日),你们肯定能知道这些问题的答案。"记者又问:"中国新华社曾预测能拿8~11枚金牌,你认为这客观吗?"李梦华回答道:"中国有充分的言论自由,记者怎么想,就可以怎么写。"②

4. 直接拒绝

直接拒绝是指对于对方违背原则的要求或反复纠缠不休的行为,应敢于直接说"不"。日本交际专家石川弘毅曾说过:"会说'不'的人,才算是一个真正成熟的人。"一味答应无法承诺的事情,只会将自己陷入更为尴尬的境地。直接拒绝时,切忌态度和语言上的模棱两可,否则会使对方产生误解,仍抱有不切实际的幻想,这样既耽误对方办事,又会给自己增添麻烦。另外,我们可以在直接拒绝的同时向对方陈述拒绝的原因。通常情况下,如果这些原因能够获得认同,对方便能理解你的苦衷,自然会自动放弃继续说服你,双方的关系也不会因此受到负面影响。

【**案例2-45**】小静是电视台广告部的业务员,她的表叔开了一家保健品经销公司。有一天,表叔找到小静,希望能在小静负责的节目中给自己的公司做一下广告,广告费以产品的形式酬付。小静非常清楚,这种做法违反台里的广告播出规定,于是直截了当地对表叔说:"这不行,不付广告费是不能做广告的。台里有明文规

---

① 木蓉. 巧说"不"字[J]. 现代交际, 2000(11): 6-7.

② 百度文库. 学会拒绝敢于说不[EB/OL]. (2012-03-22)[2021-12-25]. http://wenku.baidu.com/view/3239f9373968011ca300910b.html.

定，我没有这么大的权力。"小静的表叔知道这是电视台的规定，也非常理解，便不再坚持了。

5. 岔换拒绝

岔换拒绝是为了避开不便讨论的话题，采用其他话题予以调换的一种拒绝艺术。这种拒绝方式既可以回绝对方令人尴尬的问题，又可以保全双方的面子，有峰回路转、柳暗花明的效果。

【**案例2-46**】在一次联欢会上，一位观众向赵本山提问："听说您在全国笑星中出场费最高，一场要一万多元，是吗？"这个问题让人很为难，如果做出肯定回答，会有诸多不便；如果确有其事，也不好以否认作答。对于这个难题，赵本山微笑地回应："您的问题很突然，请问您是哪个单位的？""我是大连某电器销售公司的。""你们经营什么产品？""录像机、电视机、录音机等。""噢，那请问你们一台录像机卖多少钱？""四千元。""有人给四百的话你卖吗？""当然不能卖，一种商品的价格是由它的价值决定的。""那就对了，演员的价值是由观众决定的。"[①]

这位观众的问题是"赵本山的出场费要一万元是不是事实"，而赵本山岔换成"演员收多少出场费是由什么决定的"。像这样看似无关的类比性"闲话"，既回避了正面回答隐私问题，又使得交谈气氛变得轻松和谐。岔换话题可以使原本可能出现的紧张局面消失于无形。

三、表达拒绝的原则

1. 尊重理解对方

在拒绝别人时，语言的表达要以尊重和理解对方为前提，简单直接的语言或嘲讽粗鲁的语气难免会加深对方的失望和不满；而态度模棱两可，语意含混、拖沓、暧昧，更会给人造成心灵上的伤害，从而使双方陷入情感的僵局。

【**案例2-47**】丁先生是高尔夫实习球童小k的客人，两人比较熟悉，一边聊天一边打球，气氛非常融洽。中间休息的时候，丁先生问小k什么时候休班，小k说下周一

---

① 杨海亮. 著名艺人的如花妙语[J]. 东西南北，2010(10).

休息，这时丁先生提出带小k去参加朋友派对，小k以为丁先生是随口一说，就笑了笑，并没回答，谁知道丁先生又郑重地邀请了一遍。小k这才明白对方不是开玩笑，于是认真思考后说："丁先生，作为朋友，非常感谢您的邀请和好意。但是很抱歉，按照球会规定，员工是不能私自参加客人邀请的聚会和球局的，我实在没法答应您，还请您见谅。"丁先生了解到这是球会规定，表示了理解。

这位实习生的拒绝，无疑是相对成功的。有些人在拒绝时，常因为感到难以启齿而不敢据实言明，致使对方摸不清他的真实意思，反而会产生许多误会。在人际交往中，我们应该正视拒绝，正确看待拒绝不仅不会破坏交情，还是拉近心灵距离的有效手段。

2. 拒绝的方式和语言要因人而异

拒绝时，要充分考虑对方的性格特点、年龄、身份及所处环境，运用得体的语言表达方式，尽力阐述拒绝的理由，以获得对方的谅解，并努力将对方的失望降到最低限度。如果对方胸襟开阔，那么最好及早、开诚布公地说明拒绝的原因，以便对方另作打算；如果对方毫无思想准备，承受心理压力的能力较差，那么最好找出某些理由作为借口，以拖延战术或者旁敲侧击逐步暗示对方，使对方逐渐意识到自己已被拒绝，避免其猛然遭受拒绝可能做出的失常行为；如果对方是你的上级、长辈，那么与其被他一再催促答复，不如主动登门说明原因，委婉拒绝以免失敬；如果对方是你的下级、晚辈，即使提出的要求不便答应，也要耐心地给予解释。不加区分的一拒了之或者不负责任的空口许愿都是待人冷漠、对事不负责任的表现。

【案例2-48】有一天，某公司人力资源部经理接待了他大学时的一位恩师。恩师请求为他以前的一位学生安排一份工作。于是，经理将学生找来进行了面试，却发现学生的水平尚未达到企业的要求。这位经理左右为难，想起当初自己也是在恩师的介绍下才进入现在的公司就职，感到相当为难。于是，他跟老师通了电话，说明了实际情况。恩师又一次拜托他："如果公司实在不能录用，希望能帮忙将学生安排在其他关系单位。"经理首先表达了愿意尽力帮忙的态度，然后讲述了他经面试考察到的那个学生的优点，最后提出了他不符合要求的地方。他很直率地对恩师说："非常抱歉，我没能满足您的愿望，还请您原谅。"恩师了解了这些情况，并没有因此而埋怨经理，反而觉得很不好意思。

案例中，面对自己的恩人提出的请求，的确很难开口拒绝。不过，只要你能尊重对方的立场，表明自己的难处，相信就可以得到谅解。

3. 对于暂时无法满足的要求，应说明原因

对于合情合理，但由于目前存在困难而无法马上满足的要求可以拒此应彼，如实相告原因，尽量满足其他方面合理的要求作为补偿，以减轻和消除对方的遗憾、失望，并使对方清楚——待条件具备了，问题自然迎刃而解。

【案例2-49】 高尔夫球童小王服务的客人连续两次把球打入水中，情绪低落，提出让小王将落水的球打捞出来。但球洞中落水的球是打捞不上来的，只能由球会的专业人员定期清理。小王向客人表达了歉意并如实说明："很抱歉，您的球暂时无法捞出。因为水况复杂，我私自打捞容易出危险，最重要的是会耽误您打球的速度，也会给后面的客人造成拥堵。每周我们都会定期清理落球，等您下次再来我一定将您的球交还。现在我们还是先打球吧！"这一番话委婉地拒绝了客人，并且安抚了客人的情绪。客人没有被情绪影响后面的发挥，球童与客人皆大欢喜。

4. 拒绝的理由应该公私分明，态度真诚

凡公事，只能用政策法规、规章制度上的不许可予以拒绝，而不能用个人名义；即使是私事，用诉说自己的难处、苦衷来表示心有余而力不足、意有余而权有限，总比生硬地塞给对方一个"不行"更易取得对方的谅解。

【案例2-50】 小慧的舅父是一家大型石油加工厂的厂长。小慧同朋友一起开了一家加油站，想找舅父给批点儿"等外品"以降低成本。舅父诚恳地对小慧说："我是厂长，我打个招呼，你的确可以买到'等外成品油'，但是我不能为你说这个话。这是上千人的大厂，不是我一个人的，我只有经营权。你是我的外甥女，你也不愿意看到我犯错误而让大家指指点点吧。生活上有困难我可以帮你，但是这个要求我不能答应，我不能用厂长的权力为亲属谋私利啊。"小慧听了舅父的话，什么话也没有说，从此再也没有给舅父找过"类似的麻烦"。

5. 选择适当的时机，尽量减少拒绝的"副作用"

在拒绝的时间方面，一般是早拒绝比晚拒绝好，及早拒绝可以让对方抓住时机争取别的出路。无目的地拖拉是不负责任的态度。

【**案例2-51**】毕业之初，没有找到合适工作的小胡受到好友邀请，希望他加入自己新开张不久的公司。虽然有朋友的盛情邀请，但是出于对自己理想目标的追求，经过两天的深思熟虑，小胡在表示感谢之余还是婉言拒绝了朋友的提议，并建议朋友及时另请高明。朋友的公司处于起步阶段，小胡经过短时间的考虑，毫不拖沓地表示拒绝，不仅不会伤害彼此之间的情谊，反而顾全了朋友公司的用人之需，良苦用心下的"断然拒绝"必定会得到朋友的体谅。

四、灵活运用说"不"的艺术

1. 沉默是金

拒绝不一定需要用有声的语言来表达。在适当的场合，沉默不语或者用肢体语言"说不"，往往胜过千言万语。

【**案例2-52**】由于无法忍受长期只顾工作赚钱的丈夫的冷漠，夫妻之间产生了矛盾，妻子决定与丈夫离婚。丈夫希望劝服妻子回心转意。妻子坐在房间的一角，听着丈夫不停地絮絮叨叨，一直沉默不语。后来，丈夫越来越激动，妻子下意识地用右手拇指和食指用力按了按自己双眉下凹陷的部位，这个动作反复了几次后，丈夫终于停下了驳斥，同意了离婚。

案例中，妻子一开始的沉默已经表达了一种态度，后来的重复性动作更是一种说"不"的身体语言。心理学家及肢体语言研究学家指出，人在应对外来刺激时表现出的沉默以及一些不由自主的习惯性动作(比如转动脖子、擦拭眼角、按眼睑等)，往往在很大程度上是对对方传递否定和抵制的信息。在应对谈话尴尬的场面时，不妨运用案例中妻子的做法，以无声的拒绝阻止不愉快的事情继续发生。

2. 缓兵之计

对方提出请求后，不必马上给予拒绝，可以采取拖延的办法，为自己赢得考虑如何回复的时间，同时让对方感觉到你是在认真地对待他的请求。

【**案例2-53**】小张一心想当一名记者，想调入报社工作。他找到小学老师的丈夫——某报社的黄总编。黄总编了解到小张是中文专业的毕业生，具备一定的能力，但是报社人员超编严重，于是他对小张说："我们报社去年刚刚进来一批毕业生，短期内社里不会研究进人的问题。我看还是过一段时间再说吧。"

案例中，黄总编没有直接说绝对不行，而是以条件不利为理由，以"过一段时间再说"的说法来委婉拒绝。

3. 敬而远之

在商务交往中，特别是谈判过程中不断使用一些敬语，会使对方产生"可能被拒绝"的预感，让对方有一定的心理准备。

【案例2-54】长年从事房产交易工作的李平总结出一条经验：生意能否做成，可以从客户看过房屋后打来电话的语言上了解个大概。李平说："大部分客户看过房屋后会留下一句'我会打电话再和你联系的'。回去不久，客户就会打来电话。从电话的语气中，可以了解他们潜在的想法。若是有意购买，客户的语气一定带有亲切感，以便于在价格上可以商量。而一开始就想拒绝的客户，则多半会使用敬语，说话彬彬有礼，一副公事公办的样子。"

4. 转移目标

实事求是地说出自己的困难，同时热心地提供替代意见和帮助。这样拒绝，对方不仅不会因为你的拒绝而失望、生气，反而会对你的热心肠表示感谢。

【案例2-55】老牛听说一家公司需要一名从事文秘工作的大学毕业生，想让自己的女儿去那里工作。可女儿是专科毕业生，与公司要求的本科学历不符。恰巧听说公司的经理和自己的同事小王是同学，于是就请小王帮忙。小王怕落下埋怨，不想帮忙，但又考虑到同事的情面，于是就对老牛说："咱们单位的小姜和那个经理最要好，上学时形影不离，你找他帮忙，这事儿准成。"小王这么一说，不仅回绝了老牛的请求，摆脱了"炙手山芋"，还为老牛指出了一条"捷径"，让老牛好不感动。

5. 使用外交辞令

外交官们在遇到不想回答或不愿回答的问题时，总是用一句"无可奉告"来搪塞。在现实生活中，当我们暂时无法说"是"或"否"时，也可以用较为"官方"的语言表明态度。

6. 书信传情

对于一些比较敏感的问题，比如感情问题、借钱借物等，如果觉得当面回绝有些无法开口，则可以借助婉转的文字来表达自己的意思，进而取得对方的谅解。

【案例2-56】有一个男孩，暗恋一个女孩很久了，终于有一天他鼓起勇气向这个女孩表白，但这个女孩并不喜欢这个男孩，就委婉地拒绝了男孩。男孩还是不肯放弃，便给女孩写了一封信："昨天我喝了点儿酒，我好像记得我跟你表白了，但我的记性很差，我忘记了你昨天对我的回答是'行'还是'不行'，你再写信告诉我一遍好吗？"

第二天，男孩收到了女孩的回信，信中写道："昨天我记得有人跟我表白，我的回答是'不行'，不过实在很抱歉，我的记忆力好像比你的还要差，我忘记了我对谁说过这话了。"男孩一听便明白了，在无奈的苦笑中彻底死心，再也不去纠缠女孩了。

7. 幽默拒绝

表达友好、善意是拒绝的重要原则。用幽默的方式拒绝可以为你在人际交往中的形象加分。

【案例2-57】我国著名文学家杨绛年老以后很是低调，总是谢绝国内外活动的邀请。每每有人来请，她总是幽默推辞道："我好像老红木家具，搬一搬就要散架了。我已打定主意，今后哪儿也不去，就在家里看书写字，很惬意的日子呀。"杨绛曾说自己最大的渴望是人们把她忘记，她不喜欢参加各类活动，但并没有正面拒绝，而是幽默地自喻为老红木家具，不想被折腾散架了，既合情合理，又表明了自己的观点。

课后专题训练

拒绝练习

一、技巧练习

职场上，拒绝不善体谅他人而又十分苛刻的上司的要求，通常被视为艰难甚至不可能的事。但是，有些老练的员工却深谙回绝的方法：将来自上司的、原已过多的工作，按轻重缓急编排出办事优先次序表，当上司再提出额外的工作要求时，就展示该优先次序表，以便让他决定最新要求的工作在该优先次序表中的恰当位置。这种做法有三个好处：第一，让上司做主裁决，表示对上司的尊重。第二，行事优先次序表既已排满，则任何额外的工作都可能令原有的一部分工作无法按原定计划完成。除非新的工作很重要，否则上司将不得不撤销它或找他人代理。就算新的工作很重要，上司也不得不撤销或延缓一部分原已指派的工作，以使新的工作能被及时办理。第三，采取这种拒绝方式，可避免上司误以为他在推卸责任。因此，这是一种极为有效的拒绝方法。

来自下属的不合时宜的或不合情理的要求，往往会使管理者在拒绝时感到为难。譬如在一个繁忙的下午，某女职员突然要求告假两个小时回家，因为家具店将送一批家具到家里，她必须回家开门并点收。面对这种情况，一般无经验的管理者通常会采取以下两种对策之一：第一，断然拒绝这种不合时宜的要求，并且不理会她的感受；第二，因担心触怒她，或是想充当好人而勉强接受她的要求。上述做法都是不妥的，因为前一种做法会引起主管与下属的摩擦，并降低下属的士气，而后一种做法明显会延缓工作的进度。那么，管理者应如何拒绝呢？此时，管理者应向她说明，该工作只有她才能完成，别人无法替代，表明她的重要作用，再向她提出建议："你可以打电话给家具店，请他们明天下午再送家具，到那时你的工作已经完成，我可以给你足够的时间回家处理私事。"

当然，上述答复可能仍然难以令该下属感到完全满意，但是她的主管至少采用了最好的方式处理这件事。此种方式具有五个好处：第一，郑重其事地考虑她的要求，而非不假思索地拒绝；第二，指明了解家具的输送情况对她很重要；第三，耐心地向她解释，为何不准她请假；第四，令她知道，她是一位得力的助手，这有助于提高她的士气；第五，为她提供了解决家具签收问题的其他可行途径。

请根据以上提示，按要求完成下面的练习。

(1) 假设你的一位关系比较好的同事经常找借口把本应由他自己完成的工作"转嫁"给你，请运用所学的拒绝方法分别采用直接拒绝和委婉拒绝的技巧完成练习。

(2) 公司经理拿着厚厚一叠至少有三四十页的材料来到你的桌前，要求你在今天下班前翻译出来。但是对你而言，这是不可能按时完成的任务。这时你应该如何拒绝经理呢？

(3) 完成下列"岔换拒绝"对话。

甲：老何这个人什么都好，就是有点儿好大喜功。

乙：_____

甲：你知道吗？这次的评比，咱们经理尽说他的好话，把他捧上了天，我看……

乙：_____

二、模拟情景演练

在现实生活中难免遇到这样的情况：面对别人提出的不合理的、不正当的要求，你唯一正确的选择就是拒绝，但是简单直接地回绝，必然会令对方不满和失望，有时还会给人以不礼貌或不合规矩的印象。相反，用恰当得体的语言来表达拒绝，可以减少对方的不快、失望，并能得到对方的谅解和认可。因此，在拒绝时要以尊重和理解对方为前提，努力把对方的不悦和失望降到最低限度。

拒绝容易使人误解，主要原因是对方对拒绝的理由不够理解，因此在拒绝时应尽量阐明这样做的缘由，权衡利弊，使对方觉得这样做是不得已而为之。必要的、恰当的解释常常会给对方留下想象的空间，认为事情不会那么糟糕，还有回旋的余地。这样既维护了双方的情面，保持了交流的通畅，又达到了回绝对方的目的。

请按照以上提示完成下面的情景演练。模拟场景，展开演练。演练过后师生点评。

(1) 角色分配：老师、家长、学生(孩子)。

(2) 情景说明：家长即将赴杭州出差，孩子可随行游玩，但需要老师准假。

情景一：孩子提出要求，家长予以拒绝。

情景二：家长提出建议，孩子予以拒绝。

情景三：家长陪同孩子到校提出请假要求，老师予以拒绝。

(3) 要求：学生分组，自由选择角色，讨论在不同的情景下拒绝语言技巧的运用。

专题七 电话沟通艺术训练

预期收获：

(1) 了解拨打、接听电话的基本程序和礼仪要求。

(2) 掌握应对电话中特殊情况的语言技巧。

【典型案例】

情景一：

"喂！"

"喂！找谁！！"

"我找一下小刘。"

"哪个小刘？"

"刘刚，人力资源部的。"

"没有这人！打错了！"

"那请问你们是——"

啪！(电话挂了)

电话沟通案例

情景二：

"你好，长远公司。"

"你好，请问宣传部的王经理在吗？"

"王经理不在，您是哪位？"

"哦，我是王经理的一个朋友。"

"朋友？什么朋友？认识多久了？"

情景三：

甲："请问王老师在吗？"

王老师："我是王老师，请问您是哪位？"

甲："王老师，您猜呢？"

王老师："是李凤吗？"

甲："不是！"

王老师："是美君？"

甲："不是！老师您都忘了我的声音了？"

情景四：

"你好，请问销售科的李经理在吗？"

"对不起，李经理不在，您是哪位？"

"哦，我是宏愿公司的。我找李经理有事，你让他回来后给我打个电话。"

分析与讨论：

(1) 上述四段电话情景对话分别存在哪些问题？

(2) 根据这四段电话情景对话，请指出电话沟通时应注意哪些基本要求？

【自检】

请你先回想一下自己通常是如何进行电话沟通的，然后填写表2-1。

表2-1　电话沟通习惯自测

问题情境	不良表现	你的实际表现
接听电话时	1. 电话铃响得令人不耐烦了才拿起听筒	
	2. 对着话筒大声地说："喂，找谁啊？"	
	3. 一边接电话，一边嚼口香糖	
	4. 一边和其他人说笑，一边接电话	
	5. 遇到需要记录某些重要数据时，总是手忙脚乱地找纸和笔	
拨打电话时	1. 抓起话筒却不知从何说起，语无伦次	
	2. 使用"超级简略语"，如"我是三院的××"	
	3. 挂断电话后才发现还有问题没有说到	
	4. 抓起话筒粗声粗气地对对方说："喂，找一下刘经理。"	
转达电话时	1. 抓起话筒向整个办公室吆喝："小王，你的电话！"	
	2. 态度冷淡地说："陈科长不在！"然后挂断电话	
	3. 让对方稍等，自此对他(她)不再过问	
	4. 答应替对方转达某事，却未告诉对方你的姓名	
遇到突发事件时	1. 对对方说："这事儿不归我管。"然后挂断电话	
	2. 接到客户的索赔电话时，态度冷淡或千方百计为公司的产品辩解	

小结：

电话是现代人公认的、便利的通信工具，随着科学技术的发展和人们生活水平的提高，电话的普及率越来越高。在生活中，人们通过电话能够粗略地判断出对方的人品、性格；在工作中，一个人接听、拨打电话时的沟通技巧是否得体，常常会影响他能否顺利达成本次沟通的目标，甚至会直接影响企业的对外形象。因此，掌握正确的电话沟通技巧是非常必要的。

通过上述四段电话情景对话和对电话沟通习惯的自检，不难发现电话沟通技巧主要体现在接听、拨打电话的程序和礼仪两个方面。

一、接听电话

(一) 接听电话的步骤

1. 准备记录物品

电话沟通技巧

事先在电话机旁放置好记录本和笔，当他人打来电话时，就可以立刻记录主要事项。如不预先备妥纸笔，到时候措手不及、东抓西找，不仅耽误时间，还会给对方留下不好的印象。

电话记录纸应是专用的，上面应该用表格的形式(见表2-2)将需要反映的内容都表示出来。

表2-2　来电记录单示例

记录人：

来电单位(姓名)		电话	
来电时间		年　　月　　日	
来电内容			
处理意见			

2. 听到铃声响两下后拿起听筒

电话铃声响1秒，停2秒。如果过了10秒钟，仍无人接电话，一般情况下，打电话的人就会感到急躁。因此，铃响3次之内，应接听电话。那么，是否铃声一响，就应立刻接听，而且越快越好呢？也不是，那样反而会让对方感到惊慌。较理想的是，电话铃响完第二次时，就取下听筒。如铃响超过3声，接起电话之后，应向对方道歉。

3. 自报公司名称及科室或部门名称

接起电话后的第一句话应该主动自报家门，如"你好，这是××公司"。优美动听，就会给接电话的人留下好的印象，令其身心愉快，从而放心地讲话。所以，我们应将第一句话的声调、措辞调整到最佳，不可忽视。

4. 确认对方姓名及单位

自报家门之后，紧接着要询问对方的身份，例如："请问，您是哪位？"或"请问，您是哪里？"

5. 寒暄

在对方陈述时，我们要认真倾听，并做好记录。

6. 及时提出疑问

对于对方陈述不清或自己没听明白的事项，要及时发问，以免事后再问或执行时出现错误。

7. 复述来电内容

对于涉及事项较多、较重要、较复杂的电话内容，务必在通话结束前主动要求对方复述相关内容，并进行核对，以免重要内容被遗漏或弄错。

8. 礼貌地结束通话，轻轻放下话筒

通常是打电话一方先放电话，但对于职员来说，如果对方是领导或顾客，就应让对方先放电话。待对方说完"再见"后，等待2～3秒钟再轻轻挂断电话。

无论通话多么完美、得体，如果最后毛躁地"咔嚓"一声挂断电话，都会功亏一篑，令对方很不愉快。因此，结束通话时，应慢慢地、轻轻地挂断电话。

9. 整理

整理电话记录(电话记录单)，并及时转达给有关人员或部门。

（二） 接听电话的技巧和要求

（1）接听电话时一定要先亲切地问候对方，并清楚地表明公司的名称或自己的姓名，以表示服务的意愿。

（2）如果遇到对方拨错号码时，不可大声怒斥或用力挂断电话，应礼貌告知对方。

（3）虽然电话中通话的双方彼此看不见对方的表情，但是我们要态度诚恳，笑容可掬，让对方感受到你的友善。

（4）为了表示尊重对方，在接听电话时一定不要与旁人打招呼、说话、吃东西或小声议论某些问题，如果在听电话的过程中必须要处理某事务，一定要向对方打个招呼，并道声"对不起"。

（5）接听电话时必须保持足够的耐心、热情，要注意控制语气、语态、语速、语调，语言要亲切、简练、礼貌、和气，要具有"我就代表公司"的强烈意识。

（6）要仔细倾听对方的讲话，一般不要在对方的话没有讲完时就打断对方。如实在有必要打断时，则应该说："对不起，我打断一下。"

（7）避免在电话中争论或有不佳的情绪反应。

（8）对方声音不清晰时，应该善意提醒，如："声音不太清楚，请你大声一点儿，好吗？"

（9）如果谈话所涉及的事情比较复杂，应该重复关键部分，以确认，力求准确无误。

（10）电话交谈要尽量简短，不要讨论无关要紧的问题，以避免浪费时间。

二、拨打电话

（一）拨打电话的步骤和程序

1. 整理电话内容，备齐资料

给别人打电话时，如果想到什么就讲什么，往往会丢三落四，忘记了主要事项还毫无觉察，等对方挂断了电话才恍然大悟。因此，应事先把想讲的事逐条逐项地整理记录下来，然后拨电话，边讲边看记录，随时检查是否有遗漏。

另外，还要尽可能在3分钟之内结束通话。实际上，3分钟可讲1000个字，相当于两页半稿纸上的内容，完全是可以讲清楚一两件事情的。如果打一次电话用了5分钟甚至10分钟，那可能是措辞不当，未抓住纲领、突出重点。

2. 确认对方的电话号码，并准确拨号

确认对方的电话号码可以避免因打错电话而引起不必要的麻烦。

3. 电话打通之后，确认对方公司、部门的名称

电话接通后，要采取正确的问法，确认对方是否是我们要找的单位或人员。例如："你好！请问是××公司吗？"或者"你好，请问是××公司客服部吗？"

4. 自报公司名称以及本人姓名，表明自己的身份

比如："我是××公司的××。"或"我是××公司销售科的××。"

5. 准确说出要找的人的姓名

如何说出要找的人的姓名？请对比以下两种说法。

(1)"让你们销售部的王刚接电话。"

(2)"请你们销售部的王刚经理(或先生)接电话，好吗？"

显然第二种说法较为礼貌、得体。

6. 寒暄，讲述有关事项

当我们确认了对方就是我们要找的人时，首先要告知对方我们是谁，然后讲述事情。比如："您好，我是××公司的××。关于××事，我想问您四个问题，可以吗？"

如果接电话的恰巧就是你要找的人，则不必再做自我介绍，可以再次说"您好"之后，直接讲述事情。

7. 确认通话要点

如果通话内容较多，在通话快结束时，需要主动向对方提出确认通话要点，以引起对方注意。

一般可以这样说："我刚才说的这些事情您都明白了吗？(或都记住了吗？)"

8. 道别，挂断电话

常用的道别语有"再见""请多关照""谢谢"等，可依具体情况灵活运用。

(二) 拨打电话的技巧和要求

1. 厘清自己的思路

当你拿起电话听筒之前，应先考虑一下自己想要说什么。不要在毫无准备的情况下给他人打电话，你可以在自己的脑海中设想一下要谈的话题或简单地写下自己想说的事情。一般拨打电话之前，我们有下列问题需要事先思考：

第一，我的电话打给谁？

第二，我打电话的目的是什么？

第三，我要说几件事情？它们之间的顺序如何？

第四，我需要准备哪些文件资料？

第五，对方可能会问哪些问题？

2. 拨错号码应道歉

你在拨打电话时，应记准电话号码，以免打错。如果拨错号码，应礼貌地向对方道歉，不可随手挂机。

3. 养成随时记录的习惯

在办公桌上，应时常放有电话记录用纸和笔，以便能随时记录。我们可以针对要拨打的电话设计一个电话记录单(见表2-3)。

表2-3　去电记录单示例

去电单位(姓名)		通话人	
接听人		通话时间	年　月　日
去电内容			
通话结果与处理意见			
备注			

4. 确定对方是否具有合适的通话时间

当你给他人打电话时，他也许正忙于自己的事情，你应当表明自己尊重他的时间，并给他足够的时间做适当的调整。你可以在开始讲话时向对方询问："您现在接电话方便吗？""您现在忙吗？""您现在有时间同我谈话吗？""这个时候给您打电话合适吗？""您能抽出点儿时间听听我说话吗？"。

5. 开门见山，表明自己打电话的目的

当你拨通电话并进入正题后，应尽快向对方讲明自己打电话的目的。

6. 给对方足够的时间做出反应

即便你想迅速解决某一紧急的事务，也应该给对方留足够的时间，让他们对你的要求做出反应。如果你拿起电话说个不停，那么会使对方误以为你正在朗读材料。

7. 设想对方可能要问到的问题

当你在电话中与他人进行商务谈话时，对方肯定会问你一些问题，因此你应该事先有所准备，以便及时、准确地做出回答。

8. 不要占用对方过长时间

当你主动给别人打电话时，应尽可能避免占用对方过长时间。当你考虑到对方有些问题可能过一段时间才能给你答复时，你可以先挂电话，要求对方回电告知，或者你过一会儿再打过去，这样就不会长时间地占用他人的电话线，以免影响他人的正常业务。

9. 注意说话的态度，要集中精力

有人认为，电波只能传播声音，打电话时完全可以不注意姿势、表情，这种观点真是大错特错。因为在打电话时，双方的姿势和表情都会影响打电话的语气或态度。打电话时必须抬头挺胸，伸直脊背，使气息稳定、顺畅，这样才能清晰、大声地讲话。态度的好坏也会表现在姿势之中。例如，如果道歉时不低下头，歉意便不能伴随言语传达给对方。同理，表情也影响着声音。例如，打电话时表情麻木，其声音也会是冷冰冰的。因此，打电话时应有相应的表情。

在电话交谈时，常有听不清的时候，因此要集中注意力。有人在打电话时总爱东张西望，摆弄桌上的东西，心不在焉，这种习惯很不好，容易影响通话的效果，很容易让对方感觉到你没有足够的诚意。

10. 注意自己的语言

打电话时的措辞要切合身份，不可太随便，也不可太生硬。称呼对方时要加头衔，如"博士""经理"等。有的妇女喜欢被称为"女士"，就不要用"夫人"来称呼。无论对方是谁，都不可直呼其名。即使对方要求如此称呼，也不可多次直呼名字。

11. 注意自己的语速和语调

一般而言，打电话时，适当地提高声调显得富有朝气、明快清脆。人们在看不到对方的情况下，大多凭"第一听觉"形成初步印象。因此，讲话时有意识地提高声调，会格外悦耳优美。

另外，打电话的语速和语调也要因人而异。急性子的人听讲得慢的话，会觉得断断续续，有气无力，颇为难受；慢吞吞的人听讲得快的话，会感到焦躁心烦；年龄高的长者，听到快言快语，难以充分理解其意。因此，讲话速度并无定论，应视对方情况，灵活掌握语速，随机应变。

12. 不要使用简略语、专用语

例如，将"行销三科"简称"三科"，这种企业内部的习惯用语，第三者往往无法理解。同样，专业用语也仅限在行业内使用，普通顾客不一定知道。有的人不以为然，扬扬得意地乱用简称、术语，极易给对方留下不友善的印象。有的人认为西洋学及外来语高雅、体面，往往自作聪明地乱用一通，可是意义不明的外语，并不能正确表达自己的思想，不仅毫无意义，有时还会发生误会，这无疑是自找麻烦。

13. 养成复述的习惯

为了防止听错电话内容，一定要当场复述，特别是对于同音不同义的词语及日期、时间、电话号码等内容，务必养成听后立刻复述、予以确认的良好习惯，因为读音相同或相近的词语和数字，通电话时常常容易搞错。例如1和7、11和17等，为了避免发生音同字不同或义不同的错误，听到有关内容后，务必马上复述，予以确认。

14. 适时结束通话

通话时间过长意味着滥用对方的时间。你以为对方正听得津津有味，也许他正在抓耳挠腮、揉眼睛，恨不得早点儿挂下话筒。爱在电话里夸夸其谈的人，最好在桌上放一台闹钟，以便控制通话时间，及时提醒自己"该结束了"。

三、转达电话的语言艺术

电话沟通技巧2

1. 听清楚关键字句

常会发生这种情况：顾客打电话找科长，科长却不在办公室。这时，代接电话者的态度一定要热情，你可用下面的方法明确告诉对方科长不在。

你可以告诉对方科长回公司的时间，并询问对方："要我转达什么吗？"对方可能会说出下列几种愿望：

(1) 稍后，再打电话；

(2) 想尽快与科长通话；

(3) 请转告科长……

如果科长暂时不能回公司，则可告诉对方："科长出差在外，暂时无法联系，如有要紧事，由我负责转达，行吗？"当对方需要代为转告时，应边听，边复述，并按照"5W2H"的原则("5W"即why——为什么，what——什么事，where——什么地点，when——什么时间，who——谁去做或谁做的；"2H"即how——如何做，how much——做到什么程度)认真记录。另外，当对方不便告知具体事项时，要留下对方的姓名、电话、公司的名称。

通话结束时应道别："我叫××，如果科长回来，定会立刻转告。"自报姓名的目的是让对方感到你很有责任感，办事踏实可靠，能让对方放心。

2. 慎重选择理由

通常，被指定接电话的人不在现场的原因有很多，如因病休息、出差在外或外出办事等。这时，代接电话的你，应学会应付各种情况。

告诉对方××不在办公室时，应注意不要让对方产生不必要的联想，不能告诉对方××的出差地点，因其出差所办的事情，或许正是不能让对方觉察知晓的商业秘密。

另外，如果我们遇到领导正在参加重要的会议，突然接到客户的紧急电话的情况，那么应该怎么办？这时应正确判断，妥当处理。例如，活用纸条，在纸条上写："××先生打电话找您，接电话(　　)，不接(　　)，请画对号。"然后悄悄走进会议室，将纸条递给领导看，领导一目了然，很快就会画好对号。如此这般，既不影响会议，领导又能当场定论，是一种很适合的方法。

【自检】

你在转接电话时是否注意了表2-4中的要点？请填写表2-4。

表2-4　转接电话自测表

转接电话的要点	是√　　否×	改进计划
听清楚关键字句		
选择恰当的理由		
选择恰当的时机		

四、应对特殊事件的语言艺术

1. 听不清对方的话语

当听不清对方讲话时，反问并不失礼，但必须方法得当。如果惊奇地反问："咦？"或怀疑地回答："哦？"对方会觉得无端招人怀疑、不被信任，会对你印象不佳。如果客客气气地反问："对不起，刚才没有听清楚，请再说一遍好吗？"对方则会耐心地重复一遍，丝毫不会责怪你。

2. 接到打错的电话

有的职员接到打错的电话时，常常冷冰冰地说："打错了。"这是不礼貌的，最好能这样告诉对方："这是××公司，你找哪儿？"如果你知道对方所找公司的电话号码，不妨告诉他，也许对方正是本公司潜在的顾客。即使不是，你热情友好地处理打错的电话，也可使对方对公司产生好感，说不定对方就会成为本公司的客户，甚至成为公司的忠诚支持者。

3. 遇到自己不知道的事

有时候，对方在电话中一个劲儿地谈自己不知道的事，而且像竹筒倒豆子一样，没完没了。职员碰到这种情况，常常会感到很恐慌，虽然一心企盼有人能尽快来接电话，将自己从困境中救出，但往往迷失在对方喋喋不休的陈述中，好长时间都不知对方到底要找谁，待电话讲到最后才醒悟过来："关于××事呀！很抱歉，我不清楚，负责人才知道，请稍等，我让他来接电话。"碰到这种情况，应尽快理清头绪，了解对方的真实意图，以避免使自己陷入被动。

4. 接到领导亲友的电话

领导对部下的评价常常会受到其亲友印象的影响。打到公司来的电话，并不局限于工作关系。领导及先辈的亲朋好友，常打来与工作无直接关系的电话。他们对接电话的你的印象，会在很大程度上左右领导对你的评价。

例如，当接到领导夫人找领导的电话时，你由于忙着准备文件，时间十分紧迫，根本顾不上寒暄，而是直接将电话转给领导。当晚，领导夫人就会对领导说："今天接电话的人，不懂礼貌，真差劲。"简单一句话，便会使领导对你的印象一落千丈。可见，领导及先辈的亲朋好友对下属职员的一言一行都非常敏感，期望值很高，因此应时刻严格要求自己。

5. 接到顾客的索赔电话

要求索赔的客户也许会满腹牢骚，甚至暴跳如雷，如果作为被索赔方的你缺少理智，像对方一样感情用事，以唇枪舌剑回击客户，不仅于事无补，反而会使矛盾升级。正确的做法：你先处之泰然，洗耳恭听，让客户诉说不满，并耐心等待客户心情平静了，怒气消了，再合理进行解释，其间切勿说"但是""话虽如此，不过……"之类的话进行申辩，应一边肯定顾客话语中的合理成分，一边认真琢磨对方发火的原因，找到正确的解决方法，用肺腑之言感动顾客，"化干戈为玉帛"，取得顾客的谅解。

　　面对顾客提出的索赔事宜，自己不能解决时，应将对方索赔内容准确、及时地告诉负责人，请他出面处理。出现索赔事宜，绝不是一件令人愉快的事，而要求索赔的一方，心情同样不舒畅。也许要求索赔的顾客还会在电话中说出过激的话，即使这样，到最后道别时，你仍应加上一句："谢谢您打电话来。今后我们一定加倍注意，那样的事绝不会再发生。"这样不仅能稳定对方的情绪，还能让其对公司产生好感。正所谓"精诚所至，金石为开"，对待索赔客户一定要诚恳，要用一颗诚挚的心感动客户，以化解怨恨，使之从这次处理得当、令人满意的索赔活动中，理解并支持本公司，甚至成为公司产品的支持者。通过对索赔事件的处理，你能了解公司的不足之处，并以此为突破口进行攻关。当你经过不懈的努力，终于排除障碍，解决了问题，甚至使产品质量更上一层楼，使企业走出困境并不断繁荣昌盛时，谁又能说索赔不是一件好事呢？

【自检】

　　电话沟通中你曾遇到过什么样的突发事件？你是如何应对的？有何改进的心得？请填写表2-5。

表2-5　处理电话突发事件自测

突发事件	以前如何应对	改进计划
听不清对方的话语		
接到打错了的电话		
遇到自己不知道的事		
接到领导亲友的电话		
接到顾客的索赔电话		

课后专题训练

　　根据下列三个电话沟通案例的内容，分析其成功和失败的原因。

一、学习拨打、接听电话的要点

找出目前的不足之处后制订改进计划，并填写表2-6。

表2-6　接听电话要点与改进计划

需要注意的要点	自测点	具体改进计划
要点1：　电话机旁应备有记事本和笔	◇是否把记事本和笔放在触手可及的地方 ◇是否养成随时记录的习惯	
要点2：　先整理电话内容，后拨电话	◇时间是否恰当 ◇情绪是否稳定 ◇条理是否清楚 ◇语言是否简练	
要点3：　态度友好	◇是否微笑着说话 ◇是否真诚地面对通话者 ◇是否使用平实的语言	
要点4：　注意自己的语速和语调	◇明确谁是你的信息接收者 ◇先引起接收者的注意 ◇发出清晰悦耳的声音	
要点5：　不要使用简略语、专用语	◇用语是否规范、准确 ◇对方是否熟悉公司的内部情况 ◇是否要对专业术语加以必要的解释	
要点6：　养成复述的习惯	◇是否及时对关键的字句加以确认 ◇善于分辨关键的字句	

二、案例分析

情景1：

小陈是某单位办公室的一位秘书。有一次他正在办公，突然电话铃声响了。此时陈秘书正在整理文件，停了一会儿才拿起话筒说："请问你找谁？"对方回答说找老刘，陈秘书随即将话筒递给邻桌的刘秘书说："刘秘书，你的电话。"没想到，刘秘书接到电话没讲几句，就和对方争吵起来，最后刘秘书大声说道："你今后要账时，先找对人再发火。这是办公室，没有你要找的那个刘天亮！"说罢就挂断了电话。原来，这个电话是打给宣传科刘天亮的，结果错打到了办公室，而对方只是含糊地说找老刘，小陈误以为要找刘秘书，结果造成这场误会。

情景2：

销售员："请转采购部。"

总机人员："你找哪一位？"

销售员："采购部经理。"

总机人员："你是做什么的。"

销售员："我是××公司，我们公司主要从事××业务。"

总机人员："我们暂时不需要，谢谢，再见。"

销售员："……"

情景3：

(1) *汤姆与某公司总机人员的对话。*

总机人员："你好，××公司。"

汤姆："请问吉米董事长在吗？"

总机人员听了汤姆的问话以后，毫不犹豫地把汤姆的电话转到董事长办公室，由董事长的秘书接听。

(2) *汤姆与董事长的秘书的对话。*

秘书："你好，董事长办公室。"

汤姆："请问吉米董事长在吗？"

秘书："吉米先生认识你吗？"

汤姆："请告诉他，我是温斯特公司的汤姆，请问他在吗？"

秘书："他在，请问找他有什么事？"

汤姆："我是温斯特公司的汤姆，请教你的大名。"

秘书："我是比莉。"

汤姆："比莉小姐，我能和董事长通话吗？"

秘书："汤姆先生，请问你找董事长什么事？"

汤姆："比莉小姐，我很了解你做秘书的处境，也知道吉米先生很忙，不能随便接电话，不过，你放心，我绝不占用董事长太多的时间，我相信董事长会认为这是一次有价值的谈话，绝不会浪费时间。请你代转好吗？"

(3) *汤姆与吉米董事长的对话。*

吉米："喂！"

汤姆："吉米，我是温斯特公司的汤姆，温斯特公司是专门为企业高级管理者定制西装的公司，请问你知道温斯特公司吗？"

吉米："不知道，贵公司是卖什么产品的？"

汤姆："我们是专门为企业高级管理者定制西服的公司。有许多企业对我们颇为赞赏。这些企业包括××公司、××银行、××集团等，我希望下个星期能拜访你，当面向你做详细介绍。我想在下星期三上午8点15分或下星期四下午2点45分拜访你，你觉得方便吗？"

吉米："恩，让我想想，就安排在下星期二上午7点吧。"[①]

三、情景训练

1. 如果你的上司正在召开重要的会议，而对方有紧急事情要致电你的上司，这时你应该怎样处理？

2. 我们接到上司不想接的电话时该怎么办？

(提示：最好的做法是要找一个合适的理由加以拒绝，比如可以说"我们领导出国考察去了，大概一个月以后才能回来"，或者说"我们经理休假了，一周以后才上班")

3. 当接到纠缠电话时你应该怎么办？

4. 我们接到相关职能部门才能处理的电话时该怎么办？

5. 当通话者提出的要求超出正常限度的时候，例如对方要同事家里的电话号码，你应该怎样说？

6. 当你给他人打电话时，并不能确定对方是否有合适的通话时间，为了向对方表明尊重他的时间，你应该如何说？

7. 如何拒绝广告或募捐电话？

8. 如何拒绝电话推销？

9. ×××玩具公司经理来电，反映产品宣传画册的印刷质量不好，火气很大。你应该如何处理？

附录：电话沟通时的文明用语

1. 您好，这里是……

2. 请问您是哪里？

---

① 豆丁网. 电话沟通技巧与案例[EB/OL]. (2012-03-10)[2021-12-25]. http://www.docin.com/p-359291662.html.

3. 请问您是哪位？

4. 请再复述一遍。

5. 请稍等，我拿笔记下来。

6. 对不起，他不在，我能转达吗？

7. 对不起，您打错了，请您重拨。

项目三　语言表达艺术训练

 语言修辞艺术训练

预期收获：

(1) 了解常用的修辞手法类型。

(2) 掌握语言交际和文学创作中修辞手法的运用技巧。

游戏训练：巧用修辞"夸美""贬丑"

要想用语言表达同样一个意思，可以有多种不同的表达方式。图3-1中的人物"很漂亮"，图3-2中的人物"很丑"，请尝试用不同的修辞格来表达。

图3-1　人物图片举例1

图3-2　人物图片举例2

分析与讨论：

(1) 你在描述时都运用了哪些修辞手法？

(2) 为什么同样一个意思，需要有不同的表达方式？

(3) 在人际交往中选择表达方式的时候，应该注意哪些方面？

一、修辞的含义

"修"是修饰的意思，"辞"的本来意思是辩论的言词，后引申为一切的言词。修辞本义就是修饰言论，也就是在使用语言的过程中，运用多种语言手段以收到尽可能好的表达效果的一种语言活动[①]。

二、积累、掌握、运用同义的语言形式

"同义的语言形式"是指一些基本意思相同或相近而修辞色彩存在差别的语言形式。修辞是多种同义语言形式中最佳的选择。因此，我们应当尽量掌握多种同义语言形式，这样才能保证使用修辞时有选择的余地。

示例：

(1) 她很漂亮。

① 她长得好像仙女一样。(明喻)

② 都说王晓明漂亮，她比王晓明还漂亮。(衬托)

③ 她可是百里挑一的大美人。(夸张)

④ 她就是凡间的"七仙女"。(借代)

⑤ 看她一眼，这辈子就算没白活。(夸张)

⑥ 她是现代的赵飞燕，东方的维纳斯，中国的戴安娜。(排比)

(2) 她很丑。

① 她长得像个丑八怪。(比喻)

② 整个猪八戒他二姨。(借代)

③ 大家都叫她"朱二姨"。(借代)

④ 她长得五官都错了位。(夸张)

---

① https://baike.baidu.com/item/%E4%BF%AE%E8%BE%9E/175591?fr=aladdin.

⑤ 看她一眼三天不想吃饭。(夸张)

⑥ 她丑得可以去当吓唬乌鸦的稻草人。(夸张)

⑦ 她要是去当稻草人，准能把所有的乌鸦都吓跑了。(夸张)

⑧ 她不仅能吓得乌鸦不敢偷庄稼，还能吓得乌鸦把偷走的玉米送回来。(夸张)

三、交际中常用的修辞手法

1. 比喻

正如刘勰在《文心雕龙》中所说："或喻于声，或方于貌，或拟于心，或譬于事。"比喻是修饰语言常用的方法，也是我们平时口语表达常用的方法。比喻是用相似的事物打比方的修辞方法，被比方的事物叫"本体"，用来打比方的事物叫"喻体"，联系两者的词语叫"喻词"。用比喻来说理，浅显易懂，使人容易接受；用比喻来叙事，能化抽象为具体，使事物更加清楚明白；用比喻来状物，能使概括的东西形象化，给人留下深刻的印象。

有这样一段导游词："各位游客，大家好！欢迎来到美丽的海滨城市青岛。如果把城市看作点缀在大地上的珍珠，那青岛就是其中闪耀着异样光彩的一颗……海韵与山魂、风物与历史、文化与建筑，在时空交错间共同织就出一幅绝美的人间胜景……"(节选自山东省导游员张蓓创作的一篇青岛海军博物馆导游词)该篇导游词恰当地运用了比喻的修辞手法，将青岛比喻成点缀在大地上闪耀着异样光彩的珍珠，生动形象，使游客对青岛的印象更加直观。

2. 夸张

夸张是为了表达强烈的思想感情，突出某种事物的本质特征，运用丰富的想象力，在客观事实的基础上，对事物本身进行的缩小或夸大的描述。夸张用言过其实的方法，有效地突出事物的本质，强化作者的某种情感，能够烘托气氛，引起读者或听者的联想或思想上的共鸣。正如高尔基所说："夸大好的东西，可以使它显得更好；夸大对人类有害的东西，就可以使人望而生厌。"

【案例3-1】相声演员马季是个喜欢跟人开玩笑的人。有一次，他到一家药店买药。这家药店诚信经营，不但价格合理，而且质量非常有保证，因此他经常到这里来买药。可这次到了店里之后，他要买的这种药恰好卖光了。店员非常不好意思地说了情况之后，并言之凿凿地表示，明天您来吧，明天一定能把药进过来。马季答应一声，并没有马上离开。店员一看，就问道："马先生，您是不是还需要别的什么药呢？"马季一笑说："不买了，我就是想在这儿多待一会儿，因为你们的药效果好，我在这儿闻闻味儿，就能达到疗效了，也省得今天再吃药了！"店员一听，顿时喜笑颜开，对马季的好感不由得增加了许多。

案例中，马季认为药店的药效好，但他没有直接言说，而是采用夸张的方法，说在这儿闻闻味儿就能省吃一天的药，这自然使得药效好得到了强化。表面上看，这样不合理，但通过夸张这种修辞手法的渲染，不仅使表达内容得到强调，还显得幽默风趣，令沟通氛围轻松愉快。

3. 对比

对比是指故意把两种相反或者相对的事物，或者同一事物相反、相对的两个方面放在一起来加以比较。对比的正确运用，能将好与坏、美与丑、真与假、善与恶等鲜明地揭示出来，通过对比给人以教育和启示。

【案例3-2】 抗日战争刚爆发时，面对武器、装备和经济条件都比中国强的日本侵略者，许多人都表示担心。毛主席断言，中国的抗日战争一定会取得胜利。他对前来延安访问的美国军官说："中国好比一加仑的水壶，日本好像倒进水壶中的半品脱的水。日本军队走到一处，我们就走到另一处；当他们追逐我们，我们就跑回来。日本军队没有足够力量占领全中国。"

毛主席巧用对比，仅寥寥数语，战略上孰强孰弱，立见分晓，表现出了高超的语言艺术。

4. 双关

双关是在一定的语言环境中，利用语句的多义和同音的条件，使语句具有双重意义，达到言在此而意在彼的效果。双关分为语意双关和谐音双关。双关可使语言表达得含蓄、幽默，而且能加深寓意，给人以深刻的印象。

【案例3-3】 爱喝酒的职员K君两天未上班，经理留下"7954"四个数字在他的办公桌上。K君回来，不明究竟，就去请教秘书小姐。秘书小姐说："经理说的是汉语，说你吃酒误事。"K君于是在数字后面画了一只"蝉"送还经理。经理看到后，笑笑说："孺子可教也。"但过了些时日，K君故态复萌。经理在"蝉"的尾部加了一道"白烟"仍交给他。K君又去请教秘书小姐。秘书小姐说："前次经理责怪你'吃酒误事',你说'知了',现在你醉酒如故,经理骂你知了个屁。"①

在这篇题为《哑谜》的幽默故事中,"7954"表面上看是数字,经理利用同音近音的关系责怪K君"吃酒误事",而K君所画的"蝉"表示"知了"也就是"知道了",他们运用的就是谐音双关的修辞手法。

5. 排比

把三个或三个以上结构相似、语气一致、意思密切关联的句子或句子成分排列起来,使语势得以增强,感情得以加深,这种辞格叫排比。排比是一种富有表现力的修辞手法。古人说:"文有数句用一类字,所以壮气势,广文义也。"说的就是排比句的作用。

【案例3-4】不违农时,谷不可胜食也;数罟不入洿池,鱼鳖不可胜食也;斧斤以时入山林,材木不可胜用也。谷与鱼鳖不可胜食,材木不可胜用,是使民养生丧死无憾也。养生丧死无憾,王道之始也。

——《孟子·梁惠王上》

孟子是一位善于运用排比句的思想家,上文记载的是他与梁惠王的对话,梁惠王认为自己对国家和人民都很用心,但自己国家的百姓不见增多,邻国的百姓也并没有减少,问孟子是什么原因,孟子进行分析并给出措施,在阐述王道之始的道理时用了上述三组排比句,提出了发展生产的三种措施,以及采取这些措施后所产生的效果:不违背农时,粮食就吃不完;不用密网捕鱼,鱼鳖就吃不完;按季节砍伐树木,木材便用不完。连用"不可胜……也"的句式,给人以吃不完、用不尽的感觉,大大增加了语言的说服力和感染力,接下来顺理成章地得出结论:"粮食和鱼鳖吃不完,木材用不完,百姓对供养活人、埋葬死者都没有不满,这就是王道的开端。"②

6. 曲解

曲解是指在写文章或者说话时,对某些词语的意思有意地进行歪曲的解释,以满足一定的交际需要。运用曲解,形成幽默诙谐的语言特色,可营造轻松愉快的谈

---

① 百度文库. 经理的哑谜[EB/OL]. (20183-12-14)[2021-12-25]. https://wenku.baidu.com/view/0764903cf311f18583d049649b6648d7c1c708b9.html.

② 金良年. 孟子译注[M]. 上海:上海古籍出版社,2012.

话气氛，或达到辛辣嘲讽的效果。

【案例3-5】一个俱乐部贴出了"怎样使婚姻幸福"讨论会的海报，海报上写有一句话："你和你的丈夫有什么共同之处？"在这句话的下面，有人加了一个批语："我们俩都是在同一天结婚的。"

一般来说，面对海报上的"你和你的丈夫有什么共同之处"这个提问，大家都会自然而然地想到性格、生活习惯等方面的相同点，而且海报上的这个问题是不需要我们现场作答的，加批语者也并非不知道这个问题的真正指向，而是故意运用曲解的修辞手法进行了幽默式的解答，答案既在意料之外，又在情理之中，诙谐地写出了夫妻关系的疏远。

歌剧《刘三姐》中有这样一段话——秀才："刘三姐，谁跟你讲天讲地的？我们要讲眼前。"刘三姐："讲眼前——眼前眉毛几多根？问你脸皮有多厚？问你鼻梁有几斤？"刘三姐的解答巧妙地运用了曲解的修辞手法，既回避了对方的责难，又借机提出了几个颇具刁难性的问题。刘三姐的聪明机智可见一斑。

7. 婉言

婉言是指在特定的交际语境中，不直接表达本意，而是借助各种言语方式婉转曲折地表达思想，使人觉得深沉、有味儿。引而不发、欲说还隐、意在言外、弦外有音是其主要的风格特征。

【案例3-6】有一次，我国的一个贸易代表团与日本某商团在东京进行初次磋商后，日方提出："我们盼望不久后，在东京机场再次欢迎贵方在'春姑娘'的陪伴下重返东京。"我方代表回答说："东京的空气固然是温暖而友好的，但我国南方名城广州的三月似乎更富有南国的春天气息，尤其在珠江碧水之畔跃跃欲飞的白天鹅宾馆极目远望，更会使诸位流连忘返。"

在这里，双方使用的都是婉转含蓄的语言，既暗示了各自对下一次谈判地点的意向，又显得文明友好、互相尊重[①]。

【案例3-7】1937年，老舍住在冯玉祥家中写作。一次，冯将军的二女儿在楼上跺脚取暖，打扰了老舍在楼下构思作品。吃饭时，老舍笑着对冯二小姐说："你在

---

① 杜延起. 场景讲话艺术与经典范例全集[EB/OL]. http://idl.hbdlib.cn/book/00000000000000/pdfbook/003/012/183491.pdf.

楼上学什么舞啊？一定是刚从德国学来的新滑稽舞吧？"众人大笑起来。

在这里，老舍不直言冯二小姐打扰了他对作品的构思，而是用"学什么舞""从德国学来的新滑稽舞"的婉言来表达"跺脚声打扰了自己写作"的本意。这种幽默含蓄的委婉表达，冯二小姐当然更容易接受。

8. 反问

反问是用疑问的形式表达确定的意思，以加重语气的一种修辞手法，是无疑而问、明知故问。反问的特点是只问不答，把要表达的、确定的意思包含在问句里。与平铺直叙的表达相比，反问这种修辞手法的语气强烈，能激发读者或听者的情感，给读者或听者留下深刻的印象，增强语言的说服力和气势。很多名人在公共场合以演讲等形式发表观点及看法时，就运用反问的修辞手法增强了语势，起到了良好的表达效果。例如，闻一多在"最后一次演讲"中是这样开头的："这几天，大家晓得，在昆明出现了历史上最卑劣、最无耻的事情！李先生究竟犯了什么罪，竟遭此毒手？"闻一多先生用了一个反问："李先生究竟犯了什么罪，竟遭此毒手？"表达了难以抑制的悲愤之情，也激发了人们对反动派的痛恨之情。

又如，外交部前部长杨洁篪在十一届全国人民代表大会第二次会议上，就中国的外交政策和对外关系回答了中外记者的提问。西藏问题是每年西方媒体必问的问题之一。针对德国记者的提问，杨洁篪巧妙地进行了反问。杨洁篪说："德国、法国，其他国家愿不愿意自己四分之一的领土被分割出去？请记住，中国是一直支持德国统一大业的。"杨洁篪没有正面回答德国记者的问题，而是运用了反问的修辞手法，不仅阐明了西藏主权不容侵犯的坚定立场，还奉劝对方国家推己及人，跟我们一样尊重他国，支持他国的统一，平实的话语里不失机智幽默。

四、修辞的应用原则

1. 适应语言环境，注意交际场合

同样一句话，运用不同的修辞手法，可以表达不同的意思。然而任何一种修辞手法的运用都不应该是盲目随意的，必须依存于一定的语言环境。如果在娱乐场合过多地使用对偶、排比等修辞手法，就会显得太正式，降低了语言的趣味性，这时

候，再华丽的辞藻，再工整的句式也不会起到理想的修辞效果。

例如，朋友两人看见饭店推出一款新菜式——萨希蜜(日本生鱼片)，之后出现这样的谈话。

甲："怎么样，敢不敢'萨希蜜的干活'？"

乙："萨希蜜就萨希蜜，有什么不敢的？"

在常规的情况下，两人应该像下文这样说。

甲："怎么样？敢不敢吃生鱼片？"

乙："吃就吃，有什么不敢的？"

可是，他们采用了变异的表达方式，将"吃生鱼片"换成"萨希蜜的干活"，这就使语句带上了浓厚的日本味道，运用幽默诙谐的表现手法，显得滑稽可笑。而这样的表达只能适用于朋友间调侃似的交流，如换做是正式场合，显然就很不得体了。

2. 贵在创新，避免落入俗套

不论是词语的锤炼、句式的选择，还是辞格的运用，都应当有新意，避免落入俗套。有句话说："第一个说女人是花的人是天才，第二个说女人是花的人就是蠢材。"这种说法虽然有些夸张，但能从中看出创新在修辞运用中的重要性。

📖 **课后专题训练**

一、指出下列网络用语中运用的修辞手法

(1) 他每天上网，但大部分时间都在潜水。

(2) 百度一下，什么问题都能解决。

(3) 不要太PP哦！

(4) 我去呼呼了。

(5) 这个群里美眉很多，恐龙也不少。

二、情景训练

(1) 联欢会上，小马的好友小田演唱了一首《今夜星光灿烂》，一曲唱毕，掌声雷动。小马走上前去，热烈祝贺："太好了！真棒！你今天简直是超水平发挥，完全出乎我的意料。"你认为这句贺词怎么样？若欠得体，请代小马再拟一贺词。

_____

_____

　　(2) 阅读下面的材料，然后从成功的角度，代爱迪生拟写一句含蓄而又幽默的反驳的话。

　　当爱迪生致力于制造白炽灯泡时，有个讲求实际、缺乏想象力、毫无幽默感的人取笑他。爱迪生当时的主要问题是如何发现一种有效灯丝。他试了1200种不同的材料。批评他的人说："你已经失败了1200次了。""不，"爱迪生反驳道："___

_____

_____

_____ "

三、修辞赏析

　　要求：

　　(1) 观看《面对面》栏目中王志采访易中天的视频，指出这个访谈给你留下印象最深的是什么？

　　(2) 谈谈下面3个片段中分别运用了哪种类型的修辞手法？修辞运用的妙处在哪里？

片段1

　　王：但是，现在易老师在人们的心目中，已经属于有钱人了。

　　易：(笑)什么叫有钱，多少钱叫有钱，其实比我有钱的人多了去了，一个教书匠凭着自己的劳动挣了一点儿钱，怎么就撑破了新闻界的眼皮儿了。

片段2

　　王：走上《百家讲坛》的时候，这个结果预料得到吗？

　　易：这个预料不到，《百家讲坛》你去讲一讲，这个能挣多少稿费啊，一期就一千块钱。

　　王：想到过有这样一种效益吗？

　　易：哪一种效益？

　　王：名，利。

易：哎呀，我就奇怪了，这个媒体啊，包括平面媒体，也包括你们电视台，还包括阁下，怎么都关注这两个字，这难道就是当今老百姓最关心的事吗？不会吧。

王：可能跟我们普通人心目中的学者形象有很大的反差。

易：你的意思是说大家公认学者就该穷，是不是这个意思？

王：还有一个动机的问题。

易：刚才您提到那两个字"名"和"利"，它是副产品，搂草打兔子的事，现在没看见我搂草，都看见我打兔子了。

片段3

王：那你怎么给自己定位呢？你是一个传播者，还是一个研究者，还是……

易：最怕这种问题。(笑，思索)我是一个大萝卜，一个学术萝卜，萝卜有三个特点，第一个是草根，第二个是健康，第三个是怎么吃都行，你可以生吃，可以熟吃；可以荤吃，可以素吃，而我追求的正是这样一个目标：老少咸宜，雅俗共赏，学术品位，大众口味。

四、讨论

在西方现代社会中，有人把外交家称为"带着公文到处游说的修辞学家"，把总统、议员、州长的候选人称为"煽动人心的修辞学家"，还有人说"生活在社团中的每一个成员都应该是修辞学家"。你如何理解这些话语里"修辞"的内涵？

专题二 人际关系中的语言表达艺术训练

预期收获：

(1) 了解人际关系与语言活动的相互影响，语言是维系人际关系的重要纽带，言语会话水平的高低是交际成败的关键。

(2) 掌握不同人际关系中语言表达的基本要求和技巧，口语表达中要注意说话的对象、对方的接受水平以及说话的场合，同时也要掌握处理人际关系的语言要求。

【典型案例】

尴尬的称谓

2013年，王涛大学毕业了。毕业后，他就去了自家舅舅的公司实习，员工都知道他和老板的关系，因此对他做的事、犯的错都睁一只眼闭一只眼，王涛却浑然不觉。有一次，他舅舅在会议室给员工开会，他没敲门就直接进去了，说："舅舅，我妈给我打电话让你中午去我家吃饭。"话音落罢，在场的员工都面面相觑，他舅舅也倍感尴尬，连忙答应并让他赶紧出去。

分析与讨论：

(1) 通过这则故事，在语言表达上你得到了什么启示？

(2) 在现实生活中你是否曾经因说错话而得罪人、办错事？是否因说话说得好而取得了意想不到的效果？

小结：

当今社会是一个充满竞争与合作的信息化社会，说话不仅是人们日常生活之必需，也是影响个人事业成败的重要因素。对于语言，生意场上有"金口玉言，利益攸关"之说；工作场合有"一言定乾坤"之说；生活中有"一言既出，驷马难追"之说。

一、语言对人际关系的影响

语言在人际交往中占据着最基本、最重要的位置。运用语言是人际关系建立和变化的手段，表达者的语言直接影响着接收者的心理反应。语言使人际关系发生变化的突出表现就是交往双方的任何一方的语言都会引起对方的心理反应。这种语言影响因素包括语言材料、语言风格、语言形式等。

1. 语言材料的影响

在人际交往中，选用不同的词语表达自己的意图会在对方心中产生不同的效果。公交汽车公司对售票员的要求：每次出车必须"请"字当先，"谢"字结尾。

这样，在乘客听来，"买票"和"请买票"，"把月票打开"和"请出示月票，谢谢"的心理感受当然不一样。在旧社会，跑堂的为了多拉生意，对客人总是不熟假充熟，客人坐下，他就笑着说："今天您吃点什么？""今天"这两个字就暗含：您是老主顾，常在这里吃饭，客人听来心里热乎乎的。

　　例如售货员接待顾客，要使买卖成交，仅靠角色定位是不够的，还必须处理好与顾客之间的人际关系。常听到售货员接待顾客时的第一句话是"您要干什么"，这极不礼貌，含审问的口气。而"您要什么"的问话有乞讨之意，一下子将双方置入买卖角色关系中，使人际关系紧张，因为有些人是只逛不买的。"您要看点儿什么"的问话就比较得体，以服务员的口吻提出"您要看什么，我就给您拿什么"，顾客就会感觉受到了尊重，而且表达出并不强迫购买，使顾客没有心理负担。

2. 语言风格的影响

　　运用不同的语言风格会达到不同的沟通效果，应明确何时使用华丽的语言、何时使用通俗的语言，对不同语言背景的人说话，需要运用恰当的语言。运用得好，可以使沟通顺畅，拉近人际关系；运用得不好，容易引起对方的困惑、猜疑，造成隔阂与人际关系的疏远。

　　【案例3-8】 有一位年轻的医生到菜市场去买菜，来到肉摊前，他对卖肉的师傅说："师傅，我买个猪肾。"卖肉的师傅一头雾水，不明白他要什么。这时，一位老大爷过来了，说："师傅，这个猪腰子我要了。"于是，这位年轻的医生只好眼睁睁地看着老大爷提走了他要买的"猪肾"。

　　为何这位年轻的医生买不到"猪肾"呢？原因在于他所讲的话卖肉的师傅听不懂。"肾"是医学术语，可他偏偏把它用到生活中来，而恰好这位卖肉的师傅只懂得生活术语"腰子"，相信这位年轻的医生下次不会再说买"猪肾"了。

　　【案例3-9】 军阀韩复榘是个大老粗，他不善讲话，却又喜欢讲话，讲出来的话常常令人忍俊不禁，啼笑皆非。有一次，他到济南一所学校给学生作报告，他上台说："同志们，老头子们，老太太们，大学生们，二学生们，三学生们，大姑娘们，你们好，俺也好，我们大家都好。今天天气很好，俺十二万分高兴。俺特地从山东赶到济南来。俺是没有啥文化的，是从枪杆子里爬出来的，与你们相比，犹如鹤立鸡群。今天人来得真多，大概到了四分之五，没有来的请举手。今天俺讲的报告有四个问题。第一个问题，俺不讲你们也懂，第二个问题，俺讲了你们也不懂，第三个问题你们和俺都不懂，所以只讲第四个问题，什么是三民主义。所谓三民主义就是'三民'加个'主义'。因为一民主义太少，二民主义不够，四民主义太多，所以三民主义正好……"

韩复榘的这段讲话语言风格混杂，他故作风雅，极力想把话讲得文绉绉，但因文化素养不足，结果弄巧成拙，讲得文理不通，让听者不知所云。

这虽是一则笑话，但在笑的同时我们感受到如果不能选择适合的语言风格，就会造成沟通的障碍，甚至闹出笑话。

3. 语言形式的影响

语言形式是指除去具体言谈内容的语言行为的类别名称。常见的语言形式有开玩笑、赞美、寒暄、客套、争吵、讽刺、冷言、抬杠等。使用的语言形式不同，起到的效果也不同，有的能获得对方的好感，有的则能引发对方的反感。

【案例3-10】一位太太在火车上对乘务长说："要是我给我的狗也买张车票，能给它个座位吗？"面对这样傲慢放肆的要求，乘务长不以常理驳之，说："当然可以，要是它也能像其他旅客那样，不把脚放上去的话。"乘务长用这样的回答巧妙地回绝了那位太太的无理要求。

【案例3-11】有个人习惯说不吉利的话，人们都讨厌他。有个富翁建造了一所厅房，那人去观看，走到门口敲门，没人答应。于是大骂道："死牢门，为什么关得这样紧？想必是家里人都死绝了！"富翁闻声出来，责怪他道："我这房子，费尽千金，不是那么容易建成的。你说这样不吉利的话，太不近情理了！"那人说道："这座破房子，若是要卖，只能值500美金罢了，为什么要这么高的价钱？"富翁大发雷霆道："我并没有说要卖，谁叫你给估价钱了？"那人说道："我劝你卖，是好意，倘若遇上一场大火，连个屁也不值！"直接把富翁气得说不出话来①。

可见，语言也是一把"双刃剑"，正可谓"良言一句三冬暖，恶语伤人六月寒"。

---

① 丛书编委会.经典幽默笑话集萃[M].北京：世界图书出版公司，2010：109.

二、人际关系中的语言表达技巧

(一) 说话要注意对象

说话要注意对象主要表现在两个方面，首先是对对方的称呼，其次是听话人的接受水平。

1. 注意对对方的称呼

称呼得体，可以使人感到亲切，双方的交往便会顺利；称呼如果不得体，就可能使人感到不快，甚至愠怒，这样双方就会陷入尴尬的境地。

【案例3-12】19世纪，在奥地利维也纳，妇女们喜欢戴一种高高耸起的帽子。她们进剧场看戏也不愿意将帽子脱下，以致后排的观众被挡住了视线。这些后排的观众纷纷去找剧场经理提意见，于是，经理在幕间上台要求在座的女观众脱帽，然而妇女们根本不予理睬。经理眨了眨眼，又补充了一句话："这样吧，年纪大的女士可以照顾，不必脱帽。"这句话一出，可真怪，全剧场的女士一齐把帽子脱了下来。

经理后面的一句话达到了意想不到的效果，这是为什么呢？谁愿意承认自己已经"老了"呢？谁不希望自己年轻貌美呢？经理的这种做法可谓高妙之极，委婉地暗示脱帽的女士必是年轻的。

2. 注意对方的接受水平

说话内容的深浅要与对方的接受能力相宜。《论语》中提倡："中人以上，可以语上也；中人以下，不可以语上也。"这就告诉我们，对于水平较高的人，可以说话文雅一些；而对于没有掌握多少文化知识的人，就应该用浅显的语言来与他们沟通。

【案例3-13】一秀才买柴，曰："荷薪者过来。"卖柴者因"过来"二字明白，担到前面。秀才问："其价几何？"因"价"字明白，卖柴者说了价钱。秀才曰："外实而内虚，烟多而焰少，请损之。"卖柴者不知秀才在说什么，荷担而去了。

秀才"掉书袋"，卖柴者听不懂，秀才自然也就没有买成柴。如果秀才用简单的语言来表达自己想买柴的意图，那么卖柴人肯定不会担着柴就走了。文化程度不同的人，对语言的识别能力和理解水平也就不一样，因此讲话时要注意"度"，确保对方能够理解。如果不看对象，那么交谈双方自然无法进行交流。

【案例3-14】一秀才晚上睡觉。在睡梦中，脚被蝎子蜇了，疼痛剧烈，他急忙喊醒老伴说："吾之贤妻，速燃烛台！视汝夫吾其为毒虫所噬乎？"他老伴冲他直翻白眼，听不懂他说的是什么意思。秀才疼痛难忍，大叫道："老婆子，快点灯！看看我是不是被蝎子蜇了！"他老伴马上明白了他的话。

这虽是一则笑话，但从这则笑话中我们可以看出说话者应该时刻注意听话者的接受水平，才能进行有效沟通。

(二) 说话要注意场合

俗话说"上什么山唱什么歌"，在不同的说话场合，如果语言使用得恰当，就会取得良好的表达效果。

1. 悲伤场合宜说宽心话

【案例3-15】有一位父亲带孩子出去玩耍，中间接了个电话，孩子一不小心便从高处掉下来摔断了腿，父亲非常自责和悲伤。有一位亲戚前来探望孩子，见到这位父亲就开始埋怨，说他这么大人为什么不看好孩子，一点儿不负责任，说到后来甚至开玩笑说："孩子不是你亲生的吗？你怎么一点都不重视呢？"孩子的父亲本来就非常自责，亲戚这些话无异于伤口撒盐，他难过得痛哭起来，亲戚突然不知所措了，赶紧找了个理由离开了。

【案例3-16】公司经理病了，员工小王去看望他，说了一大段话后，感慨地说："这真是个大好机会啊！你趁此机会好好静养一下。不必担心，没有你，公司照样正常运转，所以你不必牵挂公司的事情。"经理听后心里很不高兴。小李也去看望公司经理，说了一大通后，同样感慨地说："你一不在，公司的事务就杂乱无章，显然是缺少一位果断、能干的管理者，希望你能早日康复，回到公司来。"经理听后满心欢喜①。

---

① 蒋华.大学生语言表达得体性之研究[J].社科纵横，2010(5).

为什么同样是看望病人，同样是安慰经理，小王和小李的话语所产生的效果却如此不同呢？任何人都会有他存在的价值，更何况一个公司的部门领导，他希望自己对于公司而言是重要的，但小王的话语中丝毫没有承认经理在公司的价值，虽然语带安慰，却令他很失望；而小李的话肯定了经理的价值，真诚地加以赞美，从而使经理感到温暖，感到欢喜。

2. 高兴场合不宜说晦气话

【案例3-17】 一户人家生了一个孩子，亲友都来祝贺。有的人说："这个孩子将来一定能当大官。"有的人说："这孩子将来会发财的。"唯独有一个人说了一句："这孩子会死的。"他话音刚落，就被主人打了一顿，赶出了家门[①]。

俗话说："人生之事十之八九皆不如意。"生孩子是一个人人生之中的一件大事，是高兴的日子。此人却说出了这种晦气话，也难怪被人打了一顿。可是仔细想想，那些说孩子会升官发财的话或许都是虚假的，唯独"孩子会死"是句真话，说真话的却挨了打，为什么？因为他说的真话不合时宜。

【案例3-18】 一对新人正在举行婚礼，司仪请新郎致辞开席，一番感谢过后，新郎客气地对来宾说："第一次办婚宴，没有什么经验，请大家多多包涵，下次一定做得更好。"全场哗然，新娘又羞又气[②]。

新郎只是想客气一下，说自己酒席办得不好，慢待客人了，这是谦虚的表现，但这种话语用在此处十分不合适。"下次一定做得更好"的寓意是还要再结一次婚吗？再结婚势必要与现在的这位新娘离婚，对于这样的说法，美丽的新娘能不生气吗？

3. 庄重场合不宜随便开玩笑

【案例3-19】 1986年，上海电视台举办了一场江浙沪越剧演唱大奖赛。经过激烈的争夺，一位越剧新秀一举夺魁。他在致答谢词的时候说："今天，我捞到了第一名……""捞"字一出口，全场哗然。

又如，在1991年11月，中国电影的最高奖"金鸡奖"与"百花奖"在北京同时

---

① 百度文库. 语言的修养[EB/OL]. (2012-06-23)[2021-12-25]. http://wenku.baidu.com/view/57ad5ad03186bceb19e8bb6a.html.

② 张先亮. 语言交际艺术[M]. 北京：科学出版社，2000.

揭晓。李雪健作为电影《焦裕禄》的主演，同获这两项大奖的"最佳男主角"。李雪健在颁奖晚会上致答谢词的时候说："苦和累都让一个好人——焦裕禄受了；名和利都让一个傻小子——李雪健得了。"他话音刚落，全场掌声雷动①。

越剧新秀在致答谢词时如此说话，可能只是想开个玩笑，使严肃的气氛变得轻松一些，但在这种公开场合开这样的玩笑，只会让人觉得不雅，这样会使他"新秀"的形象在观众的心目中大打折扣。而李雪健巧用对比，既歌颂了焦裕禄的高贵品质，又表达了自己是沾焦裕禄的光而受之有愧的心情，风趣而幽默，给人们留下了很好的印象。

4. 场合变化，语言也要发生相应的变化

【案例3-20】在某景区的早会上，各区域店长对前一天的工作进行复盘，并对今天的工作进行合理规划。最后，区域长谈到了员工服务标准化问题，指出近期有部分员工上岗懒散怠工，服务质量跟不上去，着重提到服务手势的问题，并且现场随机选了一位工龄较长的员工李某进行示范。李某在示范完基础的引导服务手势之后，并没有停下来，而是把这场随机的示范当成了自己的个人展示，夸夸其谈。区域长想要继续说话，被李某不停地打断，并且李某越说声越大。区域长尴尬地站在旁边，原本例会结束要去其他门店巡查的计划也被打乱，整个现场透露着一股尴尬的气氛。

员工李某想要改善大家的服务手势以及服务意识是好的，如果这是在员工交流大会上，李某的表现是很积极的；但在例会上，这样做就完全不合适了，因为例会的主导者是区域长，李某的表现就显得有些越俎代庖。

三、处理人际关系的语言要求

(一) 原则性与灵活性的统一

任何一个人在语言交往中，都有自己说话的价值标准和行为规范，即说话的原则。但是，坚持说话原则常常会和人际关系发生冲突。对方向你提出某个要求，答应的话，与常理相悖；不答应的话，又驳了对方的面子，破坏了双方的关系。这种

---

① 张先亮. 语言交际艺术[M]. 北京：科学出版社，2000.

情况应该如何处理呢？说话原则与人际关系两者只取其一、不能兼顾的观点往往会导致以下两种片面的做法。

1. 只讲原则，不顾关系

有的人只强调内容的正确与否，只强调语言和想法的吻合与否，至于方式方法根本就不去考虑。他在批评对方时不考虑方式，不顾场合，直来直去；对方的要求不能答应，就干脆直接驳回去。这种做法的后果常常是不仅将人际关系搞僵，还无法让对方接受正确的意见。

2. 只讲关系，抛弃原则

有的人完全迎合对方的需要，置公共利益于不顾，置自己的个性与想法于不顾，这就是庸俗关系学在语言运用上的表现。

人际关系语言学的语言要求是原则性与灵活性的统一。一方面，要坚持内容的正确性、格调的高雅性和目的的坚定性，不能为了求得一团和气而丧失了立场；另一方面，要强调说话方法的灵活性，要根据语言交往的内容、场合、时间等的不同而采取不同的沟通方式。在跟别人交谈的时候，不要以讨论"异见"作为开始，要以强调双方都同意的事作为开始。大家都是为相同的目标而努力，唯一的差异在于方法而非目的。

【案例3-21】晏子名婴，春秋时齐国大夫，此人身材矮小，其貌不扬。一次，齐王派他出使楚国，楚王骄横傲慢，不可一世，问："你们齐国没有人了吗？"晏婴回答说："挥袂蔽日，呵气成云，怎能说没人呢？"楚王问："那为什么派你出使楚国呢？"晏婴回答说："齐国的规矩是贤者使贤王，不肖者使不肖王。我最不肖，所以使楚。"

从这段故事中可以看出，晏婴运用智慧，通过语言的艺术，维护了国格与人格。

【案例3-22】1973年8月28日，中共十大在京召开之时，出席会议的毛泽东已因患上腿疾不能站立。会议结束后，为了不让与会代表看出破绽为自己的身体担心，毛泽东就一直坐在座位上，打手势让代表们先退场，但代表们还是不肯离去。还是细心的周恩来总理看出了主席的心思，打破了僵局，他机智地说毛主席是要目送大家离开会场。毛泽东则故意执拗地说："你们不走，我也不走。"就这样，代表们一步一回头，依依不舍地挥手与主席道别。

"能言利齿安天下,说退群雄百万兵。"语言的功用由此可见。它不只是一种表达技巧,还是一种思维的艺术,是智慧与情趣的闪光,其谐趣无穷、奥妙无穷。

(二) 事理性与情感性的统一

语言表达的方式有事理性和情感性两大类。有人经常强调语言表达要注重逻辑,要讲清道理,要开导听者,这无疑是正确的,但是片面强调就不合适了。有时,情感性比事理性更具表达效果。

【案例3-23】恋爱多年,女方反反复复问:"你说,你是不是在我们第一次见面的时候就爱上我了?"女方并不是要得到某种事理信息,而是要求男方向她表示他的情感。男方应真心诚意地答道:"是的,不过我现在更爱你啦。"

【案例3-24】三四岁的小孩子问:"妈妈,妈妈,为什么火车跑得那么快呀?"大多数父母都会觉得这是对孩子进行智力教育的机会,就跟孩子一五一十地从煮水的水壶讲到瓦特发明蒸汽机,最后讲到火车的工作原理,甚至讲到蒸汽机、内燃机和电气火车的区别。结果大人累得要命,小孩还是很奇怪妈妈为什么不回答自己的问题。因为孩子只是想坐火车!长此以往,小孩子感到沟通不顺畅,就不会向大人提问题了,这样会影响亲子关系。如果妈妈回答:"是呀,是呀,火车,火车你停一停,让我的宝宝坐上去呀!"这样充满情感的回答,才是孩子所需要的,孩子才能感到妈妈是理解自己的[①]。

(三) 规范性与变异性的统一

1. 规范性

所谓规范,是指整个社会和社团根据语言交往的一般规律而形成的一整套行为标准。规范主要有两种:角色规范和语言规范。

(1) 角色规范。角色规范是指与一定角色相联系的一套有关行为的社会标准,是充当一定角色的个人在言行举止方面的规范。每一种人际关系都是一定角色之间的关系,角色行为是否合乎角色规范,会影响到人际关系的好坏。

---

① 蒋华. 大学生语言表达得体性之研究[J]. 社科纵横,2010(5).

对小孩可以问："你几岁了？"而对老年人则要问："您多大年纪了？"如果反过来问，等待你的将是一顿训斥。

(2) 语言规范。语言规范是指交流者在交流的过程中选词、造句、组段、成篇的各种规则与会话规则。西方语言学家格赖斯曾提出，要想使谈话顺利进行下去，谈话双方要遵循"谈话合作原则"，这种原则包括以下四点。

① 数量准则：话语的信息量不能太多也不能太少。

② 质量准则：说话人要确保所说内容的真实、可靠。

③ 相关准则：说话要贴切，不说无关的事。

④ 方式准则：说话要清楚明白，应避免产生歧义。

【案例3-25】在漆黑的夜晚，荒凉的公路上，一个神情忧郁的司机孤独地驾车前行。突然，一个白衣女子在路边挥手，司机急忙刹车。女子上车后，掏出一个橘子递给司机。司机不便拒绝，只好接住，他轻轻咬了一口，仍小心地开着车。女子问："好吃吗？""好吃。"女子便说："当然好吃了，我生前最爱吃橘子。"司机大惊，差点把车开翻到沟里。只听那女子继续说："自从我生了小孩儿之后，就不怎么爱吃了。"[①]

可见，在特殊情境中的语言表达尤其要遵循规范性，否则会带来不必要的猜想和沟通上的障碍。

2. 变异性

人际关系的复杂性决定了语言交往的过程是生动活泼的，语言交往是一个充满变异、创新的过程。因此，人际关系语言学既注重说话的规范性，也注重说话的变异性，强调的是这两者的统一。

【案例3-26】有一天，明朝主修《永乐大典》的翰林大学士解缙和明太祖朱元璋一起钓鱼，不一会儿，解缙就钓鱼数条，而朱元璋却一无所获，场面十分尴尬。解缙察言观色，随口吟诗一首："数尺丝纶垂水中，银钩一抛荡无踪。凡鱼不敢朝天子，万岁君王只钓龙。"朱元璋听后，龙颜大悦[②]。

这则故事体现出解缙高超的应变能力，他正是通过语言的变异性手段赢得了朱元璋的欢心，也借此展示了他的机敏和睿智。

---

① 蒋华. 大学生语言表达得体性之研究[J]. 社科纵横，2010(5).

② 马莉. 中外名人交际妙语[J]. 青年科学，2004(6).

【案例3-27】一次，一位西方记者在记者招待会上突然问陈毅："中国最近打下了美制U-2型高空侦察机，请问用的是什么武器？是导弹吗？"陈毅举起双手在空中做了一个动作并说："我们用竹竿把它捅下来的呀！"结果引来了一阵哄堂大笑，记者们在笑声中被陈毅的幽默折服了。

陈毅元帅本可以用"无可奉告"这样的外交辞令来简单回答，但难免会让现场气氛变得严肃紧张，他灵活运用了幽默的变异手法进行回答，既表现了对国家机密的守口如瓶，又用机智巧妙的话语活跃了现场气氛。记者们的反应表明，这种生动的回答比起"无可奉告"的呆板回答，更有助于促进人际关系的和谐与融洽。

课后专题训练

一、案例分析

语言除了有表情达意的功能，还能起到消除误会、拉近距离、增进相互了解的作用。得体的语言、艺术的语言在政治、外交上有着重要的作用。它不仅体现了发言人的自身素质，还体现了这个国家的形象，对增进国家间的友谊、信任度，加强合作，促进共同发展具有重要的意义。敬爱的周恩来总理就是一位伟大的外交家，他具有敏捷的思维、清晰的思路、渊博的学识、出众的智慧、机警的反应、高超的口语表达能力。

周总理的故事[①]

【案例3-28】外国记者不怀好意地问周恩来总理："在你们中国，明明是人走的路为什么要叫'马路'呢？"周总理不假思索地答道："我们走的是马克思主义道路，简称马路。"

这位记者的用意是把中国人比作牛马，和牲口走一样的路。如果你真的从"马路"这种叫法的来源去回答他，即使正确也是没有什么意义的。周总理把"马路"的"马"解释成"马克思主义"，恐怕是这位记者始料不及的。

---

① 马莉. 中外名人交际妙语[J]. 青年科学，2004(6).

【案例3-29】美国代表团访华时，曾有一名官员当着周总理的面说："中国人很喜欢低着头走路，而我们美国人却总是抬着头走路。"此话一出，语惊四座。周总理不慌不忙，面带微笑地说："这并不奇怪。因为我们中国人喜欢走上坡路，而你们美国人喜欢走下坡路。"

美国官员的话显然包含对中国人民的极大侮辱。在场的中国工作人员都十分气愤，但因为是外交场合，难以强烈斥责对方的无礼。如果忍气吞声，听任对方的羞辱，那么国威何在？而周总理的回答让美国人领教到什么叫做柔中带刚，最终尴尬、窘迫的是美国人自己。

(1) 目的：通过对成功案例的解读，学习如何使语言表达准确、得体、生动、巧妙。

(2) 说明：语言表达技能高超的人在与人交谈时，总是能够及时洞察对方的心理而巧妙作答，从而达到预期的交际效果。

(3) 要求：从上述两段外交对答中找寻在复杂的人际关系中的语言应对技巧。

二、交际情境处理

语言表达随着时间、场合、对象的不同，会传递出各种各样的信息和丰富的思想感情。对于任何一个交际情景，交际者都要适时适度地进行处理。通过观察认知交际场合的外部情景后，交际者应当迅速对交际情景做出判断，并使用恰当的语言表达方式进入交际领域。

【案例3-30】古代有一位国王，一天晚上做了一个梦，梦见自己满嘴的牙都掉了。于是，他就找了两个解梦的人。国王问他们："为什么我会梦见自己满口的牙都掉了呢？"第一个人说："皇上，梦的意思是，在你所有的亲属都死去以后，你才会死，一个都不剩。"皇上一听，龙颜大怒，杖打了他一百棍。第二个人说："至高无上的皇上，梦的意思是，您将是您所有的亲属中最长寿的一位呀！"皇上听后很高兴，赏了他一百个金币[1]。

---

[1] 百度文库.话术的重要性[EB/OL]. (2021-11-21)[2021-12-25]. http://wenku.baidu.com/view/68ea3e060740be1e650e9aea.html.

【案例3-31】情景一：有位男青年着急上班，骑车拐弯没有打手势，正好与逆行而来的另一骑车的姑娘相撞倒地。顿时，两人火气陡起，把问罪的目光射向了对方。男青年骂道："你是怎么骑车的，没长眼睛啊？"姑娘怒目而视，一场唇枪舌剑便上演了……

情景二：男青年骂道："你是怎么骑车的，没长眼睛啊？"姑娘听后，慢慢地爬起来，出乎意料地说了一句软话："是我不对，我不该逆行，对不起！"听了这话，青年人脸上的乌云立刻退去，不好意思地说："没什么，怪我拐弯急了点儿，没摔伤吧？"气氛缓和下来了，两个人点点头，挥手告别后踏上了各自的路。

(1) 目的：通过对上述案例的解读，对比分析两种语言交际现象，学习如何巧妙地处理语言交际问题，掌握人际交往中的语言表达艺术。

(2) 说明：同样的事情，同样的场景，不同的语言处理方式，会带来不同的结果。为什么有的人会挨打，有的人会受到嘉奖？为什么有的话语会激化矛盾，有的话语会使矛盾即刻化解？在恰当的时机说出恰当的话，需要的不仅是技巧，更需要智慧和宽容。

(3) 要求：在我们的学习生活中，需要与老师、同学、亲人、朋友建立良好的关系，将来走上社会，应聘、工作时也需要应对方方面面的人际关系。在现实生活中，存在许多交流沟通问题，这些问题如果不能及时妥当地处理，则会给我们的学习、工作、生活等带来不利的影响；如果处理得当，则会给我们的未来加分。

举例说明你遇到过哪些棘手的交际问题？你是如何处理的？

 **专题三 体态语应用技巧训练**

预期收获：

(1) 了解体态语的基本特征和功能。

(2) 掌握体态语在交际中的具体运用方法，并能在实际交际中合理运用。

游戏训练：肢体语言

游戏规则和程序：

组织学生2人一组进行2～3分钟的对话，交谈的内容不限。当大家停下以后，请大家彼此说一下对方在交谈时的肢体语言和表情，比如有人爱眨眼，有人会不时地撩一下自己的头发。

接下来让大家继续讨论 2～3 分钟，但这次注意不要有任何肢体语言，看看沟通的效果与前次有什么不同。

分析与讨论：

(1) 在第一次交谈中，有多少人注意到了自己的动作和表情？

(2) 当你不能用你的动作或表情辅助谈话的时候，你有什么样的感觉？是否会觉得很不自在？

(3) 试着问一下对方，你有什么动作或表情会让人不舒服，而且影响沟通效果？

小结：

据有关资料记载，美国传播学家艾伯特·梅拉比经过多次实验曾给出一个公式：信息的总效果=7%的有声语言+38%的语音+55%的肢体语言。这表明，肢体语言对取得信息的总效果是非常重要的，人们获得的信息大部分来自视觉印象。因此，美国心理学家艾德华·霍尔十分肯定地说："无声语言所传递的信息要比有声语言多得多。"

一、体态语的含义

体态语是指伴随有声语言出现的或单独起交际作用的面部表情、头部和眼睛的活动、身体的姿势及身体间的物理距离等无声现象，常被认为是辨别说话人内心世界的主要根据，是人们在长期的交际过程中形成的一种约定俗成的自然符号。

体态语虽然是一种无声语言，但它同有声语言一样具有明确的含义和表达功能，有时连有声语言也达不到其效果，这就是所谓的此时无声胜有声。

二、体态语的类型与运用技巧

体态语的类型有目光语、表情语、手势语、身姿语、服饰语和界域语。

(一) 目光语

【案例3-32】俗话说：眼睛是心灵的窗户。眼神是能传达情意的。算起来，最早指出并分析眼睛表意特殊功能的可能是我国的孟子。孟子在《离娄上》一文中阐述："存乎人者，莫良于眸子。眸子不能掩其恶。胸中正，则眸子瞭焉；胸中不正，则眸子眊焉。听其言也，观其眸子，人焉廋哉？"大意是眼睛不能掩盖一个人的善恶真伪。心中光明正大，眼睛就明亮；心中不光明正大，眼睛就昏暗不明，躲躲闪闪。所以，听一个人说话的时候，要注意观察他的眼睛。

由此可见，眼睛承载着传递信息的重要功能，在日常交往和沟通中，我们应该正确使用目光语。

1. 目光语的含义

目光语是运用眼神、目光来传递信息、表达情感、参与交际沟通的语言。在体态语中，表达情感最丰富的就是目光语。

2. 目光语的作用

意大利伟大的艺术家达·芬奇认为，"眼睛是心灵的窗户。"芬夫·瓦多·爱默生也说过："人的眼睛和舌头所说的话一样多，不需要字典，却能够从眼睛的语言中了解整个世界。"这些论断说明了目光语在表情达意时的重要作用。目光语的作用具体表现在以下三个方面。

(1) 目光语能塑造自我形象，能给他人以鲜明的"第一印象"。有关专家指出："当你在社交场合和陌生人交谈时，如能正视对方的眼睛，就会给人性格外向、充满自信的印象，让对方立刻体会到你的坦率和果断。然而这种目光的注视时间不应该超过4.5秒，否则会让对方感到威胁和难堪。如果你在交谈的过程中，常常看的是对方脸部的三角部位(以双眼为底线，上顶角到前额)，你会给人留下喜欢掌握主动权和控制欲很强的印象。如果不看对方的眼睛或者脸部，而看其他部位，比如看对方的衣服，看周围的环境，则会让人认为你的注意力不够集中，有些心不在焉，给人留下傲慢和不自信的印象。"

目光语除了能塑造自我形象，还会传达某些信息：目光有神、明澈，会给人留下健康、精力旺盛、奋发向上的印象；目光呆滞、涣散，会给人留下衰老、虚弱、不求上进的印象；目光坚定，会给人留下威严正义、不容藐视的印象；目光正直敏锐，会给人留下值得信赖的印象；目光狡黠，会给人留下为人轻浮浅薄或不诚实的印象。在老舍的《四世同堂》中有这样一段文字："她何尝不知道自己的丹凤眼是美的。那双眼睛的确不大，细细的、长长的，眼梢微微地向鬓角挑去；眼珠虽不黑，但目光流盼时，深灰色的瞳仁里不时有一颗颗火星迸发，眼白却白得淡淡地泛出蓝色的闪光；单眼皮，睫毛并不长，但又密又黑，使眼睛像围着云雾一般，朦朦胧胧的，显得深不可测，神秘、诱人。但她的眼睛真正的美是美在笑，不论是浅笑，还是大笑，只要一笑，那双眼睛里就会有鲜花开放。那花儿鲜艳、娇媚、逗人喜爱，使她的脸面顿时甜蜜，俊俏，神采飞扬。即使她气恼、冷笑，那眼里依然隐约有花儿颤动。古老的民歌《诗经》中描写过的'巧笑倩兮，美目盼兮'，大概赞美的就是这种眼睛吧。如今这眼睛也有讲头，据说叫花花眼，我奶奶就说过，女人要有这样一双迷人的眼睛，就能教再冰冷再强硬的男子汉低头。"

老舍笔下的这种"目光流盼""迷人"能给人留下美好印象的眼睛，就是通过目光语显示了其独特的神采。

(2) 目光语是一种会说话的语言，能传达细微、复杂、强烈的思想感情。黑格尔在《美学》中说："不但是身体的形状、面容、姿态和姿势，就是行动和事迹，语言和声音以及它们在不同生活情况中的千变万化，全部要被艺术化成一双眼睛，人们从这双眼睛里就可以认识到其内在的、无限的、自由的心灵。"目光语所传达的极为细微、深邃、美妙、复杂的思想感情，有时连有丰富表现力的有声语言也无法替代。当人们兴奋时，气愤时，悲伤时，来不及用言语表达时，用言语也难以表达时，目光语就起到了极为重要的作用。请看下面的例子："哙遂入，披帷西向立，瞋目视项王，头发上指，目眦尽裂。"(《史记·项羽本纪》)"吴荪甫皱了眉头，嘴唇闭得紧紧地，尖利的眼光霍霍地四射。"(茅盾《子夜》)"当下把个张三、李四吓得目瞪口呆——那跑堂儿的一旁看了也吓得舌头伸了出来，半日收不回去。"(文康《儿女英雄传》)

"目眦尽裂"形容愤怒到了要"爆炸"的程度；"尖利的眼光"形容凶狠到了残忍的程度；"目瞪口呆"形容遭受的猛烈打击到了不能自持的程度，这里的目光语将人的强烈的感情完全表露出来了。

(3) 自然流露的目光语，能反映人物的遭遇、性格和深层心理。目光语的运用分为有意识和无意识两种。无意识的目光语是内心世界的自然表露。孟子说："存乎人者，莫良于眸子，眸子不能掩其恶。胸中正，则眸子瞭焉。"(《孟子·离娄(上)》)意思是观察一个人，没有比观察他的眼睛更好的办法了，眼睛掩藏不了他(内心)的邪恶。心胸正直，眼睛就明亮；心胸不正，眼睛就浊暗。鲁迅曾说过："要省俭地表现一个人最好的方法就是刻画她的眼睛。"他笔下的祥林嫂初到鲁镇做工时，"只是顺着眼"，表现出善良、顺从的性格。但是，经过夫死子亡之后，她已经变得完全麻木、绝望，濒于死亡时，"只有那眼珠间或一轮，还可以表示她是一个活物"。从这里可以看出目光对表现一个人的性格及深层心态所起到的重要作用。

3. 运用目光语时应注意的问题

目光语主要通过视线接触的部位、视线接触的时间和视线接触的方式来表达意思。因此我们应该了解运用目光语的一些注意事项。

(1) 注意目光注视的部位。目光注视的部位一般分为三种：近亲密注视区域，即视线停留在对方的双眼和胸部的三角部位；远亲密注视区域，即视线停留在双眼和腹部之间的三角部位；社交注视区域，即视线停留在双眼与嘴唇之间的部位。显然，前两种注视区域适用于亲人(如长辈对晚辈)和恋人；后一种注视区域适用于人际交往，以利于传递礼貌、友好的信息。

(2) 注意目光注视时间的长短。与人交谈时，视线接触对方面部的时间应占全部谈话时间的30%～60%，如果超过这个平均值，则可认为对谈话者本人比对谈话内容更感兴趣；如果低于这个平均值，则表示对谈话内容和谈话者都不感兴趣。在一般情况下，凝视和无视都是失礼的行为。

(3) 注意目光注视的方式。正视表示严肃、庄重、平和，仰视表示尊重、期待，俯视表示爱护、宽容，斜视表示轻蔑、鄙视，扫视表示轻浮、失礼，环视显得庄重、从容。

使用不正确的目光语必然会影响人际交流，因为眼睛是心灵的窗户，它常常会先于有声语言将你的心理活动传递给对方，所以我们一定要重视对眼睛的训练，让眼睛在人际交往中成为自身形象的最好的代表。

（二）表情语

【**案例3-33**】一位在饭店用餐的宾客丢了东西，急得满头大汗，要求服务员帮忙寻找，服务员面带微笑地听客人讲述情况，没想到客人突然大发雷霆，指着服务员大声责怪道："你这是什么态度？你是不是幸灾乐祸呀！"服务员赶紧解释："我没有啊，我真的没有啊！"可是客人还是非常生气，原来是这名服务员的微笑太职业化了，完全没有顾及客人的焦急心情，让客人的心里非常不舒服。

上例中，这位服务员的表情语存在什么问题呢？

由上例我们可以知道：在服务中，我们要学会真诚微笑。在整个表情世界里，眼睛和嘴巴是尤其重要的，服务人员必须学会使用这两个重要的武器。特别是用眼睛和嘴一起来微笑，用目光注视客人以示对宾客的关注是服务人员应做的最重要的事情。同时，服务人员脸上的表情强有力地向宾客表明了服务人员的态度与心情，是愁眉苦脸或是满脸烂漫，这些就像天空一样清晰可见。但是，在上述情况中，客人焦急万分，如果服务员只是一味地微笑，给客人的感觉只能是她没有同情心。正确的做法是表现出发自内心的专注与严肃的表情，并耐心地听客人讲完，为客人想办法，协助客人寻找。

1. 表情语的含义

人的面部表情是指由眉、目、鼻、嘴组成的"三角区"和脸上的肌肉、脸色等对于情感体验的反应动作，它与表达内容的配合较为方便，使用频率十分高。

2. 面部表情显现的主要部位

面部表情是依靠五官的动作来表达的。五官中起主导作用的是眼睛，其次是脸、眉、口。前文已经单独介绍过目光语，这里主要讲脸、眉、口。

（1）脸。脸的表情是依靠连绵的肌筋动作和面部颜色、纹路的变化来展现的。一般情况下，脸上的肌筋动作向上，会显示出愉快、和蔼、善意的表情；脸上的肌筋动作向下，则显示出不愉快、悲哀、痛苦的表情；脸上泛红晕一般表示羞涩或激动，脸色发青、发白则表示生气、愤怒或受到了惊吓，体现出异常紧张。

(2) 眉。眉和目相连，眉目常联合传递情绪。横眉竖目，表示恼怒；双眉紧锁，表示忧郁；眉目骤张，表示惊异；眉目低垂，表示冷漠；眉飞色舞，表示兴奋。

(3) 口。口型的变化也可以表情达意。嘴角向上，表示高兴、愉快、礼貌；嘴角向下，表示忧愁、失望、傲慢；嘴唇紧闭，嘴角向下，表示厌恶、不满；嘴唇微开，嘴角向下，表示悲哀、痛苦；嘴大张，表示害怕、恐怖；嘴唇一直张开，表示麻木、呆傻；嘴角平而嘴唇微开，表示期望、倾听；嘴角平而嘴大张，表示诧异、惊愕；嘴唇颤抖，表示气愤、激动。

(三) 手势语

【案例3-34】 1946年，闻一多在昆明做了著名的"最后一次演讲"，其中有一段演讲词："反动派暗杀李先生的消息传出后，大家听了都悲愤痛恨。我心想，这些无耻的东西，不知他们是什么想法？他们的心理是什么状态？他们的心怎么长的？"说到这里，闻一多愤怒地用力拍了一下讲台。这"砰"的一声，顿时震撼了全场听众的心房，把混在台下的几个特务吓得紧缩着脑袋，不敢吱声。

讨论： 闻一多先生这个拍桌子的动作表达了什么样的思想感情？起到了什么样的作用？

1. 手势语的含义

手势语是指表达者运用手指、手掌、拳头和手臂的动作变化来辅助有声语言表情达意的一种体态语。它包括手指、手掌、手臂及双手发出的能够传达信息的各种动作。

2. 手势的活动区域、形状及其内涵

从手势的活动区域来看，大体有三种情况：一种在胸部以上，常用以表达慷慨激昂、积极向上的内容和感情；一种在胸腹之间，常用以表示一般性叙事说理和较平静的情绪；还有一种在腹部以下，常用以表示否定、鄙视、憎恨等内容和情感。

根据手的不同形状和活动部位，手势动作也蕴含多种复杂的含义，应该细心识

辨和掌握。例如，单手手掌向前推出，显示信心和力量；双手由分而合表示亲密、团结、联合；双手紧绞在一起，表示精神紧张；双手指尖相合，形成塔尖形，表示充满自信；挥动拳头表示愤怒；敲打前额表示悔恨；抚摸鼻子表示犹豫；用手托摸下巴，表示老练机智；双手叉腰表示挑战、示威或自豪；双手摊开表示真诚、坦荡或无可奈何；握拳表示情感异常激烈等。

总之，手势的活动区域、部位、幅度、方向、急缓、形状、角度等的不同变化，所表达的思想含义和感情色彩都有很大的区别，我们应该根据不同的言语内容，灵活运用不同的手势。同时，手势的使用也要适度，不能滥用、乱用。

3. 手势语的类型

(1) 情感手势。情感手势常用来表达说话人的某种思想感情、意向或态度。情感手势主要用于表达带有强烈感情色彩的内容，应伴随所表达内容的内在感情基调自然流露，这样才能加深听众对话语思想感情的理解，才能产生情深意切、感染力强的表达效果。例如，在说"我国的社会主义现代化建设一定会取得成功"时，可紧握拳头并有力挥动，既能渲染气氛，也有助于情感的表达。

(2) 象形手势。象形手势用以模仿人或物的形状、体积、高度等，给听众以具体、明确的印象。这种手势略带夸张，只求神似，不可过分地机械模仿，运用得当可以使听众如睹其形，身临其境，能渲染、烘托、展示表述的内容。例如，伸出双手比划成圆形来表示西瓜的大小，抬起手臂描绘物体的高度等动作都属于象形手势。

(3) 指示手势。指示手势主要用来指明谈话的具体对象，如指明人称、方位、数目、事物等。指示手势一般只适用于视线可及的范围，它可以吸引听众的注意力，增强话语的明确性和可感性。例如，导游在讲解趵突泉时说道："各位朋友，现在我们来到趵突泉公园的东门，请大家顺着我手指的方向往上看，大门正中匾额上'趵突泉'三个贴金大字，是郭沫若先生在1959年来济南时题写的。"

(4) 象征手势。象征手势用以表现某些抽象的概念，以生动具体的手势和有声语言构成一种易于理解的意境。例如，讲"一颗红心献人民"时，双手做捧物上举的姿势，自然地构成一种虔诚奉献的意境，会给听众留下鲜明的具体印象。

4. 交际中频繁使用的手势语——握手

【**案例3-35**】某求职者去一家大公司面试，因各方面都比较优秀，面试官们当场表示准备录用他。由于太过激动，他径直走向面试他的一位女经理，伸出手表示感谢。女经理犹豫了片刻还是跟他握了一下手。

讨论：这个人握手时有何差错？怎么做才是最得体的？

握手是交际双方互伸右手彼此相握以传递信息的手势语，所蕴含的意思非常丰富：初次见面时，握手表示欢迎；告别时，握手表示欢送。握手还可表示祝贺、理解、鼓励、道歉、感谢等。握手时应注意以下几个方面。

(1) 应注意在交际礼仪中握手的顺序，与不同性别、年龄、身份、地位的人握手，有不同的原则。在男女之间，男士应等女士先伸手后才能握手，如女士不伸手、无握手之意，男士与对方点头致意即可；在长辈与晚辈之间，晚辈应等长辈先伸手；在宾主之间，主人应先伸出手向对方表示欢迎；在上下级之间，下级要等上级先伸手，一般不应主动与上级握手。

(2) 在不同场合，与不同的握手对象握手的力度是不一样的：老朋友久别重逢，可以双手紧紧相握，久久不松开；初次见面，建立关系之初，双方将手握一下即可，特别是男士与女士握手时，不可用力，只握一下对方的手指部分即可。

(3) 握手时间的长短，应根据双方关系灵活掌握。在初次见面或一般工作关系的情况下，时间以不超过3秒钟为宜；对于老朋友、熟人，握手时间可适当延长，可以边握手边寒暄，但不宜长时间握住对方的手不放。

(4) 跟多人握手时，注意不要同时一左一右与两个人握手；不要一边与人握手，一边东张西望，心不在焉；不要把左手插在衣袋里；不要握住对方的手摇来摇去。

(四) 身姿语

思考：观察图3-3(a)[①]和图3-3(b)[②]的两张图片，你能判断出图中两个人的关系吗？

---

① http://mms0.baidu.com/it/u=1131263149,2912635843&fm=253&app=138&f=JPEG&fmt=auto&q=75?w=500&h=333.
② https://699pic.com/tupian-500803750.html.

(a)　　　　　　　　　　　　　　(b)

图3-3　职场身姿语示例

启示：在人际交往中，我们在没有任何威胁的情况下，会采取放松的姿势；在面临威胁的时候，会采取紧绷的姿势。这种威胁可能是现实的威胁，也包括心理上感觉到的威胁，比如担心老板批评。通常，上下级交谈时，下级身姿比较僵硬和紧张，上级身姿则比较放松。因此，与人交往时，请注意你的身姿语。

1. 身姿语的含义

身姿语是人的静态和动态等身体姿势所传递的交际信息。静态的身姿语包括立、俯、坐、蹲、卧等姿势语；动态的身姿语只有步姿语。俗话说"坐如钟、站如松、行如风"，又说"站有站相，坐有坐相"，就是强调人们交际时应该有正确的身姿。

2. 交际中对身姿语的基本要求

(1) 坐姿的一般要求是入座时应轻而稳，不要让人觉得毛手毛脚、不稳重；坐的姿势要端正、大方、自然，不要将坐具坐得太满；上身要挺直，不左右摇晃；腿的姿势配合要得当，一般不能跷起二郎腿；交谈时，上身要稍许前倾，以表示自己的专心和对对方的尊重。

(2) 站姿的一般要求是在站立讲话时应保持正确的姿态，即头要端正，腰直肩平，挺胸收腹，双腿自然分开，两脚平行相对，重心放在脚底中央稍偏外侧的位置，不要偏倚一侧站立或斜靠门、墙站立，双手自然下垂或配合一定的手势语，这样才能显得精神饱满、气宇轩昂、潇洒自如，从而取得良好的表达效果。不同的职业对站姿的要求也不尽相同。例如，酒店前厅接待服务人员的站姿应自然、亲切、稳重，其中对男性服务员的一般要求为：站直、抬头、挺胸，身体重心放在双脚之间，双脚与肩同宽，自然分开，身体不倚、不靠、不扶，两手自然下垂、前交叉或背后交叉相握；在站位时不得随意走动，不得东张西望、交头接耳；向客人问候时应上身略前倾。

(3) 步姿是一种动态信息，因而在同一语境的不同活动中，应运用不同的步姿来行走，以体现良好的风范。口语表达中，如果是上台发言或演讲，则应特别注意：上台时，应昂首挺胸，步履稳健，神态自然，面带微笑，这样会给人以精神饱满、信心十足、准备充分的印象；下台时应从容自如，防止漫不经心、晃头晃脑或慌里慌张、失去常态。

(五) 服饰语

【案例3-36】 某国两位女性教育专家赴美国某中学参观访问，美方校长十分重视，要求学校相关接待教师当天务必着正装。可两位专家到学校时，一位专家上身穿着一件肥大的T恤衫，下身穿着一条带窟窿眼儿的牛仔裤；另一位专家则穿着一条吊带长裙。在整个参观的过程中，这两位专家都觉得十分尴尬。她们一直弄不明白一向穿着随意，崇尚着装个性化的美国人为什么那天会穿得如此正式。而这两位专家的穿着也让美方认为她们对本次访问根本就不重视，并表示不愿再接待此类参观访问。

讨论： 两位专家的服饰有何不妥？

1. 服饰语的含义

服饰语是指在交际场合表达者通过服装、发型、饰物及化妆来传递的信息。俗话说："人靠衣服，马靠鞍。"在人际交往中，衣着整洁，服饰得体，不仅会给人留下良好的第一印象，还会让自己信心十足，促使口语表达取得成功。

2. 服饰语的运用要求

(1) 要符合年龄和身份。在人际交往中，服饰的色彩、款式应符合自己的年龄和身份，做到和谐统一。例如，学校的女老师不能穿超短裙、露背装，不能佩戴夸张的饰品，男老师不能穿背心、短裤，原因就是这些服饰与教师的职业身份所要求的庄重大方不协调。

(2) 要符合体型和肤色。在人际交往中，服饰应符合自己的体型和肤色特点。切忌一味地追求潮流而选择与自己的体型和肤色不和谐的服饰。例如，20世纪90年代流行穿脚蹬裤，当时的女性几乎每人一条，这种小姑娘穿着很显苗条的服装，而下体肥硕的人穿起来，效果却适得其反，反而突出了自己的缺点。

(3) 要符合内容和环境。根据表达内容，选择合适的服饰，就会达到很好的交际效果。参加经典诗歌朗诵比赛时，穿白衬衫、打领带，显得庄重大方；参加"青春·梦想"演讲比赛时，穿色彩鲜艳的T恤衫或休闲衫，显得年轻、有活力。同样，服饰的选择还要与交际的场合协调一致。例如，参加晚会，可以穿得鲜艳、华丽；参加会议，着装就要正式一些。

(六) 界域语

1. 界域语的含义

界域语是指交际者之间通过空间距离来传递的信息，它是人际交往的一种特殊的无声语言。美国心理学家罗伯特·索然经过观察和研究后认为，人都有一个把自己圈住的、心理上的个体空间，它就像一个无形而可变的"气泡"。这个"气泡"不仅包括个人占有物，还包括身体周围的空间。一旦有人靠得太近，突破了"气泡"，人就会感到不自在或不安全，进而做出本能的抗拒反应。

2. 界域语的类型

(1) 亲热界域语是指接触性界域语言，其距离一般应在45厘米之内，语义是"热烈、亲密"，是人际交往中的最小间隔，常发生在亲人、恋人或密友之间。

(2) 个人界域语是指接近性界域语言，其距离一般为75厘米左右，语义是"亲切、友好"，适用于熟人(同事、同学、师生、邻居等)之间的交往。此时，交际双方的手能互相接触，以完成握手、传递物品等动作。

(3) 社交界域语是指交际性界域语言，其距离一般为210厘米左右，语义是"严肃、庄重"，体现了一种较为正式的非私人交往关系，适用于商谈、导游讲解等。

(4) 公众界域语是一种交际双方无特殊关系的界域语，其空间距离比较大，一般在210厘米以外，适用于与群体交往的活动中，如作报告、讲课、表演等。

三、跨文化交际中体态语的运用

跨文化交际是指具有不同文化背景的人们之间的交际，包括语言交际和非语言交际。由于中外政治、经济、文化交流的日益增多，各国人民得以频繁交往。在与外国朋友进行交际时，我们除了要掌握对方的语言，还应对对方的体态语特点加以了解，以免引起误会。

以握手为例，我国与使用英语的国家存在一定的差别。与使用英语的国家的男子握手，我们可能会感到用力过猛，有点儿像折筋断骨式的握手。而中国人握手时通常比较轻，握得不紧，但这样握手会让使用英语的国家的人感到不够恳切。有时中国主人为表示热情会长时间地握住外国客人的手，并不马上松开，这与他们握手时垂直摇动一两次，然后立即松开的习惯不一样。布罗斯纳安在他的《中国与英语国家非语言交际对比》中曾这样描述：

"使用英语的国家礼节性的握手是两人以手相握，然后马上松开，两人身体距离也随即拉开。中国人的礼节动作则是两人先握一下手，然后随即拉开，两人的手仍不松开，或者干脆变成相互拉住不放了。在中国人看来，这只不过是一种礼节性的动作，但使用英语的国家的人会感到窘迫不堪。因为在他们看来，抓住别人的手不放与握手毫不相干，一般被视为禁忌。当遇到这一情况，他们只好反复握个不停，耐心等待对方松手。"

以点头、摇头为例，通常我们认为，点头表示肯定，摇头表示否定，然而并不是所有国家和民族都是如此。胡文仲的《跨文化交际概论》中有一段故事：

"有一次，一位中国工程师给一群斯里兰卡青年讲抽水机的用法，讲完之后问他们懂了没有？他们都微微摇了摇头。工程师见他们摇头就又重复了一次，并亲手示范表演。再问他们，得到的回答仍然是微微摇头。工程师刚要重复第三遍，正好在中国留过学的当地翻译来了，经过翻译一解释，工程师才明白，原来在斯里兰卡微微摇头表示已经明白了。斯里兰卡人的习惯是：表示肯定答复或同意时微微摇头，表示否定答复或不同意时使劲儿摇头，但表示非常赞同、十分明白时还是要点头。"

课后专题训练

一、情景表演：模拟面试

1.目的：了解面试中的体态语，并进行有效的练习。

2.说明：模拟通用汽车公司的别样面试现场，进行情景表演。

3.要求：5人一组，1人为应聘者，其他4人为面试官，面试时间为5分钟。面试结束后，面试官对应聘者做出评价，其他学生作为观察者可做补充。

二、案例分析

导游李小姐是一位具有东方古典美的女孩儿，家境殷实，穿着的服装都是世界顶级品牌，佩饰也很讲究。工作中她业务熟练，态度和蔼，服务周到。但是李小姐有一个难以诉说的苦恼，那就是团里的女性游客，特别是中年女性游客都不愿意跟她走得太近，甚至有人还表现出反感；相反，团里经常有男性游客一再地向她表示爱慕。令她不解的是，她明确告诉他们自己已经有未婚夫后，反而激起了他们更加热烈的追求。

一次，在去长城的路上，李小姐优美、动人的讲解博得了全团一阵又一阵的掌声。刚到八达岭脚下，就有一位男性游客来向李小姐表达爱慕之情。李小姐在听那位男性游客说话时，两个人之间只有一只手臂的距离，听完这位男性游客的表白后，李小姐涨红了脸，由于李小姐近视，为了看清那个人的脸，避免他之后再来纠缠，她往前走了一小步，眼睛盯着对方的脸，小声地拒绝了他，然后转身离开了。之后，那位男性游客并没有死心，李小姐感到很苦恼①。

分析：李小姐错在哪儿？请给出解决问题的具体建议。

三、拓展练习

1.两人一组设计双簧，一人念台词，一人表演。

要求：以日常生活为主，台词设计的内容要健康，语言风趣、幽默，具有表现力。

(双簧戏简介：双簧戏诞生于清朝末年，是一种传统的曲艺形式，由两人合作完

---

① 梁文生. 导游实务[M]. 青岛：山东科学技术出版社，2011：260-263.

成，一人表演动作，一人藏在身后说或唱，两人互相配合)

2. 游戏训练：快乐大转盘。

游戏规则和程序：

(1) 每人脸朝天花板，面无表情地随意走动，遇人转开。

(2) 每人脸朝自己的脚尖，面无表情地随意走动，遇人转开。

(3) 每人脸看他人脸，面带微笑，随意走动，遇人转开。

(4) 每人脸看他人脸，面带微笑，随意走动，遇人点头。

(5) 每人脸看他人脸，面带微笑，随意走动，遇人握手。

(6) 每人脸看他人脸，面带微笑，随意走动，遇人握手，心中说："我喜欢你。"

(7) 每人脸看他人脸，面带微笑，随意走动，遇人握手，口中说："我喜欢你。"

3. 讨论。

(1) 当大家都面无表情地走动时，你是否会感到不自在，希望别人能冲你笑一笑呢？

(2) 当别人主动向你打招呼或握手时，你是否很感动？

(3) 从这个游戏中你明白了什么道理？对你的工作有什么帮助？

四、自由练习

学生自己选择内容，有5分钟的准备时间，做一次简短的讲话，要求使用体态语，其他学生及教师共同给予评价。

体态语表达练习

项目四 岗位专项语言技能提升

■思政目标

- 通过各岗位专项语言技巧的学习和实践训练，培养爱岗敬业的职业精神。
- 在讲解语言技能的学习中，自觉树立起传播我国优秀文化的职业使命感。
- 注重语言艺术在实际工作岗位中的灵活应用，做到"学以致用、知行合一"。
- 主动提高互联网+背景下旅游服务所需的数字素养，并能秉持"守正创新"，根据需求提供个性化沟通服务，实现高效率、高质量服务。

专题一 营销语言技巧

预期收获：

(1) 了解营销语言的重要性。

(2) 掌握营销过程中应注意的事项及语言使用技巧。

【典型案例】

在旅行社门市部，一位游客前来咨询。

旅行社咨询案例

情境一：

游客："我想利用几天假期出去旅游，有什么好的线路吗？"

门市服务人员："当然有，我们新推出了个海南双飞游，很不错，价格又低。"

游客："海南？听说没什么好玩的，而且消费很高。"

门市服务人员："要不您去桂林吧，桂林5日游也很不错。"

游客："桂林5天，时间太长了，我只想去近一点的地方。"

门市服务人员："这样，推荐您去千岛湖吧，青山秀水，而且千岛湖'秀水节'刚刚开幕，很不错的。"

游客："你们有报价单吗？我再想想。"

门市服务人员没说什么，而游客拿着报价单，离开了旅行社门市部。

情境二：

门市服务人员："您好，先生，欢迎光临，有什么我可以效劳的吗？"

(问候接待。)

游客："我想利用'十一'的几天假期出去旅游，有什么好的线路吗？"

门市服务人员："'十一'正是出去旅游的好时候，您以前都去过什么地方？"

(营造轻松的气氛，但是不直接回答游客的问题，而是激发游客的回忆，同时最大限度地获取游客信息，确认其旅游需求。)

游客："我去过……"

门市服务人员："是全家人一起出游吗？"

(引导游客，同时进一步获取游客信息，继续确认需求。)

游客："对，三口之家。"

门市服务人员："请问您的小孩儿读几年级？"

游客："高二。"

门市服务人员："您这次出游希望大概是几天呢？"

游客："4天左右。"

门市服务人员："这样，我帮您推荐两条线路，一条是海南4日游，一条是九寨沟黄龙4日游，这两条线路都是我们专门针对'十一'市场推出的，这两个地方都很适合秋天旅游，质量没问题，双飞也特别适合家庭出游。"

(最后明确游客需求，即"十一"全家出游，推出适合的旅游产品，而且是两个选择。)

游客："能否把报价单给我，回去我们商量一下？"

门市服务人员："好的，先生，这是'海南4日游'的报价单，这条线路的行程是……这是'九寨沟黄龙4日游'的报价单，这条线路的行程是……"

(对游客认同的旅游产品进行介绍，对游客的疑问进行回答。)

游客："谢谢，我回去和家人商量一下，看看去哪一个。"

(此时，游客进入购买决策的方案评估阶段，由这位先生向其他参与旅游活动的成员进行解释和说明，并且最终选择方案，做出决定。)

门市服务人员："好的，先生，请您尽快做出决定，目前这两个团队都还剩下10个名额。"

游客："好的，谢谢！"

(游客起身，准备离开。)

门市服务人员："感谢您的光临，再见！"①

分析与讨论：

(1) 请对比上述两个案例中的工作人员与游客的对话，分析有何差异，并指出有哪些不妥之处。

(2) 分析总结营销语言的技巧。

一、营销语言技巧的重要性

说到营销，很多人认为营销工作只是商品营销员的事，与自己无关。其实不然。从广义上说，实际上我们每个人都是一名营销员。政治家在"营销"他们的政见，哲学家在"营销"他们的哲理，艺术家在"营销"他们的艺术，教师在"营销"他们的知识……营销工作与每个人都是密切相关的。因此，我们每个人都有必要通过学习营销语言技巧来出色地完成自己的营销工作。

二、营销语言的表达技巧

营销语言技巧

营销语言是一种以营销人员为中心和主导的双向思想交流的专门性语言，它与其他一般性的语言有着明显的区别。营销者既要清晰明了地表达自己的观点，又要认真倾听对方的意见，然后找到突破口，通过商谈来说服对方，双方协商的目标是最终将商品推销出去。可以说，语言交流是营销活动的开端，语言表达的优劣直接关系销售活动的成败。因此，做好营销工作，应讲究一定的语言技巧。

(一) 营销语言的使用要真诚

营销过程中要真诚地面对客户，所谓"精诚所至，金石为开"。营销语言的真诚，就是指营销人员在使用语言的过程中要有真实的情感和诚恳的态度。例如，面对初次见面的客户，真诚地表达对对方的好感，可以有效地拉近彼此间的距离，促进生意

---

① 百度文库. 旅行社心理服务与技巧[EB/OL]. (2012-01-07)[2021-12-25]. http://www.03964.com/read/3fb27dc7bf5fc7f8ea832960.html.

的成功。例如，一位营销人员到某商场推销商品，接待他的是商场副经理。对方一开口，这位营销人员马上说："听口音您是北京人。"商场副经理点点头，问道："您也是北京人？"这位营销人员笑着回答："不，但我对北京很有感情，一听到北京口音就感到非常亲切。"商场副经理很客气地接待了这位营销人员，生意谈得很顺利。

营销语言一定要庄重、不轻浮，营销人员要认真负责而不能花言巧语或者信口开河。有些营销人员为了使人相信自己，往往把话说得过了头，甚至采取发誓、赌咒的方式以表示自己的真诚，这是不可取的。我们经常能看到一些商家为了促销，纷纷打出"跳楼价""挥泪大甩卖""拆迁大清仓""不亏本卖是孙子"等幌子，招徕顾客。路过的人不禁会想："天天喊拆迁也不见拆迁，整天亏本当孙子，你图个啥？"这种"真诚"就过头了，成为"越位的真诚"或"真诚的越位"，"真诚"越了位，起的就是反作用。

(二) 营销语言的使用要通俗

通俗是指营销人员在使用语言时口语表达要大众化，使对方一听就能理解和认同。营销的目的是推销商品，营销语言的使用是为了向对方(客户)传递商品信息，介绍该商品的优点和特性，劝说客户购买商品。设想一下，如果客户都听不懂营销人员在说什么，那就根本不可能产生购买欲望，更不用说放心去买了。营销语言要通俗易懂，应注意以下几个方面。

1. 多用规范化的语言，即普通话

除在特定地区必须使用特定方言之外，一般都要使用普通话，用词要规范，尽量少用地方方言、文言文、怪字、生僻词语和专业术语等。让我们来看一则由语言不规范导致营销失败的案例。

【案例4-1】A公司刚搬到新的办公区，需要安装一个能够体现公司特色的邮箱，于是A公司的刘先生便咨询了一家销售邮箱的公司。接电话的小伙子听了A公司的要求，便坚持认定对方想要的是他们公司的CSI邮箱。这个CSI搞得刘先生一头雾水，他问营销人员这个CSI是金属的还是塑料的？是圆形的还是方形的？这个营销人员对这些疑问感到很不解。他对刘先生说："如果你们想用金属的，那就用FDX吧，每一个FDX可以配上两个NCO。"CSI、FDX、NCO这几个字母搞得刘先生一头雾水，他只好无奈地对小伙子说："再见，有机会再联系吧！"

A公司要买的是办公用具，而不是字母，但是这位小伙子说的这些代码使对方感到十分费解，而且刘先生也不大好意思承认自己搞不懂这些代码，所以只好去咨询别的邮箱销售公司。"送上门的买卖"就这样被营销人员的"专业术语"硬生生地给挡了回去。

2. 多用大众化、口语化语言

语言的大众化、口语化是指要力求语言的简短明快，朗朗上口。成语、谚语、俗语、歇后语等，都是群众口头常用的大众化语言。这些语言的使用，能使双方的营销交流生动活泼，富有表现力，而且能够使听者感到亲切自然，通俗易懂，有利于达到营销的目的。例如，安徽省六安市城南有一家饭馆，就打出了别具一格的广告语，路过的人不仅为这别具一格的广告语拍手叫好，点头称是，还大有不进去品尝不算了事的强烈欲望。这句别具一格的广告语是什么呢？那就是"闻香下马，知味停车"。相邻的一家饭馆更妙，他们的广告语是"美不美，品；信不信，尝"。

又如，在河北省肥西县，有一家饭馆打出的广告语也颇耐人寻味，他们的广告语是"第一次不来是您的错，第二次不来是我的错"。另一家小饭店也受到感染，不惜花"大版面"将相邻的那句话诠释得更加具体，即"一次不来是您的错，来过一次不再来是我的错。我不奢望您原谅我的错，但千万请您别错过"。看到这样的广告语，你不由得会进去尝一尝①。

3. 多用质朴性的语言

多用质朴性的语言就是不特意堆砌华丽的辞藻，不矫揉造作，不铺陈夸张。乍一听平平常常，语不惊人；细品则蕴含朴素的真理，很有力度。在营销时使用质朴的语言，通常会使人感到对方坦诚直率、真实可信，更容易征服人心。

【案例4-2】一个学生误闯入高档时装店，问衣服的价钱，服务员说："这些衣服风格成熟，价位又比较高，不太适合像你这样年轻时尚的女孩子，你应该去找些价格适宜，不喜欢丢了也不心疼的衣服。"于是，这位学生知趣地、很有面子地走了。

这位售货员用质朴的语言劝服了该学生，同时还照顾到了她的自尊心。

---

① 李迎. 用语言"钩"住顾客的心[EB/OL]. (2010-11-19)[2021-12-25]. http://abc.wm23.com/nannanjiajia/59258.html.

(三) 营销语言的使用要简洁

莎士比亚说过："简洁是智慧的灵魂，冗长是肤浅的藻饰。"营销语言的简洁，是指营销人员要用简单明了的语言把尽可能多的信息传递给相应的客户。无论是谈生意还是推销产品，都要突出要点和重点，让对方能够听懂并记住。如果营销人员说话颠三倒四，啰唆，言之无物，不仅会让客户抓不住重点，还会占用双方的时间，甚至会引起客户的强烈反感。使用简洁的语言，不仅是交际的需要，也能从客观上反映出该营销人员的业务熟练、工作扎实、诚实可信。要使营销语言简洁，必须做到以下几点。

1. 要言不烦，删繁就简，一语中的，杜绝废话

营销员讲话时应围绕中心主旨来讲，这样才能说清事情的重点，使客户对事物的本质有清楚的认识，并一语道破。因此，营销时要尽量多用短句，能够一句话说清楚的，绝不多说。

2. 选取最具有说服力的典型事例劝服对方，达到营销目的

举一个简单的例子，电脑销售人员在向客户销售产品时，首先要通过交流详细了解客户的购买意向和心理价位，特别是对于产品功能的需求，是满足日常办公需求还是专业写代码用，是自用还是送人等。然后根据所售电脑的详细情况，包括功能、配置、特点、软硬件等信息，为客户提供对应的产品型号，着重介绍对方需求方面的优势，弱化其他方面，从而提高成交率。

3. 巧用成语

营销时，还可以巧用成语，如当客户认为产品售价过高，销售人员可以说："图便宜买劣质商品，是会'赔了夫人又折兵'的呀！"这既可以增强听者的兴趣，又可以节省许多语言，达到"言有尽而意无穷"的效果，令客户有所感悟。

(四) 营销语言的使用要慎重

商场如战场，言辞稍有不慎，就会导致利益的缺损，有的损失还无法挽回。因此，我们在使用营销语言时应注意以下几个方面。

首先，不能轻易许诺。不能轻易向对方承诺一些不该承诺的东西。营销过程中，一般性交谈可以侃侃而谈，随意沟通，谈到关键问题时一定要慎之又慎，可用

轻松的语言来讨论，但表态时不能马虎。有些人几杯酒下肚就会忘乎所以，在关键问题上轻易向对方承诺，事后则悔之晚矣。不落实就是不守信用，落实了就要蒙受损失，让人难以抉择。

其次，不要轻易拒绝。营销过程中对方通常会提出这样、那样的要求或者条件。其中有些要求和条件是与己方的利益相冲突的，一时间很难理清和消化。营销人员为了给自己留下考虑的空间，一般在遇到这样的情况时不要一口回绝。这样既能显示出对对方的重视，同时也能给自己留下时间，变被动为主动。

再次，不能把话说绝，要给自己留下退路或回旋的余地。如果当场表态"这个绝对不行""那个绝对不可"，那么一旦情势发生变化，就再也没有回旋的余地了。因此，营销语言要进可攻、退可守，不要陷自己于尴尬或被动的情境中。

最后，个人情绪不能轻易外露。古人云："喜怒不形于色。"也就是说表情要慎重得轻松，慎重得自然。一般来说，商人多会察言观色，一旦你表现得过分慎重，对方会认为你是一个过于谨小慎微、说话不能做主的人，也会从你外露的慎重之中，觉察到你的真实意图。

(五) 营销语言要生动

生动是指语言要新鲜活泼，要能绘声绘色、活灵活现地表现事物和人的思想感情。营销活动在很大程度上可以被列为一种"劝服"行为，如果劝服语言死板，令人感到味同嚼蜡，毫无生气，那么商品的质量再好也很难让顾客认识和认可，推销效益则无从谈起。因此，在营销活动中，把语言说得风趣、幽默、生动，会比直截了当介绍的效果更好。

【案例4-3】一位营销人员在市场上推销灭蚊剂，他滔滔不绝的演讲吸引了一大群顾客。突然有人向他提出了一个问题："你敢保证这种灭蚊剂能把所有的蚊子都杀死吗？"这位营销人员机智地回答："不敢，在你没打药的地方，蚊子照样活得很好。"这句玩笑话使人们愉快地接受了他的推销宣传，几大箱子的灭蚊剂很快就被销售一空[①]。

生动的语言在营销活动中的运用，不仅可以带来轻松活泼的气氛，还能为营销工作营造一个良好的环境。语言用得好，会给人们留下深刻的印象，由一句笑话联想到某种品牌，是很好的营销方式。

---

① 豆丁网. 营销语言[EB/OL]. (2011-02-23)[2021-12-25]. http://www.docin.com/p-131571980.html.

三、营销过程中的倾听

(一) 寻找客户的问题点

如果你向营销人员提出这样一个问题："你是做什么的？"相信会得到各种不同的答案。有的人说是卖产品给客户；有的人说是为客户提供解决方案；还有的人说是为顾客服务。无论什么答案，归根结底，营销的成功就在于产品或服务可以帮助客户解决他的问题。在实际的营销中，会出现很多种问题，让人真假难辨，无法预料，而你的任务就是在交流中找出真正的问题，因为最核心、最让客户感到头疼的问题，客户通常是不会主动向你坦白的，这一点你必须明白，所以你需要用提问的方式发现问题。

(二) 寻找客户的兴奋点

有人说，客户购买某种商品一般来说有两个出发点：逃离痛苦或者追求快乐。前面讲的出发点是让客户感到痛苦的"痛点"，而兴奋点就是让客户感觉快乐的理由。做营销的人应该既能发现客户的痛苦点，同时又能找到使客户快乐的兴奋点，只有提供有针对性的服务，才能增加自己营销成功的筹码。典型的营销流程通常是先让客户思考他所面临问题的严重性，然后展望解决问题后的快乐感与满足感，而向客户营销的产品正是解决难题、收获快乐的最佳载体与方案。要从与客户交流的过程中了解客户的兴奋点，关键是听取容易让客户感到敏感的条件和情绪性的字眼，同时还要注意情绪与肢体语言在交流特定阶段的配合。

【**案例4-4**】一位农村老大娘去百货大楼买衣服，女售货员迎上前去热情地打招呼："大娘，买布呀？您看这衣服多结实，颜色还好。"谁知那位老大娘听了不冷不热地说："要这么结实的衣服有啥用，穿不坏就该进火葬场了。"

百货大楼那位女售货员略一沉思，笑眯眯地说："大娘，您看您说到哪儿去了，您身子骨这么结实，再穿几件也没问题。再说，我看您气色又好，比我家老妈面嫩多了。"一句话，点亮了大娘的心灯，大娘高兴地、不由自主地摸了摸自己的脸说："是吗？那你是说我买这件衣服好看？"结果，老大娘爽快地买完衣服就走了[①]。

---

① 百度文库. 导游员销售技巧培训[EB/OL]. (2012-05-01)[2021-12-25]. http://wenku.baidu.com/view/ 05a8c019b7360b4c2e3f6466.html.

百货大楼的这位女售货员抓住了"年轻""健康"等老年人比较关注的兴奋点，所以老大娘高高兴兴地买完衣服就走了。

最开始，通过女售货员与老大娘一问一答的简单对话，不难看出两个问题：一是女售货员急于推销。可急于推销就能推销成功吗？不想办法是很难实现推销目的的，而想办法实现的推销才叫真正的营销。二是老大娘表现了极度的悲观情绪。面对这两个问题，售货员很难接老大娘的话茬，一般情况下，售货员只会翻两下惊异和不满意的眼皮不说话，买方与卖方在尴尬中"默默无语"了事。而对有营销素质的人来讲，再难接的话茬也能接下去，将尴尬化解，进而实现销售。

(三) 留意客户的情绪性字眼

在与营销人员沟通的过程中，如果客户感觉到所说的内容正是自己的"痛点"或兴奋点，则通常会在对话中通过一些字、词表现出来，如"太(棒了)""真(是的)""怎么(能这样)""非常(不满意)"等，这些字眼的使用能够表现客户的潜意识导向，表明他们的深层次想法，我们在倾听的过程中要格外注意。一般而言，在成交的那一刻，客户所做的决定总是感性的。因此，每当客户在对话中流露出有利于购买成交的信号时，营销员一定要抓住机会，及时促进销售的完成。

(四) 注意一些敏感的成交条件

在与营销人员沟通的过程中，客户肯定会有意无意地涉及产品价格、优惠幅度、质量保证、维修形式、送货方式、售后服务以及购买承诺等敏感条件，这时营销人员一定要尽量满足这些要求，只有打消了客户的疑虑后，客户才能心甘情愿地购买商品。

(五) 读懂客户的肢体语言

在一般的营销训练中往往忽视了对肢体语言的讲解和分析，这是非常致命的缺陷。在营销对话的过程中，常见的、积极的肢体语言有歪头、手脸接触、屈身前倾、手指呈尖塔形、拇指外突、双手抱在脑后；消极的肢体语言有假装拈绒毛、拉扯衣领、缓慢眨眼、腿搭在椅子上、缓慢搓手。客户在与营销人员的沟通中总是习惯于"言不由衷"，因而我们要懂得通过观察客户的这些无意识的肢体语言来把握客户的心理动态。

四、营销过程中的提问

(一) 营销过程中提问的作用

营销专家认为，提问能力的高低决定了营销人员的营销能力的高低。提问的作用主要表现在以下几个方面。

1.通过提问可以引导客户做出说明

在营销的沟通过程中，营销人员为什么总是感觉自己很被动呢？原因就在于他们总是在说，而对方客户总是在问。只要客户不停地问，营销人员就只能疲于应付，回答得不好还会弄得很狼狈。有些营销人员认为，把客户的所有疑问都解答清楚了，接下来的成交就会水到渠成。可是事实并非如此，通常情况下客户一直在提问，其实是在打探营销人员的底牌。而营销人员在回答客户的问话时，并不知道客户真正关心的是什么，主要的问题在哪里，只会被动地被客户牵着鼻子走，如果总是这样，营销人员的讲解怎么可能会切中客户的要害呢？营销人员一直在说，而没有问，客户一直在听，给客户的感觉就是这个营销人员对他正在进行强迫式推销，一味地施加压力。客户之所以愿意和营销人员谈话，是期望营销人员可以在他所擅长的专业方面给自己提出有用的建议，就像医生一样，对现状进行诊断，而对现状进行诊断的最好方式就是有策略地向患者提问，从而找到问题的根源。

2.通过提问可以测试出客户的反应

营销人员非常认真地向客户做了一番解释之后，通常会迫切地希望了解一下客户听进去了多少，听懂了多少，反应如何。他们往往是滔滔不绝说了一大通之后，就用论述句作结尾，马上停止，而没有下文，等待客户的反应，但此时客户的表现通常都是这样的——"哦，我知道了，我们改天再聊吧。"或者说："我再考虑考虑，想要的话我会打电话和你联系，好吧。"面对这种情况，如果营销人员想确切地了解一下客户听后的反应，就可以在论述完之后，紧接着提出这样的问题——"您觉得怎么样呢？"或"关于这一点，您清楚了吗？"这样的效果就会比单纯地等待客户的反应要好很多，客户至少不会冷冰冰地拒绝你。提问给了客户阐述想法的机会，同时也给了营销人员再次解释的机会或了解客户的机会。

3. 通过提问可以掌握沟通进程

沟通的进程决定营销的走向。通常来说，在以客户为中心的顾问式营销循环中，包含两个相辅相成的循环，分别是客户的心理决策循环与营销人员的营销行为循环，如下所示。

A列表明的是在营销过程中客户的心理决策循环，B列表明了在客户的每个心理决策阶段，营销人员应该做的营销行为。

A	B
满意	—— 事前准备阶段
认识	—— 寒暄开场阶段
标准	—— 确认需求阶段
评价	—— 阐述观点阶段
购买	—— 谈判成交阶段
使用	—— 实施服务阶段

在客户的每个心理决策阶段，提问都会推动营销对话的进程。

在营销沟通的寒暄开场阶段，营销人员通常需要以好奇性提问开头，如"我可以请教您一个问题吗"；利用状况性提问收集客户信息，如"您是怎样进入这个行业的呢""您的产品目前的营销状况如何"等。

在确认需求阶段，可利用诊断性提问建立信任，确立具体细节，如"您是需要大型的服务器还是小型的办公电脑设备"；可利用聚焦性提问确认，如"在××方面，您最担心的是什么呢"。

在阐述观点阶段，提问的作用在于确定反馈和增强说服力，如询问"您觉得怎么样呢"。

在谈判成交阶段，提问的作用在于处理异议和为成交做铺垫。在成交阶段，通常用假设性的提问方式试探，例如"如果没有其他问题，您看什么时候可以接受我们的服务呢"。提问之后，注意停顿，保持沉默，把压力抛给客户，引导客户说出自己的想法。切忌提问之后先回答或自问自答。

4. 通过提问可以处理客户异议

提问是处理客户异议的最好方式。异议之所以会产生，一般有两个原因：一是源于人类自身具有的好奇心；二是营销人员对相关内容没有解释到位，客户听得不是很明白。

从好奇心角度来说，人类总是对未知的事物充满好奇。如果营销人员不善于提问，只会一味地去做相应的解释，就会一直处于被动地位。当对方客户提出一个问题，营销人员可以尝试反问他："您这个问题提得很好，为什么这样说呢？"这样营销人员就可以转守为攻，处于主动位置。

如果客户没有听明白，通常会沉默不语或干脆逃避、假装一知半解。而后，客户会说："不好意思，我不需要。""请让我考虑一下。""你先把资料留下来吧，等有时间我再看看。"所以，在客户没听明白时，你提问的关键是探询客户了解的程度。你可以这样说："对于这一点，您怎么看呢？"或"那没关系，您为什么这样说呢？"要多问几个"为什么"，然后在信息很少的情况下利用渗透性的提问方式，如"还有呢"等，以获取更多的相关信息。

(二)营销中的提问模式和规范

提问是一门艺术，运用得好坏往往影响着营销的成功与否。通常，要根据特定的对象来提问其模式和规范如下所述。

1. 询问客户时要从一般性的事情开始

营销人员在向客户提问时，虽然没有一个固定的程序，但一般来说，都是从一般性的简单问题开始的，然后逐层深入了解，这样就可以营造出一个和谐的营销气氛。通过基本的沟通，了解客户的需求层次以后，就可以掌握接下来沟通交谈的大方向，可以把提出的问题缩小到某个范围。例如，客户的需求层次若仅处于低级阶段，即生理需要阶段，那么他对产品的关心多集中于经济耐用上。营销人员了解到某一点后，就可以重点从这方面提问，指出该商品是怎样满足客户需求的。

2. 注意提问的表述方法

在产品的营销过程中，每一位营销人员都应该注意提问的表述方式。下面这个小故事可以说明提问的表述方式的重要性。

一位做寿险推销的小伙子向一名女客户提出了这样一个问题："您是哪一年出生的？"这让这位女客户感到很不愉快。于是，这名寿险推销员吸取了教训，改用另一种方式问："在这份登记表中，需要填写您的年龄，保险合同规定，您必须填写您的真实年龄，这样在您缴纳保险金和理赔的时候，对您是有好处的，希望您能配合。"可想而知，这位女客户欣然答应。

3. 利用礼节性提问来掌控沟通气氛

在与客户正式沟通之前，营销人员最好先用礼节性的提问，以表现你对客户有足够的尊重。比如可以按照下列方式问对方。

(1)"请问先生您贵姓？"

(2)"小姐贵姓？"

(3)"我想请教您一个问题，可以吗？"

(4)"我没有打扰您吧？"

4. 利用好奇性提问来激发客户兴趣

如果营销人员在营销过程中不能引起客户的兴趣，那么通常来说会遭到客户的拒绝，从而使营销以失败告终。营销人员之所以要用好奇性提问的方式来激发客户的购买兴趣，是因为提问能够给客户足够的想象空间。下面这些都是典型的好奇性提问方式。

(1)"您想知道这是为什么吗？"

(2)"您想知道我是用什么方法让他们同意的吗？"

(3)"您想知道她是一个怎样的人吗？"

(4)"您想知道我们的服务是如何帮助贵公司提高收入的吗？"

5. 利用影响性提问来加深客户的"痛苦"

营销人员通常会遇到这种情况：很多客户都表示希望合作，却总是不给营销人员明确的合作答复。当我们遇到这样的客户时，不能退缩，也不能冒进，而是要总结经验，看看有没有更好的方法来应对这个难题。

其实，营销的失败在很多时候是因为营销人员过于看重结果，而不注重过程。应该说，成交不是一个单独的行为，它应该是营销之后水到渠成的必然环节，而实现成交的最好方法不是研究成交本身，而是要探询营销人员为了成交这个结果做了哪些准备，准备是否充分。客户为什么会觉得买不买营销人员所推销的产品都无所谓呢？这是因为营销人员还没有让客户意识到足够的"痛苦"。有的时候客户的问题确实是被营销人员问出来了，但他的"伤疤"被揭得还不够，营销人员应该通过影响性提问让客户进一步认识问题的严重性，让他不敢怠慢，从而使他主动提高"问题需要解决"的急迫性。例如，你可以这样问：

(1)"如果这个问题长期不能得到解决，会对你们公司的发展有何影响？"

(2)"再这样下去，会产生什么样的后果，您知道吗？"

(3)"为什么这个问题如此重要呢？"

(4)"你们老总是怎么看待这个问题的呢？"(很多员工都怕由于办事不力而受到老总的责怪)

6. 用肯定句提问进行沟通

在与客户刚刚开始沟通时，用肯定的语气提出一个令顾客感到惊讶的问题，是引起客户注意和兴趣的可靠办法之一。例如，你可以这样问："你已经……吗？""你有……吗？"或是把你的主导思想先说出来，在这句话的末尾用提问的方式将其传递给客户。如："现在很多小公司都开始使用计算机办公了，不是吗？"这样，只要你运用得当，说的话符合事实而又与客户的看法一致，就会引导客户说出一连串的"是"，直至成交。

五、对客户说话要热情

热情是世界上最有价值的一种感情，也是最具感染力的。有人做过研究，热情在成功销售中所占的分量为95%，而产品知识只占5%。如果营销人员充满了热情，即使工作不是很顺利，也会很好地完成任务。如果没有热情，那么他的工作就会像放蔫了的蔬菜，毫无活力和新鲜可言。有热情才会有动力，有动力才能全身心地去做好每一件事，尤其是对客户讲话的时候更需要热情，这是成功的基本要素之一。有了热情，营销才有可能取得成功。没有一位顾客愿意从阴沉着脸、死气沉沉的售货员那里购物。无论是对商场超市里的导购员来说，还是对为固定客户服务的销售人员来说，或是对拿佣金的销售人员来说，热情都是促成交易的重要因素。

缺乏热情的营销人员通常不太爱说话，或者总是找不到话题，最后让顾客感觉尴尬甚至有点不好意思；而充满热情的销售人员通常笑容满面，说出来的话能让顾客感到温暖和贴心，在这样的销售人员面前，顾客肯定很乐意买他的东西。由此可见，一名销售人员在面对客户时一定要充满热情，用自己充满热情的话语去感染客户，只有这样，才能够打动客户。营销人员的热情主要体现在以下几个方面。

(1) 营销人员在销售时要充满热情，要将自己内心的感觉表现出来，把双方谈话的侧重点放在促使客户谈论自己最感兴趣的事情上。如果营销人员做到了这一点，他的热情就会像呼吸一样不自觉地表现出来。

(2) 营销人员要对自己销售的产品充满激情。激情是有感染力的，营销人员对自己的产品充满激情，才会感染他的客户。试想一下，客户为什么要购买连销售人员都没有一点兴趣的商品呢？因此，营销人员对自己销售的产品充满激情是十分必要的。

(3) 在营销过程中营销人员要把握好尺度，不能过分热情。营销人员过分热情就会使客户觉得虚情假意，进而有所戒备，无形中在客户的心中就筑起了一道防线，因此营销人员在与客户沟通交流的时候，一定要把握好热情的尺度。

中国有一句话叫"只有划着的火柴才能点燃蜡烛"，火柴就是热情，蜡烛就是我们的顾客，当我们自己散发出光和热的时候，当我们自己充满热情的时候，我们的热情才会感染冷冰的蜡烛，从而让蜡烛燃烧起来。

六、电话营销技巧

(一) 严格掌握电话交际礼仪

积极建立与顾客之间的信任是一名电话营销人员必须具备的销售技巧，而电话交际的礼仪就是电话销售技巧的基础。电话交际礼仪最重要的就是控制声音和表情，并尽量杜绝无效沟通的发生。悦耳的声音可以使顾客心情愉悦，因此，电话营销人员必须要很好地掌握与顾客电话交流时声音的运用，而在这方面如果欠缺，是可以通过训练弥补的。比如，在电话营销中，一些用语相当重要，应当尽量避免用否定的字眼儿去应付顾客的疑问。有的电话营销人员在接到顾客的咨询电话时，会用"不知道""不明白""这个人走开了"等字眼儿来搪塞，这些话不仅会让顾客失去购买产品的欲望，还会有损公司的形象。此外，电话营销人员在讲话的过程中应尽量注意停顿，因为这既是尊重对方的一种表现，保证客户听得更加清楚，同时也能够及时获取顾客的反馈信息，了解客户需求。

(二) 在短时间内赢得顾客的信任

任何买卖协议达成的基础都是买方和卖方之间信任关系的建立。在纷繁复杂的商业社会里,建立双方彼此的信任永远是销售的核心内容,在电话营销中更是如此。在没有任何身份证明,也没有出示任何商业契约的情况下,仅通过声音就让客户建立起强烈的信任,这无疑是件非常困难的事情。正因为如此,在电话的营销中使用一些技巧才显得更为必要。电话营销人员应该在工作中把握以下三项原则。

(1) 长期跟进,但不是一打电话就与客户谈产品。电话营销固然是为了销售成功,但追求利益往往要渗透在人际交往的过程中。因此,电话营销人员不应该把自己仅仅定位为一名产品推销员,或以产品作为与客户之间联系的唯一纽带,而是要把自己定位为一个多元化的交际主体,在长期的磨合和交往中寻找与客户更多的契合点。

(2) 寻找与客户之间的共同点,获得认同感。寻找与顾客的共同点是一件相当灵活的事情,电话营销人员可以通过地域、口音、经历、性格等方面寻找共同点,激发共鸣。例如"我们都姓许呀""我们是老乡呀""我们原来都毕业于中国政法大学"等,这样就能很好地拉近与客户之间的距离。

(3) 与客户关系的维护并不是产品销售完之后就终止了。在产品销售成功之后,聪明的销售人员还会将这种关系一直延续下去。现实中,大部分销售人员都忽视了对已经销售出去的产品的追踪,这实际上是相当可惜的,因为如果能及时获取反馈信息并做好售后服务,会在很大程度上影响客户周围的人前来购买该产品。因此,在售出产品后,营销人员应该经常与客户保持联系,及时为客户解决使用产品时遇到的问题。可以说,电话营销就是持续不断地追踪、跟踪的过程。

双方彼此建立信任的过程并不是一段坦途,电话营销人员可能经常会遭受客户的冷遇和质询,这就需要电话营销人员具有良好的心理素质,应不遗余力地赢得顾客的支持和理解。一旦这种信任成功地建立,赢得的就不只是和谐的谈话氛围,还有巨大的潜在商机。

(三) 让客户记住你

作为电话营销人员，可以尝试通过以下几种方式在客户的心中留下深刻的印象。

(1) 从你的名字着手，加以发挥或引申其中的含义，还可用名人、伟人等熟悉的词来组合你的名字。例如："您好，王先生，不好意思打扰您了，我是人寿保险公司的售后服务，66号，一个非常吉利的数字，六六大顺，名字叫贾天乐，与明星古天乐就差一个字哦……"

(2) 电话营销人员在说话时要用足够的自信、燃烧的热情去感染客户，不管客户有没有需要，你的热情应该自始至终地保持。

(3) 改变自己平淡的说话语气，要抑扬顿挫、铿锵有力。

(4) 改变自己常用的打电话方式，让客户对你的话感到出人意料，再加上些幽默作"配料"，就会大大加强客户对你的认同。比如，你可以尝试这样说："老板，经过一天的思想斗争，我还是决定给您打这个电话，而且我也知道这个时候打给您可能会打扰您，您可能正在思考用怎样的方式来拒绝我，但我觉得为了考虑你们的成本，为了保证你们的产品质量，我非常想和您聊一聊！"

(四) 不失时机地赞美客户

正确对待别人的赞美是一门做人的艺术，对于顾客来说，赢得赞美往往是促使其排解顾虑、清除怨气的灵丹妙药。因此，真诚地赞美是拉近营销人员与客户之间的距离的最好方式。在尝试赞美客户的过程中，了解客户的喜好是不可或缺的环节。这就要求电话营销人员在与客户的交流中要细心聆听，通过声音与语言的交流掌握客户多方面的信息，例如年龄、受教育程度、说话方式、办事风格等。在此基础上，销售人员可以利用这些信息适当地赞美对方，从而很好地营造谈话氛围，并很快地改变对方的不合作态度。比如说，电话营销人员可以尝试使用这样赞美客户的方式："听您的谈吐，肯定受过良好的高等教育吧？""听您讲话，就知道您做事特别果断。"。当然，赞美的前提应当是对客户信息掌握得足够准确，如果一知半解而盲目赞美，就会事与愿违。比如，一个电话营销人员和客户聊天时，想夸赞客户年轻，于是就说了一句："听您的声音，您应该只有30岁左右吧。"事实上，客户是一位只有25岁的小姐。对于这样的赞美，客户当然会感到很不舒服，以后的销售计划也就提前破灭了。

(五) 尽量坚持以客户的关注点为导向

作为一名优秀的电话销售人员，应该以善于向客户提关键问题为导向。以帮助客户解决问题为导向的销售代表，会时刻注意客户在目前的环境中可能存在什么问题，而自己的产品会怎样卓有成效地帮助客户解决这些问题。可以说，向客户提出关键问题的能力跟销售的能力是成正比关系的。在电话营销人员准备提问时，根据提问的角度，可以简要地把问题分为两大类：开放式的问题和封闭式的问题。

(1) 开放式的问题。开放式的问题是指为了可以引导对方能自由开口应答而选定的话题。如果你想多了解一些客户的需求，就要多提一些开放式的问题。能体现开放式问题的疑问词有"什么""谈谈"等。

(2) 封闭式的问题。封闭式的问题就是为引出双方谈话的主题，由提问者选定特定的话题，并希望对方的回答仅限于问题限定的范围。封闭式的问题经常体现在"能不能""是不是""会不会""多久"等问语中。如果你想获得一些更加具体的资料和信息，就需要对客户提出封闭式的问题，这样才能让客户确认你是否理解了他的意思。

(六) 电话销售中的提问技巧

当然，通过提问的方式获得客户信息并不是一个简单的一问一答的过程。这就需要销售人员掌握提问的技巧，用科学的方式有效地获得客户信息，为此，电话营销人员应该把握以下四项原则。

(1) 将要接受提问的客户应处在一种自由、平和、无顾虑的状态下。营销人员在向客户提问之前应该告诉客户，回答以下的问题是必要的或至少是没有坏处的。如果你将提出客户可能不愿意回答的敏感问题，就要适当运用一些暗示，使客户早有心理准备。这时你可以进行暗示："为了给您推荐一个最适合的方案，我想知道这个项目大概的预算是多少？"这样的提问更容易得到客户的正面回应。

(2) 随时准备回答客户提出的回应性问题。在营销人员提问的过程中，客户也会时不时地做出回应，并希望营销人员进行相应的解答。如果营销人员可以独立地解答好客户的问题，就应该负责任地进行解答，但如果你不知道怎样回答或自己没有权力进行某种承诺，就应该用实事求是地回应客户："这个问题我需要再核实一下，回头告诉您。"或"我真是无法马上给您做出这个承诺，因为这个不在我的权力范围之内，但我会及时请示领导给您一个答复的。"当然，你也可以尝试反问客户，让客户说出他是怎样看待这个问题的，因为这通常就是他希望得到的回答，你正好可以据此发现他的意向。

(3) 适时地中止、继续或延期谈话。电话营销的长期性决定了营销过程可能随时面临中断，当双方有待进一步了解或需要时间进行考虑时，营销人员不应该紧紧抓住客户不放，而是应该给客户一定的思考时间，从而避免尴尬。

(4) 同一个时间段只针对一个问题提问。电话营销面临的问题很多，营销人员当然希望自己的问题能够在第一时间获得回答，但多数情况下这只是一种奢望。因为当营销人员同时提出几个问题要客户回答时，客户往往只会记得其中的一个问题，或觉得无从谈起，所以同一时间只问客户一个问题才是最好的选择。

(七) 电话营销中的倾听原则

与提问过程相对应的是倾听过程。对电话营销人员来说，学会倾听是非常必要的，客户势必不会总是重复同一个问题。如果你心不在焉、听而不闻，就很可能漏掉一些很重要的信息，以致失去成交的机会。因此，电话销售中的倾听技巧非常重要，具体应该把握以下四项原则。

1. 及时进行确认

在客户讲话的过程中，可能会有一些词语你没有听清，也可能有一些专业术语你听不懂，这时就需要向客户进行确认，进一步明确客户所讲的内容。同时，你跟客户交流时一定要注意术语的使用，不能运用太多的术语，以免给客户造成理解上的障碍。当然，确认的次数不宜过多，确认的焦点也应仅限于核心问题，否则会使客户怀疑你是否在认真听取他的意见。

2. 果断澄清

人与人之间的交流谈话不会总是言真意切的，常常会伴随误解发生。对容易产生误解或歧义的地方，营销人员要及时与对方沟通，以便充分了解客户的真正想法。客户说的某一句话可能存在两种或多种理解，如果销售人员自以为是，只按照自己的好恶去理解，就容易产生误解，所以一定要及时与客户进行交流，消除歧义，及时澄清事实。

3. 积极反馈

"听"和"说"是一个双向的过程，在倾听的过程中，营销人员要积极地向客户及时进行反馈，要不断地让他意识到你始终在认真地听他讲话。相反，如果你只顾自己长时间地讲话而不关注客户是否回应，势必会给客户造成心理压力，他自然就不愿意继续讲下面的内容，而只想尽快结束通话。

4. 忠实记录

在进行电话交流时一定要做好记录，因为电话交流的时间很有限，你很难记住客户需求的所有关键点，最好的办法是把客户提到的重点及时记录下来。

 **课后专题训练**

一、案例分析

一位客户走出办公室，刚坐上出租车，手机就响了，一看号码有些熟悉，就接通了电话，以下是两种不同的对话方式(见表4-1和表4-2)。

营销语言练习1

表4-1   对话一

客户	"你好！"
电话销售代表	"是张先生吗？"
客户	"嗯。"(一个怯怯的女声，一听就知道是电话销售代表，不过，还是能马上听出来这是以前曾打过电话的、销售拖布的电话销售代表)
电话销售代表	"张先生，上次提到拖布的事情，您考虑得怎么样了？"

(续表)

客户	"我觉得没有什么用。"(考虑到她曾打过两次电话给自己，觉得对方挺有毅力，就没有直接挂掉电话，也是为了对她表示鼓励)
电话销售代表	"张先生，因为我们6月份做促销，原价398元的拖布现在只需要198元就可以了。"
客户	"你们的拖布有什么不同？"(一方面客户在想这个拖布是不是真的有用，另一方面是被对方的优惠所吸引，毕竟以前看过电视上的介绍动过心，才打电话到他们公司咨询的)
电话销售代表	"这个拖布的主要优点就是能拖到各个角落，一般拖布拖不到的地方，它也能拖到。"
客户	"那都包括什么？"(显然，这样的介绍难以打动客户，不过，客户还是表现出想详细了解的愿望)
电话销售代表	"您现在购买，包括一个拖把、一个拖布和一个用来控水的水桶，然后我们再送您一个拖布。"
客户	"可以使用多长时间呢？"(客户还是有兴趣的)
电话销售代表	"基本上使用5～6年没有问题，正常情况下使用两年肯定没有问题。"
客户	"我可不可以在看过货后，如果喜欢，再交钱；不喜欢，就退掉。"
电话销售代表	"您可以检验产品后，再付钱。"
客户	"好的，我考虑一下，再联系。"
电话销售代表	"好的，您考虑清楚再和我联系。谢谢，再见。"

表4-2　对话二

客户	"你好！"
电话销售代表	"是张先生吗？"(太棒了，我激动而热情地问道)
客户	"嗯。司机，往中华路。"(一个怯怯的女声，一听就知道是电话销售代表，不过，还是能马上听出来这是以前曾打过电话的、销售拖布的电话销售代表)
电话销售代表	"张先生，上次提到拖布的事情，您考虑得怎么样了？"(听到客户对出租车司机讲话，觉得客户可能比较忙，还是直入主题吧)
客户	"我觉得没有什么用。"(考虑到她曾打过两次电话给自己，觉得对方还挺有毅力，就没有直接挂掉电话，也是为了对她表示鼓励)
电话销售代表	"张先生，因为我们6月份做促销，原价398元的拖布现在只需要198元就可以了。"(幸亏我早有准备，当客户说不需要的时候，我已经准备好应对方法：用优惠再吸引他一次。如果我不准备，可能就会语无伦次，该被挂电话了)

(续表)

客户	"你们的拖布有什么不同？"（一方面看这个拖布是不是真的有用，另一方面是被对方的优惠所吸引，毕竟以前看过电视上的介绍才动了心，打电话到他们公司咨询的）
电话销售代表	"这个拖布和普通拖布有很大的不同，为了介绍清楚，请问平时都是谁在家里拖地呢？"（太好了，客户开始主动提出问题，表明他现在开始感兴趣了，我一定要帮助这个客户，这次一定会成功。另外，如果在以前，我肯定会回答他的问题，把拖布的各种好处都讲给他听，但现在我知道这样做错了，最关键的是，我要找准一个切入点，把握住客户的心理需求，这样才能做到有的放矢。同时，我运用"好处加提问"的技巧，以前我是不会用的，太棒了！）
客户	"家里人。"（听到销售代表提出问题，客户开始产生兴趣，因为他觉得这个销售人员还是挺专业的）
电话销售代表	"我估计张先生您平时工作肯定很忙，也很难照顾到家。我们这个拖布和普通拖布最大的不同在于，当您的家人拖地的时候，家里房子大，肯定有些地方是普通拖布拖不到的，而您的家人为了拖到这些地方，肯定会付出很大的精力和时间，这样会很辛苦，很累，对吧？"（我知道这时候一定要与客户互动一下，这样可避免他走神。同时，我这样做，也算是对客户需求的一种确定。客户没有回答，只是"嗯"了一声。太好了，看来我的介绍让他动心了）"您家人如果用这个拖布拖地，这个经过专业设计的360°转动的拖把头，可以灵活自如地拖到任何一个角落，这样就可以节省您家人的时间，可以让您家人更轻松愉快地做家务，我感觉张先生您一定是一个顾家的人，不知您觉得这样对您家人来讲是不是有帮助呢？"（我知道这样的介绍最重要的是要让他想到他的家人，这个拖把对他家人的好处，而不是只介绍拖把本身）
客户	"那都包括什么呢？"（客户听到这些后，马上就想起了自己的爱人，爱人打扫卫生确实挺辛苦，自己感到有一丝愧疚，没有时间照顾家，真有些对不起她）
电话销售代表	"标准包装包括一个拖把、一个拖布和一个用来控水的水桶。张先生，我感觉这个拖把十分适合您和您的家人，我听您讲话以及听您的彩铃，我就知道您是一个十分注重生活品质的人，您的家人一定也和您一样，而我们的拖布确实是针对您这样的高端客户设计的，而现在只需要198元。您看我帮您送到哪里呢？"（太好了，我听到客户开始关注具体的细节，我知道这个客户一定感兴趣了，我需要做的是及时要求承诺，当然，要求承诺之前，我还需要夸赞客户，这样才能引起客户的好感，得到承诺的机会会更大。另外，我不能在这个时候就把赠送额外的拖布讲给客户听，因为这样，我到最后就没有打动客户的砝码了，我要留到最后用）
客户	"可以使用多长时间呢？"（客户想买，继续关注细节）
电话销售代表	"正常情况下使用两年肯定没有问题，您看，张先生，您这样忙，什么时候您方便我们给您送过去？"（我需要更加主动地要求客户承诺，离客户购买的承诺已经不远了，客户这时候问得越详细，越表明他想买。加油啊！）

（续表）

客户	"我可不可以看过货后，如果喜欢，再交钱；不喜欢，就退掉。"（客户心里其实主要担心家人不喜欢，但没有明确说出来）
电话销售代表	"我了解，张先生，听上去好像您有些不太放心，可否告诉我一下原因呢？（客户看来是有顾虑，我需要找到顾虑的原因，再看看我能不能帮客户消除他的顾虑）
客户	"我主要是买来给家人用的，万一她不喜欢怎么办？"（销售人员这么诚心，干脆告诉她真实原因也没有关系）
电话销售代表	"我理解您的苦衷，其实，您不用担心，我们这个拖布到目前为止，还没有哪个客户用了后说不好用的，因为它确实不仅功能强大，外观还很漂亮，您家人一定会喜欢的。您看我什么时候给您送过去？"（了解了这个真实的原因，我就不担心了，其实我们的产品真的很好，讲这些的时候，一定要有信心，信心可以感染客户）
客户	"好的，我考虑下，再联系。"（客户还是不想做决定）
电话销售代表	"我了解，这个拖布就像刚才您认可的那样，确实很适合您的家人使用，她一定会感受到您对她的关心。现在做活动，处于优惠期，而优惠期随时可能结束。另外，您现在购买，我还可以再送您一个拖布供您更换，实在是很划算。要不，我现在就帮您下订单吧？"（还好我早料到客户可能会拖延，我运用拖延处理战术，有效地处理了客户的拖延）
客户	"那好吧。"（既然要订，干脆现在就买吧）
电话销售代表	"好的，谢谢您，请问您的送货地址是……"（为自己庆祝一下吧，真棒！加油！）

资料来源：http://blog.chinaceot.com/blog-htm-do-showone-type-blog-uid-1090374-itemid-585547.html.

　　试分析：(1) 对话一中的销售代表在表达上有哪些可取之处？需要改进的地方在哪里？

　　(2) 通过两次对话的比较，分析对话二中的销售代表在表达上有哪些可取之处？

二、情景训练

1. 目的：熟练运用营销语言的技巧。

2. 训练说明：让学生自己在现有的范围内确定一个推销产品，然后在班级里任意选择销售对象，完成销售任务。

营销语言练习2

3. 要求：

(1) 深入了解产品的特点。

(2) 由销售与被销售双方完成整个销售过程。

(3) 销售过程完成后，销售方与被销售方共同总结，并发现问题，最后由老师进行点评和总结。

专题二 讲解语言技巧

预期收获：

(1) 了解讲解语言在各行各业中的重要作用。

(2) 掌握讲解语言的技巧。

活动引入：

(1) 活动目的：了解各种因素对讲解的影响，如目光接触等。

(2) 活动步骤：每个学生都拿出一张A4的纸张，然后闭上眼睛，听着老师的指令操作。"首先将纸张对折，然后再对折，然后撕下纸张的右上角。"学生睁开眼睛，看看大家的图形是否一样。

(3) 活动结果：通过这样的小活动，让学生总结出信息表达需要注意的几个方面，或是有效沟通取决于什么因素。

【典型案例】

(一)"尊敬的各位领导、老师和同学们，大家好，大家好，我是2号应聘者，我叫王梦，王梦。今天我要试讲的主题，主题是如何提高学生学习英语的兴趣、兴趣。下面，下面我首先说一下我的说课提纲，提纲……"

没等王梦面试结束，台下的领导、老师和同学们就开始窃窃私语了，很显然，王梦的面试并不成功。

(二)"龙行天下"旅行社的VIP游客到达杭州，小陈将游客从机场迎接到旅游车上后，便开始了杭州之行。通常来讲，每个地陪导游员都要在首次沿途讲解中介绍当地的概况和历史沿革等内容。小陈也一样，很想马上就将杭州的美丽景致和当地人民的热情好客全都告诉客人。但是，游客对小陈的"热情"有些茫然。小陈的眼睛始终看着车后面的顶部，声音虽然很洪亮，但让游客感觉非常不舒服。在介绍杭州东站广场时，游客都向车窗外张望，但找来找去、看来看去，也没有见到广场。原来，东站广场已经过去了，小陈是在做补充介绍①。

结果可想而知，小陈一到吃饭时间就被旅行社召回去了。

分析与讨论：

(1) 上述案例中的讲解人员在讲解过程中有哪些问题？该如何克服？

(2) 讲解员在面对众人讲解时应该注意哪些问题和细节？

一、讲解语言艺术的重要性

讲解语言技巧

讲解语言艺术适用于各个行业，无论是对人的推介还是对产品的推介，语言的表达能够给对方留下深刻的印象，对实现目标显得尤为关键。例如，在旅游行业中，游客出行主要是为了满足对新事物的求知欲望，如果导游员具有较好的讲解语言艺术，那么相信游客会非常满意、舒心、顺心，由此看来，掌握讲解语言艺术对讲解员来说是至关重要的。

二、讲解语言的表达技巧

(一) 巧用声音

在我们的日常生活中，总会遇到一些能说会道、善于与人聊天的人。他们之所以能说会道，一是因为他们的语言知识相当丰富；二是因为他们的察言观色的能力非常强；三是因为他们的声音具有极大的魅力，他们懂得在不同的场合该如何控制自己的语调、语速等。相信我们每一个人都有过这种感受：读错字或发音不准，会闹出笑话；吐字不清，表达含含糊糊，会降低客户对你及你所推销产品的信心。讲解时巧用声音的方法主要包括以下几个方面。

---

① 百度文库. 导游讲解语言艺术的技巧[EB/OL]. (2010-12-11)[2021-12-25]. http://www.17u.com/news/shownews_24060_0_n.html.

1. 要善于运用语调的变化

讲解员对内容进行语言讲解时要善于运用语调的变化。语调平平的讲解，听众听起来会感觉毫无生气，味同嚼蜡。这是因为"人的各种感觉器官都喜欢变化，如果耳朵一直都处于同一种连续的声调的倾听中，则会感到不舒服"。讲解员在讲解的过程中，应该有高潮，也有低潮。高潮时，音色应该明亮、圆润；低潮时，音色应该深沉、平稳。只有这样抑扬顿挫的语调变化，才能使讲解语言具有音乐般的节奏感，使人爱听，也让人愿意听；反之，瓮声瓮气的或有气无力的声音会使人感到不愉快、不舒服。

2. 合理调节讲解的音量

讲解员在讲解过程中，调节好声音的音量是语言表达的又一技巧。

首先，要根据听众人数的多少及讲解地点、场合来调节音量。听众多的时候，尽量让大家围绕你站成半圆形，音量要以离你最远的客人听清为宜；听众少的时候音量则要小一些。在室外进行讲解时，音量要适当大一些；在室内则要小一些。因此，讲解人员平时要注意练习发声，从低声到高声分级练习，以便在不同的情况下，掌握说话音量的大小。讲解人员的声音洪亮能增强听众对你的信心，在一定程度上也表现出该讲解员的气场。

其次，要根据讲解内容来调节音量。一是要将传递信息的关键词加大音量，强调其主要语义，例如："那个时候只有我在屋里看电视。"这里主要是强调在那段时间内，谁在屋里，所以在说到"我"字时就要加大音量，甚至重复一遍，着重告诉大家结论。二是要故意压低嗓门，先抑后扬，造成一种紧张气氛，以增强感染力。例如："(轻声)就在那天晚上，伸手不见五指，寺庙里静得出奇，(加重声音)突然间，一阵电闪雷鸣划破夜空……"可见，音量大小如果调节得当，则可以极大地增强语言的讲解效果。需要注意的是，音量大小的调节情况是以所讲内容及情节的需要为基准的，该大时则大，该小时则小，不能无缘无故发出高声、尖声或低声，否则会有危言耸听、做作之嫌，听众也会很不习惯。

3. 适当控制讲解的语速

任何行业的讲解人员在讲解的时候，如果一直用同一种语速，给人的感觉无疑就是在背书，不仅会使讲解内容缺乏感情色彩，还会使听众昏昏欲睡。美国著名演说家费登和汤姆森所著的《讲演的艺术经验》一书中说："关于讲演速度所应遵循的原则，就是随时注意变化。"因此，讲解人员要根据讲解的内容、听众的理解能力及反应等因素来控制讲解语言的速度。一般来说，讲解的语速应该控制在每分钟200个字左右。如果讲得太快了，说话像开机关枪，听众需要竖起耳朵，同时集中全部注意力去听，时间一长，精神就会高度紧张，特别容易疲劳，注意力自然而然就会涣散。反之，如果讲得太慢，则不能给人以流利、舒畅的美感。但是，也有特殊的情况，对于"需要特别提醒和强调的事情，想引起听众特别注意的事情，严肃的事情，容易产生误解的事情，以及数字、人名、地名、人物对话"等，讲解员要注意放慢语速以便引起听众的足够重视。在为年老的客人讲解时，讲解员的语速也要缓慢，以便他们能够听得清楚，同时不感到累。例如：

"光绪的凄苦，只有他的贴身太监王商能领会，一天晚上，王商趁慈禧熟睡之机，买通了看守珍妃的宫女，偷偷地将珍妃带到了玉澜堂同光绪见面。相见之下，两人有诉不尽的衷情，说不完的心里话，真是难舍难分。月过中天了，珍妃还不忍离去，真是相见时难别亦难啊。"

讲上述一段话时，语速应沉重、迟缓一些，但当讲到下面一段话时，就要注意加快语速，以渲染紧张的气氛：

"就在这时，殿外传来小太监的咳嗽声，王商一听，不好！慈禧太后来了，怎么办？珍妃此时再走已来不及了……"

由此可见，讲解员在讲解的过程中尤其要善于根据内容来控制讲解的语速，该快则快，该慢则慢，以便增强讲解语言的艺术性。控制语速的技巧并不难掌握，把音节拉长，速度就慢；把音节压缩，速度就快。

4. 注意讲解时的停顿

停顿是指讲解员在讲解过程中短暂的中止时间，所谓"中止时间"不是指物理时间，难以规定秒数，它其实是就心理时间而言的。据专家统计，最容易使听众听懂的谈话，其停顿时间的总量应占全部谈话时间的35%～40%。讲解员在讲解时，并不是讲累了需要休息一下，才停顿片刻而沉默的，而是为了使听众在心理上对讲解内容做出反应，突然故意把话头中止，沉默下来。假如你一直口若悬河、滔滔不绝地说个不停，不但不容易聚集听众的注意力，反而会将你的讲解变成听众的催眠曲。反之，如果讲解员说话吞吞吐吐，老半天才蹦出一句话、一个词或在不该停顿的地方停顿了，则会使听众感到无趣，而且容易使讲解产生语言上的歧义。

除了前文学习过的语言表达中的停顿类型，讲解员在讲解时还应注意一些特别的规定，举例说明如下。

1) 语义停顿

语义停顿指的是讲解中说完一句话时要有较短的停顿，一个意思说完要有较长的停顿。例如：

"由于历史的变迁，/当年的魏国公府早已毁坏了。||现在的瞻园，/是当年魏国公府仅有的遗存，/是当年府内西花园的一部分！

清朝时，这处遗园被改为藩署街门，/乾隆皇帝南巡时，曾经在这里游览。||如今，青砖洞门上，那"瞻园"二字，/就是乾隆皇帝的御笔。"（"/"表示较小的停顿，"||"表示较大的停顿。）

有了这些停顿，导游员才能有条不紊地把层层意思交代清楚。

2) 暗示省略的停顿

它是指不直接表示肯定或否定，而只是用停顿来暗示，让听众自己来判断。例如："请看，那边一线起伏的山峦像不像一条龙？||后边的几座小山丘像不像九只小乌龟？这就是一龙赶九龟的自然奇观。"（"/"表示较小的停顿，"||"表示较大的停顿。）

3) 等待听众了解的停顿

它是指由讲解员自己先说出使听众好奇的话，然后停顿下来，让听众处于一种应激状态。例如："现在，这里仍保留着用人祭祀河神的习俗，他们每年都要举行一次祭祀盛典。举行仪式时，众人将一位长得十分漂亮的小姑娘扔进河水之中。"导游员说到这里，故意停了下来。此时，游客脸上出现惊疑的神情——难道如今这里还保留着如此野蛮、不人道的风俗？停了一会儿，这位导游员接着说："不过，这位姑娘是用塑料制作的。"游客们恍然大悟。讲解时恰到好处的停顿，能让讲解员后续的话语产生惊人的效果。

4) 强调的语气停顿

美国的戴尔·卡耐基在《语言的突破》中叙述了林肯用停顿进行强调的经验："林肯在讲话时，经常说着说着就把话头从中间切断，每当他讲到重要的地方，为了加深听众内心的印象，他就使出'切断话题'这一招，而暂时沉默一下，凝视听众的眼睛。为了使自己讲话的内容和意义，能深深地刻在听众的心里，唯一能使他达到这一目的的，就是他所具备的沉默，因为沉默加强了他说话的力量。"尽管这是关于演讲的经验之谈，但对于讲解员的讲解同样有重要的借鉴作用。

总之，讲解员在讲解时注意停顿，可以使语言变得流畅而有节奏，让听众听了更加舒服。

(二) 活用修辞

恰当地使用各种修辞手法，能使讲解的语言鲜明生动，更趋艺术化。下面介绍几种讲解语言中常用的修辞手法。

1. 活用比喻

1) 讲解中的比喻类型

(1) 使抽象内容变得形象化的比喻。如："苗家姑娘特别喜欢唱歌，她们的歌声就像百灵鸟的声音一样清亮动听。"歌声在这里是一种抽象的概念，使用比喻后，会使内容形象化。

(2) 使人(物)形象鲜明的比喻。如："相传八仙之一的何仙姑，长得十分有姿色，她最喜欢穿绿色的衣裙，亭亭玉立，就像一株吐艳的荷花。"

(3) 使景物形象化的比喻。如："从岳阳楼观赏洞庭风光，你会觉得，洞庭湖就像一只偌大的银盘，远处的君山就像一只镶嵌在其中的青螺……"

(4) 丰富想象的比喻。如："在浓荫蔽日的密林中走不多远，你就可以看见气势磅礴的大瀑布，它像轰雷、骤雨、飞珠、崩玉，雪浪花似的泡沫，跳荡着、咆哮着，溅起的水珠儿，蘑菇云似地冲向天空，然后化作轻纱般的薄雾，在阳光照射的特定角度下，你可看见彩虹般的景色。"这些比喻的使用，无疑会给人无穷的遐想，给人如身临其境的美感。

(5) 使语言简洁明快的比喻。如："莲蓬的形状是个圆锥体，底朝上，尖端和茎子连接着，顶上有许多小窟窿。"这段话可以简化为"莲蓬的形状就像一个喷壶嘴"。这样一比喻，语言就显得既简练明快，又具体形象。

2) 运用比喻修辞方法讲解时的注意事项

(1) 要就"熟"比喻，就"近"比喻，即要选熟悉的、通俗的事物来比喻陌生的事物或深奥的道理。也就是说，"以易喻难"，使人容易理解，如果"以难喻易"或"以难喻难"就失去了比喻的意义。

(2) 要以异显同，本体与喻体既有本质的不同，又有相似点。例如："这城隍庙呀，就像你们东京的浅草(寺)一样。"这句话虽然有"像"，但不是比喻句，因为比喻句的本体和喻体是不同类别的事物，而这里是同类事物。

(3) 力求新颖，不落俗套。自古以来，把西湖比喻为"玻璃""镜""明月"等的人不少，但第一个把西湖比喻为春秋时代越国绝代佳人西施的唯有宋代大诗人苏东坡，他用"若把西湖比西子，淡妆浓抹总相宜"的诗句形象地概括了西子与西湖的美丽。此外，"西湖""西施"又都有"天然去雕饰"的情趣。由此可见，新颖的比喻给人的艺术感染力是十分强烈的。

2. 巧用比拟

1) 比拟的类型

比拟，在讲解语言艺术中也比较常用，常见的类型有以下几种。

(1) 情景交融的比拟。如："看，山上的迎客松正在微笑着，向我们伸出了它们热情的手，正在欢迎各位远道而来的客人呢。""迎客松"是植物，赋予人的思想感情之后，才会"微笑"，才会"伸出热情的手"，这样就增添了艺术语言的形象性。

(2) 烘托气氛的比拟。如："舜帝南巡时，他的两个妃子娥皇、女英追踪到了洞庭山。在这里，她们得到了舜帝死于苍梧的消息，顿时，两个妃子悲痛欲绝，泪水顿做倾盆雨，满山的翠竹也和她们一起发出了阵阵揪心的呜咽声……"这里把"翠竹"人格化，烘托出悲痛的气氛，使人听后为之心动。

2) 运用比拟时的注意事项

(1) 要符合事物本身的特征。如："傍晚时分，你们可以看到'金蝉操琴蝴蝶舞，青蛙演唱打锣鼓'的情景。"这里所说的都符合"金蝉""蝴蝶""青蛙"的特征，如果改用"蝴蝶操琴青蛙舞"，那就成笑话了。

(2) 表达要恰当、贴切。如："将军岩矗立在这里，庄严地俯视着脚下起伏的山峦，像在检阅千军万马。"如果说："将军岩亭亭玉立地站在那里，似在翘盼丈夫的归来。"这样的表述就会显得不伦不类。

(3) 要注意语体特点。在讲解景观及其故事传说时经常使用比拟的修辞手法，但是在简介类的说明中一般是不用的。

3. 趣在夸张

1) 夸张的表现形式

在讲解语言艺术中，夸张的修辞方法可以强调事物的特征，可以鲜明地表现出讲解人员的情感，引起听众的共鸣。讲解中夸张的表现形式主要分为以下几种。

(1) 通过比喻的形式进行夸张。如："龟蛇酒喝了延年益寿，几盅下肚就会产生飘然若仙的感觉。"这里用"飘然若仙"来夸张地讲述龟蛇酒的功效，使人对龟蛇酒产生一种神秘感。

(2) 通过比拟进行夸张。如："海水湛蓝湛蓝的，蓝得使人见了恨不得变成一条鱼，钻进波浪里尽情嬉戏。"

(3) 通过神话传说进行夸张。如："三国时期，张飞和关羽曾在礁晓峰下棋，忽然上有一巨石落下，关公抬头看见，顺势将手中一颗棋子扔过去，把即将下落的巨石阻在半山腰。张飞见了大声喝彩，不料喝彩的声浪把边上另一块巨石冲断了一半。因此，就在他们下棋的石桌边，还有一块'喝断石'。"

2) 运用夸张修辞手法时的注意事项

(1) 要以客观事实为基础，给人以真实感。如："七仙姑的泪水就像泉水似的从脸上流了下来。"这类脱离实际的夸张，只能给人以虚假、浮夸之感。刘勰在《文心雕龙·夸饰》中说过要"夸而有节"，也就是说，夸张要掌握分寸，不能毫无根据地乱说。

(2) 要明确、明显。夸张的奥妙在于"不是真实，胜似真实"，要使听众一听就能感受到夸张的效果。

4. 妙在引用

引用是指用一些现成的语句或材料来说明问题。在讲解语言艺术中，引用的修辞手法的运用可以使语言生动活泼、丰富多彩。如果在说话时引用名人名言，以及古今中外的典故、寓言、谚语、诗句、文章，则往往能生动感人，增强说服力。讲解中引用的修辞手法可分为明引、意引、暗引。

1) 明引

明引是指正面、明白、清楚地引用原句，又称为"正引"，它的特点是出处明晰，说服力强。如云南三塔寺，建于唐开元年间，是大理历史上的第一座大寺院。明末阮元声在《南诏野史》中写道："佛一万一千四百，屋八百九十，铜四万零五百五十斤。"可见当时三塔寺的规模之大。

2) 意引

意引是指只引用原话(原文)的主要意思，而不引用原话的词句。意引引用的虽然不是原文但是原意，同样具有一定的说服力。例如："中国园林是由建筑、山水、花木等组合而成的综合艺术。明代的唐枢在比较黄鹤楼与岳阳楼谁更上一层时说道：'岳阳胜景，黄鹤胜制。'就是说岳阳楼的景色美在周边的环境，八百里洞庭，浩浩荡荡；而黄鹤楼则胜在历代的楼阁形制，各朝皆不相同，但都能体现出我国古代建筑的高古雄浑，极富个性。"

3) 暗引

暗引是指把别人的话或语句，直接加入自己的语言当中，但不注明出处。这样的引用可以修饰自己的语言，并能增添一定的感染力。例如："现在的杜甫草堂，仍在杜甫当年'八月秋高风怒号，卷我屋上三重茅'的旧址上。一千多年来，规模几度变更，但'清江一曲抱村流，长夏江村事事幽'的田园风光仍旧。这里的一花一木一溪一水无不洋溢着诗情画意。"

运用引用的修辞手法时需要一丝不苟、恰到好处，不要断章取义、随意删节，或过多过滥地引用。

5. 精在类比

类比就是把难懂的或需要特别强调的数字加以形象化的描述。在讲解语言艺术中，类比能把枯燥无味的数字或需要特别强调的数字变得更具体，让人听起来不枯燥，而是生动活泼时，给人留下深刻的印象。例如：

"现今，北京的面积为16 410平方千米，可以说有15个香港那么大。"对于香港游客来说，这样的换算是比较适合的，能使他们对北京的面积有比较感性的认识。

"明万历三十七年(1609年)重修二大殿，仅采木一项，就费银九百三十余万两，约合当时八百多万'半年糠菜半年粮'的贫苦农民一年的口粮。"这样的换算可以使人明确地知道当时封建帝王为修故宫，搜刮民脂民膏所耗费的财力。

"故宫规模宏大。假如安排刚出生的孩子在每个宫室里各住一夜，当他把所有宫室都住过一遍后，他就成了一位27岁的青年。"如此数字换算既形象又生动，使人深切地感到故宫规模之庞大。

在讲解语言艺术中，如果讲解员能够巧妙地运用数字换算，就能够给听众提供一幅相关内容的"大体图像"，但是在使用换算的修辞方式时，讲解员要注意数字本身的准确无误，同时换算必须正确，否则就会使听众产生误解。

6. 善用映衬

映衬就是把两个相关或相对的事物，或将同一事物的两个方面放在一起，让它们相互衬托，相得益彰。讲解员在讲解过程中，可从内容和形式两个方面着手运用映衬的手法。讲解员要巧妙地安排所要讲的内容，同时使讲解形式多样化，比如语气可先重后轻，语速可先慢后快，语调可先低后高，或者反向映衬。例如：

"天下观日出的胜地很多：海南'天涯海角'地处中国最南端，那里碧波万顷，水天相接；泰山地处华东，眼底一马平川；这里是南岳祝融峰的观日台，地处南国，眼下却是千山万壑。在这里看日出，别有一番景象。"

在这段讲解中，导游员用天下闻名的观日出胜地进行对比映衬，激发了游客的兴趣。"只听得'轰隆'一声巨响……"在处理"轰隆"一词时，采取先轻后重的映衬手法，其效果要比大吼一声"轰隆"要好得多。

讲解员在讲解过程中运用映衬的修辞手法时，需要注意描绘的事物之间一定是有关联的，切忌无中生有，以防引起别人的误解[①]。

三、讲解的体势语

讲解员的讲解并不是单靠动口就可以圆满完成的，利用语言的同时还必须使用体势语来辅助自己的讲解，如果把站姿、眼神、手势、表情等体势语言处理得当，就会增强讲解的效果和魅力。凡是不注意听众的视觉反应，完全凭自己的口才来进行讲解的讲解员，其讲解是注定不会成功的。前面的专题中，我们已经详细分析了体态语的类型和应用，但是导游讲解的体态语有着自己的特点和要求，下面我们将从站姿、目光、表情、手势等方面来进行分析。

[①] 百度文库. 导游讲解语言艺术的技巧[EB/OL]. (2010-12-11)[2021-12-25]. https://wenku.baidu.com/view/a5ac2e87bceb19e8b8f6ba7e.html.

(一) 站姿

站姿能够显示一位讲解员的风度。一般来说，讲解人员在讲解时，要挺胸直腰，端正庄重。所谓 "站如松，坐如钟" 就是这个姿态。讲解人员如果在车内讲解，必须直腰站立，面对客人，肩膀可适当倚靠车厢壁，也可用一只手扶着椅背或扶手栏杆，以保持平衡。在实地进行宣传讲解时，一般来说不建议边走边讲。在讲解时，应停止行走，面对听众，把全身的重心放在脚上，上身要稳，要向听众展示一副安定的姿势。讲解员在讲解时要注意，千万不可摇摇摆摆，焦躁不安或是直立不动，或把手插在裤兜里，更不能有怪异的动作，如抽肩、含胸、乱摇头、不停地摆手、舔嘴唇、捐胡子、捭鼻子、拧领带等，一旦出现这样的小动作，就会给听众留下不好的印象。

(二) 目光

讲解是讲解人员与听众之间的一种面对面的互动。在这种面对面的互动中，双方可以进行 "视觉交往"。 游客往往可以通过调动视觉器官——眼睛，从讲解员的一个微笑、一个眼神、一个手势中加强对讲解内容的理解。讲解员在进行讲解时，运用目光的方法有很多，这里仅介绍如下几种。

1. 目光的联结

这是加强讲解人员与听众的关系的重要因素。一直低头或望着与讲解内容毫不相干的地方以及只顾自己口若悬河的讲解员，是无法与听众产生共鸣的。但目光也不能老是盯着同一个人，更不能老是盯着一个人的眼睛，尤其是异性，否则就会让人产生反感或使人不自在。

2. 目光的移动

讲解人员在讲解某一内容时，要先用自己的目光把听众的目光吸引过来，然后再及时收回目光，继续面向听众进行讲解。

3. 目光的分配

目光的分配是指讲解员在讲解时要注意用目光统摄全部在听讲解的客人，即可把自己的视线落点放在最后边的听众的头部，同时也可以时不时地环顾周围的游客，但切忌只注视自己面前的一些听众，这样会冷落后边的游客，使他们产生被遗弃感，心里感到不平衡。

4. 眼球的转动

在讲解时，讲解员的视线朝向哪个方向，面孔就应该正对哪个方向，那种只是眼球滴溜溜地转动，而头却不随着眼球转动的人是使人生厌的。

5. 讲解与视线的统一

当所要讲解的内容中出现甲、乙两人对话的场面时，讲解员在说甲的语言时，要把视线略微移向一方，在说乙的语言时，要把视线略微移向另一方，只有这样才能使听众产生一种逼真感和临场感。

（三）表情

面部表情在讲解人员讲解的过程中也是十分重要的。上文提到的"目光"是面部表情的一个方面，下面就说说讲解时的整体面部表情。

1. 面部表情与讲解内容一致有助于情感表达

如果讲解时讲解人员面无表情，没有必要的和适当的感情流露，那么他最多是一部"会说话的机器"。打个比方，晚上回到家，你恶狠狠地对着家里的小狗说："你真可爱。"相信这只狗肯定不高兴，因为你的表情让它感到不安。如果你面带微笑地对它说："你不听话，我要打你一顿。"它反而会很高兴地对你摇尾巴。这就足以证明人的表情对将要表达的内容是有很大的影响的。讲解时同样如此，讲解北京天安门时有这样一段话："现在，我们登上了天安门城楼，我想，此刻大家一定和我一样，感到无比兴奋，无上荣光和自豪！"很显然，此时应该表达自豪的心情，如果讲解员的面部表情没有喜悦兴奋的神色，就难以使听众感到你的真情实感，也就不能激起听众的感情波澜。

2. 表情与内心情感要协调一致

如果脸上有一定的表情，但缺乏足以表达内心丰富情感的变化，或面部表情过于做作，与所要表达的思想情感不一致、不协调，同样收不到良好的效果。比如，有的讲解人员在讲解时，努力做出过于夸张的各种"表情"，就像给小学生讲课或话剧演员的表情一样，会显得极其不自然。因此，面部表情除了准确之外，还要做到适度，要做到这一点，讲解时必须注意以下四点。

(1) 要有灵敏感。灵敏感是指面部表情要能够迅速、敏捷地反映内心的情感。它应该与口语所表达的情感同时产生并同时结束，在时间上要同步，表情时间过长或过短，稍前或稍后都不好。

(2) 要有鲜明感。鲜明感是指讲解人员的面部表情要明朗化，即每一点细微的表情变化都能让听众觉察到，那种似笑非笑、似是而非、模糊不清的表情是不可能给人以美感的。

(3) 要有真实感。真实感是指讲解人员的面部表情要表里如一，要让听众感觉到你的表情是真实的，是发自内心的，而不是给人皮笑肉不笑或华而不实、哗众取宠的感觉。

(4) 要有分寸感。分寸感是指运用面部表情要把握一定的"度"，做到不温不火、适可而止。以"笑"为例，讲解人员可根据讲解情感的变化，有时可表现为"朗笑"，有时只表现为"莞尔一笑"，有时可表现为"微笑"。讲解时的表情不可用艺术表演的"表情"，"艺术性"太强的表情往往过于夸张，在现场讲解的情境中，会显得不够真实，有损讲解的现实性。

(四) 手势

讲解时的手势，不仅能强调或再次解释讲解的内容，而且能生动地表达语言所无法表达的内容，使讲解内容生动形象，有助于听众理解。手势在讲解中的作用有三种：第一，表达情感，如说"我国的社会主义现代化建设一定会取得成功"时，可用握拳的手有力地挥动一下。第二，指示具体的讲解对象，如"现在我们来到了王府井大街，这里是北京最繁华的商业街。东边的(用手指东边)是东安市场，西边的(用手指西边)是百货大楼，这是王府井大街的中心。"第三，用来模拟物体的形状。例如，当讲"有这么大的鱼"时，就要用两手的食指比一比大小，而当讲到"5千克重的西瓜"时，就要用两手比划成一个球的形状。

在什么样的情况下用哪种讲解手势，应该视具体的讲解内容而定。在讲解手势的运用上必须注意几点：一要简洁、易懂；二要协调、合拍；三要富有变化；四要有节制地使用；五要不使用对方忌讳的手势。

四、讲解语言的注意事项

讲解语言的使用包括三个环节：讲解前的周密准备，优雅的讲解演绎及效果反馈。只有这三个环节都准备得很完善，讲解才能取得良好的效果。

(一) 做好周密的讲解准备

讲解准备主要体现在经常性的准备和日常性的准备两个方面。

(1) 经常性的准备包括讲解的专业知识、讲解业务技能和讲解词的熟练度、观众咨询的知识储备和礼节、礼貌、修养等方面，这部分准备内容应该不断地得到扩充和更新。

(2) 日常性的准备包括开启设备、讲解器材的管理、着装整理等要素方面。这些准备工作都是为了更好地进行实地讲解而做的铺垫。

(二) 优雅的讲解演绎

讲解员的讲解是以具有不同的兴趣爱好和审美情趣的听众为对象的，是对已掌握的知识进行整理、加工和提炼，是用简明的语言进行的一种意境的再创造，然后通过声音传播给听众的过程，即讲解员的"讲"与观众的"听""看"构成讲解的基本过程。因此，讲解员的讲解要善于运用语言艺术。

(1) 讲解员要热爱自己的产品、热爱自己的工作、热爱自己服务的企业，并分析自己的产品，使自己成为这款产品的专家。其中，产品知识不仅指自己企业产品的性能、特点、优势等，还包括与同行业产品的比较以及对潜在客户的利益点等进行的分析总结，要将原先书面形式的讲解词调整为适合表达和听讲的口语，通过正确、清楚、生动、灵活的讲解，拉近与听众的距离，这样才能应对各种各样的人群。

(2) 要善于运用各种语言技巧，例如表情、语音语调、修辞手法等，再配上适合的讲解方法，因人施讲，从而加深观众对讲解内容的了解和认可。下面通过几个例子对讲解方式进行具体阐述。

① 故事传说式的讲解。

【案例4-5】例如，讲解员为了讲解绵羊油的功效，可以引入故事传说："很久以前，在一位很讲究美食的皇帝的御膳房中，有一位烹饪技术高超的厨师。他所做的大餐小点很受皇帝的喜爱。有一天，皇帝忽然发现餐点质量差了些，将厨师叫来一问，才知道由于厨师的双手又红又肿，没法做出美味的餐点。皇帝虽然让御医为厨师医治，可惜无效，厨师不得不离去，厨师流落到一个小村庄后，帮一位牧羊人牧羊。他常常用手摸羊身上的毛，渐渐发觉手不疼了，后来，他又帮老人剪羊毛，手上的红肿渐渐消失了。于是他离开牧羊人再回京城，这时正遇上皇宫贴出告示招厨师。他蓄须前往应征。他所做的大餐小点，很受皇帝的赞赏。他被录用后，剃了胡须，大家才发现他就是过去的那位大厨师。皇帝问他手是如何治好的，他说，大概是用手不断整理羊毛，无意中获得了治疗。根据这一线索，皇帝让御医们详加研究。结果发现，羊毛中含有一种自然的油脂，被提炼出来后有治疗皮肤病的功效。"听到这样动人的讲解，听众能够很快了解并乐于接受有关绵羊油效用的说法。

② 问答式的讲解。这类讲解中讲解员要富有耐心、灵活机智。

【案例4-6】 客户在不明白手机如何计费时，话务员就可以用问答法一步一步地解答客户的疑问。

投诉案例分析

客服：打扰您一下，我是移动公司的客服人员，您之前反映过短信多收费的问题，对吗？

客户：对啊，说起来还让人不敢相信呢，这么大的移动公司，居然干这种事儿，这也不是几毛钱的事儿，以前我相信你们，从不查详单。这不查不知道，一查吓一跳。你们一条短信给我重复发，还发给同一个人，你说可笑不可笑。你们这骗钱也真不用脑子，还不知道之前乱收了多少呢，你们就说怎么赔偿吧。

客服：嗯，是这样，您误会了，我们的专业部门查了这个情况，这条短信确实是由您的手机发送的。

客户：什么？我发送的，我是八爪章鱼吗。我是发了短信，元旦那天我发得挺多的，那也没反复发呀，我还真怕发多了，那是我的客户，后来我还问了我的客户，幸亏他说只收到一条，不然你们老发老发的，弄不明白的还以为我是神经病呢。

客服：您先别激动，我的意思是您只发了一条信息，但是您仔细想想是不是字数挺多的呀。

客户：我发短信的字数关你们啥事啊，不就是节日祝福短信吗？那不人人都发吗？

客服：那是，那是。谁不发祝福短信啊，那是应该的，大年大节的还不得问候一声，您当然使用得对，但是我们发现您的短信有点长，移动公司每条短信的最大长度为140个字节或70个字符。换个意思就是说，我们一条短信的长度只有70个字，字数多了，就得拆分来发送，您那条祝福信息有145个字，那就得发三次了。

客户：我明明只发了一条！别人也只接到一条！

客服：对，您只发一条，我相信。不过您的手机功能很好，可以把需要发三次的信息一次发出去。

客户：有这事？我是转发的，别人发给我，我也只是收到一条呀。

客服：现在生活水平提高了，您朋友呢，肯定使用的手机和您的一样是高档次的，他发的时候也不用拆开发，您的手机也具备长短信功能，我们在网络上得发三次，您的手机接收一次就整合了。我们相信您的客户一般接收一次也就完成。当然，如果您想避免出现这样的情况可以控制一下字数，保证每条短信在70个字以内，包括标点符号。当然，我们会保存您包括本月在内近半年的详单，如果您还有什么问题，我们随时欢迎您的审核。

客户：嗯。行，我明白了，等有时间我去看看。

③ 数字式的讲解。当客户不相信你的讲解时，可以用数字来列举相关内容，从而提高客户对你所讲内容的信服感。例如，你在宣传吸烟对身体有害时，就可以用数字来展示："烟草中均含有烟碱(尼古丁，Nicotine)这种成分，它具有很强的毒性。据报道，一支香烟中的尼古丁可毒死10只小白鼠，25支香烟中的尼古丁能毒死一头牛，40～60毫克尼古丁可使人致死。通过这个数据可知，吸烟的确对人的身体损害很大。"

④ 比较式的讲解。当客户质疑你的产品时，你可以采用比较法向客户详细分析两种产品的特点，从而消除客户的疑虑。

【案例4-7】曾经有位司机向中石化的加油站反映情况："河南个体户的0号柴油是6.85元/升，而你们的油价是7.25元/升，怎么高这么多啊？"加油员说："我们中石化是世界500强企业，炼油设备国内一流，油品质量可靠，您用了放心；便宜油质量不可靠，对您的发动机损害大，长期使用会产生很多积碳，堵塞喷油嘴和进气阀，会增加您的维修费，还耽误您的宝贵时间呀。"

⑤ 联想式的讲解。

【**案例4-8**】某博物馆的讲解员为了向小学生讲解文物，就使用了简单易懂的语言。"你们知道缶是什么吗？缶是用来装酒的，它和用来装冰的鉴配成一对儿，这就是古代的冰箱。因此，2008年奥运会开幕式上张艺谋叔叔让2008个人一起敲冰箱！"

(3) 做到因人施讲。讲解员应该针对不同层次的听众群体，根据其职业特点、年龄阶段、文化水平、科学素养、思辨能力等因素的不同而采用不同的讲解方式，适时调整自己的讲解内容、方法和进度，学会随机应变、随"人"应变等，与观众建立一种平等和谐的关系。老师在课堂上要讲效率，讲解员在场地上要讲效果，这说的就是因人施讲。

比如，对于中小学生，特别是低年级的小学生，他们的心理特点是好奇心强，好动，愿意说话，一般理解力较差。针对他们的讲解中，讲解词就应当简单明了，感情色彩要浓，要由浅入深，故事性要强，要引用他们熟知的知识和典故。例如，举办航空知识展时，小学生们看到停放在展厅里的飞机展品，马上就会产生是真是假的疑问，巴不得上去摸一摸，坐一坐。这时如果讲解员笑容可掬地问一声："这飞机大不大？"同学们一定会大声回答："大！""现在我来告诉你们这个飞机的故事好吗？"这一句提问，若能结合恰到好处的肢体行为，就能有力地激发学生的兴趣，使他们全神贯注地倾听。而对中学生就要从飞机能腾空飞起的原理讲起，尽量让中学生能亲自动手、亲自参与，以激发他们的学习兴趣和探索精神，使学生从感性接触过渡到理性认识，把书本理论与实践联系起来，从而加深对知识的理解。讲解语言生动活泼，富有幽默感，采用恰当的比喻，都能有力地引导学生去思考、去探求，使他们在各自不同的年龄阶段和知识层面上，轻松愉快地获取知识并得到启发。

(三) 重视讲解效果的信息反馈

听众能听懂讲解内容，了解所介绍的产品或知识，是讲解员讲解的目的所在。为了达到这个目的，讲解员必须做到"四到"，即心到、眼到、口到、手到。心到即心中装着听众，想听众之所想，急听众之所急，有强烈的较好完成讲解任务的愿望和责任感；眼到即善于观察、善于发现，如有的听众行为不便或有特殊需求，或者我们的工作存在不足，讲解员要是视而不见，那就是眼没到；口到是指要根据现场听众的构成，有针对性地因人施讲，能使所讲内容、所用表情与听众的听讲需求、审美情感保持一致；手到即讲解时的身姿、手势等肢体语言与所讲内容配合到位。这"四到"始终贯穿讲解员讲解服务的全过程，与讲解的效果密切相关，只有把每个细节落到实处，才能突显讲解语言艺术的魅力，才能达到讲解的目的。

课后专题训练

一、案例分析

小赵带团到浙江绍兴去游览，第一站就是大禹陵。在头一天晚上，小赵仔细阅读了有关的材料，做了充分的准备。在去大禹陵的路上，小赵热情而又非常自信地向游客做了绘声绘色的介绍。

导游讲解练习

到达大禹陵之后，小赵采用"触景生情"的导游方法，向现场游客做了仔细的介绍。最后，他宣布给大家半个小时的自由活动时间。小赵因为十分卖力而累得满头大汗，他正在擦汗的时候，看到一位年近60岁的老太太在那里东张西望，好像在找什么东西。小赵赶紧走过去，热情地问："张太太，您在找什么？是不是丢了什么东西？"张太太抬起头，用迷惑的眼神看了小赵一会儿，说出了一句让小赵怎么也想不到的话："小伙子，我看你待人倒是蛮热情的，可是你不该骗人啊！你说了半天'大鱼林''大鱼林'，可大鱼在哪里呀？我找了半天，也没有找到一条大鱼呀！"①

请结合上述案例分析该导游员的讲解存在什么问题？下一步该如何避免此类问题的发生呢？

二、情景训练

1. 目的：熟悉各种讲解技巧、修辞方法及态势语的运用。

2. 训练说明：学校为一个旅游景点，将学生所在的班级按照6～8人一组分成若干小组，然后对学生进行角色分工，例如有导游、有刁钻的客人、有全陪等，并对校园环境进行真实的讲解，然后进行角色轮换。

---

① 导游吧. 导游多维心理分析案例[EB/OL]. (2006-08-15)[2021-12-25]. http://www.exam8.com/zige/daoyou/fudao/200608/305318.html.

3. 要求：

(1) 学生要详细了解学校的情况。

(2) 团队成员在听讲解的过程中除了要配合导游的讲解，还要发现导游在讲解过程中的问题，并记录下来。

(3) 角色轮换结束后，学生们互相点评，并由老师作总结。

三、附录：导游讲解的方法及技巧

要想顺利达到既定的讲解目的，讲解员通常要根据讲解时的时间、空间及环境等情况，使用不同的讲解方法为听众讲解知识及相关信息，因此这里根据导游语言所具备的四个基本特点，即言之有理、言之有物、言之有趣、言之有神，来列举一些实例，着重从语言艺术的角度，介绍几种常用的讲解手法。

1. 简述法

简述法，又称概述法，就是用准确、简洁的语言，把景观介绍给游客，使他们在欣赏品味景观之前对景观有一个初步的印象。例如，导游人员引领着游客来到岳阳楼前，在登楼之前，导游员介绍说："这就是驰名中外的岳阳楼，它与武昌的黄鹤楼、南昌的滕王阁合称'江南三大名楼'，素有'洞庭天下水，岳阳天下楼'的美誉。它原是三国时代东吴时鲁肃训练水师的阅兵台。唐代建为岳阳楼，宋代由巴陵县令滕子京主持重修，整个楼阁为纯木结构，重檐盔顶，1984年落架大修后重新开放。现在楼高20米，由四根楠木柱支撑，楼顶就像古代将军的头盔。全楼没有一颗铁钉，这在力学、美学、建筑学、工艺学等方面都有杰出的成就。现在，楼内藏有清代刻的《岳阳楼记》雕屏，大家要想领略'衔远山，吞长江，浩浩汤汤，横无际涯'的风光，请随我登楼观赏。"

2. 描绘法

描绘法，就是运用具体形象和富有文采的语言对眼前的景观进行描绘，使其细微的特点显现于游客眼前。在旅游过程中，有些景观如果没有导游人员的讲解和指点，则游客很难发现其美的所在，也很难唤起游客对美的感受。而经过导游人员一番画龙点睛或重彩泼墨似的描绘之后，游客的感受就会大不一样了。例如，在景色如画的苏州洞庭山的石公山上，一位导游员对游客描绘说："朋友们，我们现在身在仙山妙境，请看，我们的背后是一片葱翠的丛林，面前是无边无垠的太湖。青山绕着湖水，湖水映着青山。山石伸进了湖面，湖水'咬'住了山石，头上有山，脚下有水。真是天外有天，山外有山，岛中有岛，湖中有湖，山如青龙伏水，水似碧海浮动。"接着，他跌宕有致地吟道："茫茫三千顷，日夜浩青葱，骨立风云外，孤撑涛声中。"这位导游员情景交融的描绘，使游客像在观看彩色宽幅风景影片的同时，又能听到优美的画外音。

3. 问答法

所谓问答法，就是导游在讲解中要避免一个人滔滔不绝地唱独角戏，而是要调动游客进入角色，活跃气氛，利用讲中有问、问后再答的办法，与游客进行交流，巧妙地抓住游客的注意力。

问答法可分为"自问自答法""客问我答法""我问客答法""客问客答法"四种。

1) 自问自答法

在八达岭长城做现场导游时，导游员说："女士们、先生们，我们现在来到了长城脚下，一会儿便去爬长城。现在请允许我向大家提三个问题：第一，中国的长城是何时修建的？第二，中国的长城到底有多长？第三，为什么中国的长城在世界上这么有名气？大家对这三个问题会知道一些，但可能不是很全面，下面我来回答这三个问题。"于是，他便生动活泼地把长城介绍了一番。

2) 客问我答法

采用"客问我答法"时，除了要调动客人提问的积极性外，导游员还要注意避免两种偏向。第一，不要打乱自己的导游安排，不要一听有问题，就立即回答。要有选择地回答，无关紧要的问题以后再答，否则便会使自己的讲解凌乱分散，没有完整的概念。第二，不要只顾滔滔不绝地讲解，而一点儿不顾及游客的问题。有经验的导游员能把讲解和答问有机地结合在一起，从而达到讲答自然、浑然一体的效果。

3) 我问客答法

"我问客答法"的关键在于"问"。导游人员要善于"问"，要启发游客开动脑筋，应注意以下几点。

(1) 从实际出发，因人、因地、因时地提问。

(2) 问题要提得恰当，对方对这些问题不是一无所知，一般能答出个大概来。

(3) 善于利用回答引出更多的话题。

4) 客问客答法

"客问客答法"是指导游人员利用某些旅游者提出的问题，巧妙地开导和启发其他旅游者进行回答，从而营造一种共娱共乐的和谐交流氛围。

4. 名人效应法

名人效应法，即利用名人的知名度、社会名望，来宣传和讲解一个景点、一个名胜，以扩大影响，加强讲解效果，产生轰动效应。因为人们都敬仰、信赖名人，并且存有效仿的心理，所以名人效应法是导游可以运用的良好手法，能扩大景点的知名度，招徕更多的游客。例如，上海一位导游员做"豫园导游"，当他讲到湖心亭的茶馆时，做了这样的导游讲解："在桥的中间，有一座亭子，始建于清朝，80多年前被改做一家茶馆。老人们喜欢早晨来此，会会朋友，沏上一壶茶，聊聊天儿，好不自在……别看这个茶馆小，却是外国首脑常来之地。1986年，英国女王伊丽莎白二世来上海，亲临茶馆喝了著名的龙井茶。"接着，他生动地描绘了女王品茗的情景，又吊胃口似地说："若能到湖心亭茶楼手捧陶盅，口品香茗，凭栏俯瞰金鱼，远眺豫园美景，真是其乐无穷！"

5. 画龙点睛法

在导游过程中，向游客指出景物最精彩的地方，使他们领略其绝妙之处，这种手法叫"画龙点睛法"。例如，在参观佛教寺院时都会看到众多的善男信女在烧香，这时导游问："他们求神拜佛为什么要烧香呢？"然后讲："现在人们不都讲究信息吗？其实求神的人们早就注意信息问题了。烧香的烟是往上飘的，人们都认为神仙住在天上，求神前先烧香，用烟和天上的神取得'联系'，再祈求，神仙便会听到了。因此，'烧香'是同天上的神佛取得联系、传递信息的手段和方法。"这种解释很有趣，也很生动，很有"说服力"，点出了烧香的奥妙之处，因此令人难忘。这种手法就是"画龙点睛法"。

又如，南京的一位导游说："南京的特色，首先是个'古'字，作为六朝古都，南京有着悠久的历史；其二是'大'，有中国最大的河，有中国最大的桥，还有中国最大的城墙，等等；其三，南京在历史上、地理上都占有重要的位置，因此

'重'也是其特点；最后，南京是绿色城市，树木繁多，平均每一个人占有10余棵树，'绿'也是该城之特色。""古""大""重""绿"这四个字，便是南京导游的画龙点睛之笔。

6. 触景生情法

触景生情法，就是用寓情于景、富有哲理性的语言激发游客的情绪，使他们得到一种愉悦的启迪。例如，在号称"海天佛国"的普陀山风景区，导游员带着游客登上佛顶山，俯瞰大海。这时，导游员在一旁感慨道："朋友们，眼前这锦鳞片片，白帆点点的水面就是东海，多少年来，这海拥抱着、冲刷着佛顶山，以它特有的气势启迪着人们：海是辽阔的，胸怀无比宽广；海是厚实的，什么都能容纳；海是深沉的，永远那么谦逊……常看大海，烦恼的人会开朗，狭隘的人会豁达，急躁的人会沉稳……"听着这些充满人生哲理的话语，游客们获得的又岂止是山水美景？

7. 述古法

述古法，就是向游客叙述与景点有关的历史人物、事件、神话故事、轶闻典故等，以丰富游客的历史知识，使他们运用形象思维更好地了解眼前的景观。例如，坐落在武汉月湖畔的古琴台，游客要是单纯地看，看不到什么内涵，导游员采取述古式的导游手法后，游客对琴台的了解就会更加深入透彻。导游员说："这座古琴台相传是春秋战国时期的著名音乐家俞伯牙鼓琴的地方。有一次，楚国的俞伯牙坐船遇风，阻隔在汉阳，在这里，他遇见了一个叫钟子期的人，伯牙知道钟子期喜欢听琴，就用十弦竖琴弹了两支曲子，一曲意在高山，一曲意在流水。钟子期听完，很快就把乐曲的含意说了出来，伯牙十分钦佩，两人从此成了莫逆之交。一年后，钟子期病逝，俞伯牙十分难过，特意到钟子期的墓前弹奏了一曲'高山流水'，弹完后就把琴摔了，发誓不再鼓琴，这就是后人所说的伯牙摔琴谢知音。北宋时，人们为了纪念他们，就在当年他们鼓琴、听琴的地方建了一座琴台，取名伯牙台。"游客们纷纷被导游员述古式的讲解打动，再看古琴台时，感受就不一样了。

8. 逗趣法

逗趣法，就是用幽默风趣的语言进行导游讲解，让游客在乐趣中得到精神享受。例如：在苏州西园寺的五百罗汉堂里，导游人员指着那尊"疯僧"塑像逗趣地说："朋友们，这个疯和尚有个雅号叫'九不全'，就是说，有九样毛病：歪嘴、驼背、斗鸡眼、招风耳朵、瘌痢头、跷脚、鸡胸、斜肩，外加一个歪鼻头。大家别看他相貌不完美，但残而不丑，从正面、左面、右面看，你会找到喜、怒、哀、乐等多种神态……另外，那边还有五百罗汉，大家不妨去找找看，也许能发现酷似自己的'光辉形象'。"这样风趣的话，逗得游客忘记了旅途的疲劳，使其游兴顿增。

9. 猜谜法

猜谜法，就是根据旅游景观的内容和特点，以谜语的形式引发游客的兴致。例如，有位导游员在杭州九溪十八涧对游客说："这儿的路处处曲，路边的溪水叮咚响，远近的山峦绿葱葱。清代文人俞樾到这里时，诗兴大发，挥笔写道：'曲曲环环路，叮叮咚咚泉，远远近近山……'前面使用了叠词，朋友们猜猜看，第四句写树时，俞樾用的是什么叠词呢？"游客们议论纷纷，有的说"郁郁葱葱树"，有的说"大大小小树"，最后在导游员的启发下猜出是"高高下下树"。大家都惊叹俞樾用词的精妙。这"高"和"下"贴切传神，写活了沿山而长的树林。游无锡蠡园时，导游员让游客先看春、夏、秋、冬四个亭中的春亭，指着匾说："春亭挂的匾额是'滴翠'，表现了春天的景象，很有特色。那么，夏、秋、冬三个亭子会用什么题匾呢？各位朋友是否能猜中？"一石激起千层浪，游客边猜边看，猜中的笑逐颜开，未猜中的纷纷敬佩题匾者的文笔之妙。

10. 悬念法

导游员在导游讲解时引出令人感兴趣的话题，但故意引而不发，激起游客急于知道答案的欲望，使其产生悬念的方法就是制造悬念法，俗称"吊胃口"或"卖关子"。例如，一位导游员在讲解虎丘塔的建造年代时说："虎丘塔究竟有多少年呢？几百年还是几千年？说法一直不一致，直到20世纪50年代初才弄清楚。"导游员停了下来，大家在想，是怎样搞清楚的呢？"有一次，建筑工人在加固塔基的时候，他们在塔内的一个窟窿里，发现了一个石头箱子。"导游员停了下来，然后说："工人们把它搬出来，打开一看，里面还有一个木头小箱子，大概有这么大……"导游员比划着，"再把小木箱打开，里面有包东西，是用刺绣的丝织品包着的，解开一看，是一包佛经，取出这包东西，只见箱底写着年代，你们猜是什么年代？"游客们纷纷猜测，过了一会儿，导游员说："是中国北宋建隆二年，也就是公元961年。由此可见，虎丘塔距今有一千多年的历史，而苏州的丝绸刺绣工艺至少有上千年的历史。"悬念式的导游讲解把本来不怎么吸引人的介绍说得有声有色，令人着迷。

11. 类比法

类比法，就是用游客熟悉的事物进行类比，帮助游客理解和加深印象。由于地理、历史、民族、文化以及宗教信仰的差异，导游员要把每个游览点都解释得使游客容易理解，一听就明白，并不是易事。因此，导游人员有时必须借助类比的手法。例如，一批日本客人在参观乾陵壁画时，导游员指着侍女壁画对日本客人说："中国盛唐时期美女的特征和在日本高松家古坟里发现的壁画中的特征非常相似。"到此的日本客人仔细一看，发现的确如此，经过对比，从而对乾陵壁画有了具体的了解。在讲解西安半坡文化时，如果导游员加上一句话："半坡人的生活在很大程度上和当今美国居住在'保留地'的印第安人的生活习性相似。"这样讲解，美国客人就会恍然大悟了。

12. 引用法

引用法，就是引用客人本国本土的谚语、俗语、格言等进行讲解。这不仅能增强讲解语言的生动性，而且能起到言简意赅、以一当十的作用。例如，一位导游员带日本旅行团游览苏州拙政园，当客人们走过石桥之后，导游员就问他们是否忘记了过桥的一道手续，游客们一时不解其意，于是导游员说："贵国不是有句叫做'敲打一下石桥，证实其坚固后再走过去'的俗语吗？刚才各位虽然忘记了'敲打'，但也平安地过来了，这说明中国的石桥坚实，无须'敲打'，就能平安地走过来。"这位导游员引用了日本的俗语，借题发挥，取得了意想不到的效果。又如另一位导游员接待德国客人时，由于天气炎热，客人们的情绪低落，导游员便说了两句德国俚语："要是神仙来旅游的话，那么他也会笑的。""口渴比思乡更难受。"顿时，气氛活跃了起来，有的客人又一连说出几句俚语，随之炎热的天气给大家带来的倦意也消失了。

13. 模糊法

模糊法，就是运用不确定的或不准确的语言进行导游讲解的一种方法。例如，桂林阳朔鉴山崖壁上有一个草书"带"字形的石刻。一位导游员在讲解时说："那个'带'字形石刻像'带'又不是'带'，似一个字又不是一个字。这是清代王元仁的手笔，他写的这个字到底有什么含义呢？有人说它包括'一带山河，少年努力'八个字，也有人说包括'一带山河，举世无双，少年努力，万古流芳'十六个字，还有人说是由'一带山河甲天下，少年努力举世才'十四个字组成，其笔意到底是什么，谁也说不清，大家若有兴趣，可以仔细琢磨一下。"导游员故意采用模糊法进行模棱两可的讲解，让游客在观赏中进行选择性思考，以增添游兴。如果这位导游员只确切地讲一种"带"字的说法，其导游效果就平淡得多了。当然，在运用模糊法时，要掌握好模糊的程度，如果一味地"模糊"下去，则很难起到良好的导游效果。

14. 有的放矢法

有的放矢法是指导游员根据特定的游客带有普遍性的问题做针对性解答的方法。这种方法讲究的是要面对具体的对象，做恰如其分、实事求是的讲解。也就是说，游客喜欢什么，对什么感兴趣，导游员就讲什么；沿途能看到什么，同什么有关系，导游员就讲什么。

15. 突出重点法

突出重点法就是导游在讲解时要避免面面俱到，而是要着重介绍参观游览点的特点和与众不同之处的方法。通常以下情形可采用此类方法。

(1) 突出大景区中具有代表性的景观和大的游览景点，导游人员必须根据这些景点的特征，进行重点讲解。比如介绍杭州花港观鱼，主要是介绍红鱼池和牡丹园，这样不仅能让旅游者了解景点全貌，还能使他们领略公园的园林艺术和花卉知识，让游客从中得到美的享受。

(2) 突出景点的特征及与众不同之处。旅游者在游览过程中会发觉很多同类的东西。俗话说："内行看门道，外行看热闹。"即使是同一佛教宗派的寺院，其历史、规模、结构、建筑艺术、供奉的佛像也各有差异。导游人员在讲解时必须讲清楚其特征及与众不同之处，这样游客才能避免枯燥乏味的游览，既能增长知识，又能提高旅游兴致。

(3) 突出旅游者感兴趣的内容。旅游者来自各个阶层，兴趣各不相同，但有一点是相同的，即大家出来旅游都是为了寻找快乐，如果导游员能对游客的社会背景有所了解，认真研究游客的喜好，努力做到投其所好，便能博得大多数游客的青睐。突出旅游者感兴趣的内容就是要提高讲解层次，吸引旅游者的注意力。如介绍建筑，只讲其布局、特征往往会让游客觉得很抽象，如果能引经据典加以比较，就会显得层次丰富、内容厚实。一幢漂亮的建筑，其造型本来就是"凝固的音乐"，导游员只有将其丰富的内涵介绍给游客，才能使游客叹服。

(4) 突出"……之最"。对于某一景区，导游员可以根据实际情况介绍："这是世界(中国、某省、某市、某地)最大(最长、最古老、最高，甚至可以说最小)的……"这样讲解能提高旅游者的兴趣。在讲解一个景点时要"避轻就重"，如杭州飞来峰的洞窟岩壁上分布着五代到宋、元时期的石窟塑像338尊，导游员不可能面面俱到地进行介绍，只能择其重点，将"最大、最早、雕刻最细腻"的三处佛像详细讲解，其余概述即可。

16. 虚实结合法

虚实结合法就是导游员在讲解中将典故、传说与景物介绍有机结合，即编制故事情节的讲解方法。也就是说，导游员的讲解要故事化，以求产生艺术感染力，努力避免使用平淡的、枯燥乏味的、就事论事的方法。

虚实结合法中的"实"是指景观的实体、实物、史实、艺术价值等，而"虚"则指与景物有关的民间传说、神话故事等。"虚"与"实"必须有机结合，但要以"实"为主，以"虚"为辅，"虚"为"实"服务，以"虚"烘托情节，以"虚"加深"实"的存在，努力将无情的景物变成有情的导游讲解。如讲解杭州断桥时，结合白娘子和许仙在断桥上"千年等一回"的故事，一定会令人更加感动。再如一座雷峰塔本来很平常，由于民间故事的介入，白娘子、许仙、法海等人物穿插其中，导游员一加渲染，就会激起游客的兴趣。当然，导游员在讲解时选择的"虚"的内容要精、要活。所谓"精"，就是讲解的内容应是精华，与所讲解的景观密切相关；所谓"活"，就是使用时要活，见景而用，即兴而发。当然也要避免没有来由的完全虚构。

总之，讲解每一个景点时，导游员应编制什么故事情节，先讲什么后讲什么，中间穿插什么典故、传说，心中都应有数，加上风趣形象的语言、起伏变化的语调，导游讲解自然会产生艺术吸引力。

导游员在使用任何一种讲解方法时，都要注意"四要""四忌"原则。"四要"原则：一要精选内容，分清主次，突出主题；二要虚实结合，形神兼备，生动有趣；三要有疏有密，有张有弛；四要接受听者反馈，灵活调整，总结改进。"四忌"原则：一忌面面俱到，平均用力，主次不分；二忌只顾知识，不讲趣味；三忌大吹神话典故，不着边际，不顾眼前景物；四忌随意编造，出语低俗，哗众取宠。

服务语言技巧

预期收获：

(1) 了解服务语言的重要性。

(2) 掌握服务语言的技巧及运用。

活动引入：

(1) 活动目的：了解服务语言有哪些并熟练掌握服务语言的技巧。

(2) 活动步骤：将全班学生每5人分成一组，每组选出一名代表站在讲台上，由老师宣布活动开始，台上的学生顺次说出一个服务用语，比如"早上好""对不起"等，要求大家不能重复，不能间断，台下的学生可以为台上的学生献策。

(3) 活动奖惩：获胜的小组可以要求犯错误的小组表演节目或做一件有意义的事情，如打扫宿舍卫生一次等。

【典型案例】

装饰典雅的某酒店宴会厅灯火辉煌，一席高档宴会正在有条不紊地进行着，只见身着黑色制服的服务员轻盈地穿行在餐桌之间。正当客人准备祝酒时，一位服务员失手打翻了一个酒杯，酒水洒在了客人身上。"对不起，对不起。"这边道歉声未落，只听那边"哗啦"一声，又一位服务员摔碎了酒杯，顿时客人的脸上露出了愠色。这时，宴会厅的经理走上前向客人道歉后解释说："这些服务员是实习生……"顿时客人的脸色由愠色变成愤怒……第二天，客人将投诉电话打到了饭店经理的办公室，愤然地表示他们请的一位重要客人对酒店的服务很不满意。

分析与讨论：

(1) 该酒店的工作人员在处理此事时有哪些不妥的地方？

(2) 该酒店在管理中存在哪些问题？

(3) 在服务行业中，应该如何解决客人的投诉问题？

一、服务语言的重要性

随着第三产业在国民生产总产值中所占比重的提高，尤其是服务行业的快速发展，国民对服务人员的素质提出了更高的要求，其服务语言的恰当与否直接影响了服务的质量和水平。因此，服务行业要想获得长足发展，就要不断提升服务人员的服务水平，其核心就是提升服务人员的素质，而服务语言是服务人员素质的直接体现。

二、服务语言的基本要求

1. 形式上的要求

(1) 有声服务。没有声音的服务是缺乏热情、没有魅力的服务。服务员在整个服务过程中不能只有鞠躬、点头，而没有语言上的问候；或是只有手势，而没有语言上的配合。

(2) 轻声服务。传统服务是吆喝式服务，这在古装武打影视剧中体现得淋漓尽致："小葱拌豆腐来咯！"伴随着吆喝声，菜已经端上了客人的餐桌；而现代服务则与之相反，讲究轻声服务，要为客人营造一个安静的环境，要求"三轻"(即说话轻、走路轻、操作轻)，例如在移动大厅办理业务，要求每位话务员说话令对方听清楚即可，而不能像在菜市场那样，声音一个高过一个。

(3) 普通话服务。在各种交际场合，原则上都必须使用普通话进行服务，尤其是服务行业中领导级别的人一定要用普通话与他人交流。当然在个别场合，如要突出地方风格或地方特色的旅游景区，需要使用地方方言才能突显其特色。方言使用的最低要求是必须让大家能够听得明白，不能妨碍彼此之间正常的交流，这也是要求讲普通话的作用和意义所在。

(4) 语言表达清楚、准确。一些服务人员往往由于腼腆或者普通话说得不好，在服务过程中不能向客人提供清楚明了的语言服务，造成客人的不满。例如，有位顾客邀请了几位朋友去一家新开的KTV唱歌，刚想看啤酒的时候，服务员说："我们店刚刚开张做活动，啤酒免费供应。"顾客一听，非常高兴，也没多想就要了10瓶百威啤酒，可是到了结账的时候，却发现结账员把百威啤酒的钱也算进去了，经过询问才知道，啤酒免费是指特定的崂山啤酒，而不是所有的啤酒，结果发生了争吵。由此可见，语言清晰、准确对服务人员来说是非常重要的。

(5) 恰到好处，点到为止。服务不是演讲，也不是讲课，服务人员在服务过程中只要清楚、亲切、准确地表达出自己的意思即可，不宜多说话。服务人员的主要工作是启发顾客多发表自己的看法，让他们能在消费过程中得到尊重，得到放松，释放自己的心理压力，尽可能地表达出自己的消费意愿和对服务的意见。

2. 服务程序上的标准要求

在程序上对服务语言做相应的要求，有利于检查和指导服务员的语言规范性。

(1) 客人来时有欢迎声。

(2) 客人离时有道别声。

(3) 客人帮忙或表扬时，有致谢声。

(4) 客人欠安或者遇见客人的时候有问候声。

(5) 服务不周时有道歉声。

(6) 服务之前有提醒声。

(7) 客人召唤时有应答声。

三、服务语言的礼貌性

我们在日常生活中应该努力让自己的语言具有礼貌性，具体表现为"四有四避"，即有分寸、有礼节、有教养、有学识；避隐私、避浅薄、避粗鄙、避忌讳。

1. 有分寸

"有分寸"是使服务语言得体首先要注意的问题。要想做到在语言的使用上有分寸，必须配合基本的语言要素，要在背景知识方面对对方加以了解，要明确双方交际的目的，要选择好交际的形式。同时，要注意如何用言辞、行动去恰当地表现，当然也要注意具体言辞的分寸。例如，一位理发师某天接待了一位顾客，这位顾客的头发颜色发黄，看到顾客的头发，也许是出于好意，只听这位理发师问道："哎呀，你的头发染过没？""没呀。"可没想到这位理发师接下来却说："我建议你染一下，你的头发要是不染，看起来就好像没洗干净一样，脏脏的。"试想，换做任何人都不会高兴吧，因此工作人员的语言一定要把握好分寸。

2. 有礼节

日常生活中有五种常见的礼节语言的惯用形式，表达了人们在交际中的问候、致谢、致歉、告别、回敬等感情。问候是"您好"，告别是"再见"，致谢是"谢谢"，致歉是"对不起"。回敬是对致谢、致歉的回答，如"没关系""不要紧""不碍事"等。

3. 有教养

说话要有分寸、讲礼节，用语雅致，尊重和谅解别人，这些都是言语有教养的表现。尊重别人是指尊重对方符合道德和法规的私生活、衣着、摆设、爱好，在别人的确有缺点时委婉而善意地指出。谅解别人是指在别人不讲礼貌时，要视情况加以处理。例如，几位从澳大利亚来的客人在某宾馆气派豪华的中餐厅用餐，其中一位客人对筷子和细瓷餐具非常感兴趣，服务员在服务过程中发现餐桌上的两双筷子和细瓷汤碗不见了，服务员示意客人需不需要为其重新添放，客人微显尴尬，服务员重新回到客人面前，拿着包装精致的餐具，告诉客人这些餐具送给他当作纪念，筷子是免费的，碗将按照与会价格记在账上。客人明白了服务员的意思。当服务员再次回到餐桌前时，不见了的筷子和碗已经回到了原来的位置。

4. 有学识

高度文明的社会中，人们十分重视知识，十分尊重人才。富有学识的人会受到他人的敬重，尤其是在与人交往的过程中，那些没有知识、不学无术的粗浅之人往往会因表述不清甚至言辞粗陋，受到社会和他人的轻视。

5. 避隐私

隐私是指那些不可公开或不必公开的情况，有些是缺陷，有些是秘密。在现代文明社会中，隐私除了少数必须知道的有关人员应当知道外，不必让其他人员知道。因此，在人际交往中要避谈隐私，这是很重要的礼节。欧美人一般不询问对方的年龄、职业、婚姻、收入等，否则会被认为是十分不礼貌的。

6. 避浅薄

浅薄是指不懂装懂，讲外行话，或者言辞单调，词汇贫乏，语句不通，常吐白字。社会就是一个知识的海洋，我们每个人都不可能是全能博士，也不可能是百事通，即使我们学有专攻、知识渊博，也总会有不如他人之处，总有不懂某些知识的地方，因此我们应该谦虚谨慎，对自己不懂的内容切不可妄加议论。

7. 避粗鄙

粗鄙是指言语粗野甚至污秽，满口粗话、丑话、脏话等。言语粗鄙是最不礼貌的行为，这是对民族语言的污染。为了更好地和别人进行有效的沟通交流，我们每个人在日常生活中，都应该避免使用粗鄙的语言。

8. 避忌讳

忌讳是指人类视为禁忌的现象、事物和行为，避忌讳的语言同它所替代的词语有约定俗成的对应关系。社会通用的避讳语是社会交往中一种重要的礼貌语言，使用避讳语能够念及对方的感情，避免触犯对方的忌讳，目的是使对方能与自己在良好的环境中交流沟通。避讳语的重要类型有以下几种。

（1）对表示恐惧事物用词的避讳。比如关于"死"的避讳语相当多，就连与"死"相关的事物也要避讳，如提到"棺材"要说"寿材""长生板"等。

（2）对谈话方及有关人员生理缺陷的避讳。比如现在对各种有严重生理缺陷者通称为"残疾人"，而不能用"瞎子""聋子"等称呼，必须使用比较文雅的避讳语。

（3）对道德、习俗不可公开的事物和行为等用词的避讳。比如说去大小便，要说"去洗手间"等。

总之，语言文明看似简单，但要真正做到并非易事。这就需要我们平时多学习，加强修养，使中华民族"礼仪之邦"的优良传统能得到进一步发扬光大。"敬人者，人恒敬之。"礼貌是一个人的基本修养之一，在与别人交谈的时候，礼貌性的语言会给人们之间的交流创造良好的环境，使双方产生好感，会表现出对他人的尊重，同时也会受到别人的尊重。因此，要时刻注意自己的一言一行，使自己的言行有礼貌。

四、服务语言分类及运用技巧

服务语言是各行各业中的服务员在为顾客提供服务过程中使用的语言，也是在服务过程中最容易出现语言失误的一个环节，诸如"你要饭吗""不关我的事""真麻烦""不知道""我不懂""喂""嘿""哎"之类的语言，在为客户服务的语言表达中，应该尽量避免使用，这一点非常关键。服务语言的分类及运用技巧有以下几个方面。

1. 称谓语

在日常工作和生活中，每个人都会使用各种各样的称谓语，例如小姐、先生、夫人、太太、女士、大姐、阿姨、同志、师傅、老师、大哥等。这类语言的使用有下列要求。

（1）要恰如其分。

（2）要清楚亲切。

（3）在称呼拿不准的情况下，一般称先生或女士。

(4) 要灵活变通。例如，一位司机第一次来加油，称其为先生是对的，但如果已经知道他是黄总、胡总或张局长、谭处长，再称他为先生就不恰当了，因而我们必须记住顾客的姓氏和职称、职务，并以此相称呼。

2. 问候语

问候语在工作人员与客户之间的使用频率非常高，也是增进彼此之间感情的开场白，例如："先生，您好！""早上好！""晚上好！""圣诞快乐！""新年好！"。问候语言的使用有下列要求。

(1) 注意时空感。问候语不能都是"先生您好"，应该让客人有一个时空感，不然客人听起来就会感到很单调、乏味。例如，在中秋节，如果向客人说一声"先生中秋快乐"则会强化节日的气氛，也能使客人产生被关注的感觉。

(2) 把握时机。说问候语应该把握时机，一般是在对方离你1.5米远的时候进行问候最为恰当。对于距离远的客人，只宜微笑点头示意，而不宜打招呼。

(3) 配合点头或鞠躬。对客人只有语言问候，没有点头或鞠躬等体势语的配合，是不太礼貌的。例如，客人在询问"洗手间在哪里"的时候，商场的工作人员只用了一个远端手势表明位置，没有语言上的配合，甚至只是努努嘴来打发客人，这样就显得很不礼貌。如果商场的服务员既用了远端手势，又对客人亲切地说："洗手间，您请沿着这条路一直往前走，大约10米，右手边就是！"客人的感觉就会好很多。

3. 征询语

征询语，确切地说就是征求意见的询问语言。例如："先生，给您的油箱加满油好吗？""小朋友，喜欢这个蓝色还是红色的奥特曼呢？"在使用征询语言时，要注意以下几点。

(1) 注意客户的形体语言，掌握好询问时机。例如，当顾客在柜台前停留时，当顾客在柜台前漫步注视商品或寻找商品时，当顾客用手摸商品或与其他顾客议论商品时，当顾客持币来到柜台前时，都是营业员向顾客询问的好时机。征询语一定要文明、礼貌、诚恳、亲切，要用恰当的称呼说好第一句话，如"老大爷(小朋友)，您(你)需要什么？"

(2) 巧妙地使用转化语，变被动为主动。如在服装柜台前营业员正在整理商品，没有注意柜台前来了顾客，这时顾客冲营业员喊："营业员，把这件衣服拿过来我看看。"营业员应马上放下整理的商品走过来，边放下衣服边问道："您穿还是别人穿？"这句问话就属于转化语，由被动答话变为主动问话，为整个服务过程的顺利进行奠定基础。

(3) 灵活机动，随机应变。营业员向顾客问话时不能总是说："您买什么？"问话的内容要随机应变。首先营业员要针对顾客的年龄、性别、职业等特点来灵活地决定问话的内容。这种主动性问话，能消除顾客的疑虑，同时也能迅速地了解顾客的来意，为下一步的服务提供依据。其次营业员要根据顾客在柜台前的动作和姿态来灵活地掌握问话的方式和内容。比如，当顾客在布料柜台前用手摸布料时，营业员便可主动询问："您买布想做什么？""给谁做？"在弄清客人来意的同时，营业员还要用准备性的服务动作来适应顾客的动作和姿态，以便掌握服务的主动权。

(4) 常用协商的口吻。经常在句末如"好吗""行吗"之类征询语，这样话语更加客气、谦恭，服务工作也更容易得到客户的支持。

(5) 应该把征询当作服务的一个程序，先征询意见，得到客户同意后再行动，不要自作主张。

4. 拒绝语

在为客户提供服务的过程中，在很多情况下不能满足客户的要求，这时服务员就会用到拒绝语，例如"对不起""不好意思""您好，谢谢您的好意，不过恐怕这样会违反公司的规定，希望您能理解"等。使用拒绝语时一般应该先肯定，后否定；还要客气委婉，不能简单地拒绝。举例如下。

(1) 在对客服务的语言中，不要使用："我不能……"当你说"我不能"的时候，客户的注意力就会集中在"为什么不能""凭什么不能"上，而不会集中在你所能给予的事情上。正确的说法是"看看我们能够帮你做什么"，这样就避开了跟客户说"不行""不可以"。

(2) 在对客服务的语言中，不要使用："我不会……"如果你说"我不会"，那么客户会对你产生负面感觉，认为你在抗拒，而不是注意力的转移。正确的说法是"我们能为您做的是……"

(3) 在对客服务的语言中，不要使用："这不是我应该做的。"如果你这样说，那么客户会认为他不配提出某种要求，从而不再听你解释，而应说："我很愿意为您……"。

(4) 在对客服务的语言中，不要使用："我想我做不了。"当你说"不"时，与客户的沟通会马上处于一种消极的气氛中，为什么要让客户把注意力集中在你或你的公司不能做什么，或者不想做什么上呢？正确的做法是告诉客户你能做什么，并且非常愿意帮助他们。

(5) 在对客服务的语言中，不要使用："但是……"你受过这样的赞美吗？"你穿的这件衣服真好看！但是……"不论你前面讲得多好，如果后面出现了"但是"，就等于将前面对客户所说的话进行否定。正确的做法是真实评价，但将好的、赞美的内容放在最后，并举例说明好在何处，这样会更加真实。

(6) 在对客服务的语言中，经常使用"因为"。要想让客户接受你的建议，应该告诉他理由；不能满足客户的要求时，要告诉他原因。

5. 指示语

工作人员都会遇到有客人问路、打听人或物的事情，这时回答一般会用到指示语，例如："收银台从这里往前走，第一个路口左拐，您的右手边就是。"。在使用这类语言时有下列要求。

(1) 避免使用命令式指示语。多使用"请""请您""您"等礼貌词语。例如，很多酒店大堂吧都有规定，不消费是不允许在里面坐着的。这时正好有个人在大堂吧等人，你需要告知他这里的规定，这时你就不能这样说："你去那边的沙发坐吧，这个地方不消费的话是不允许坐的。"面对这种情况，你最好这样委婉地告知客人："先生，您好，欢迎来到大堂吧，请问您需要喝点什么呢？"这样就可以展开服务员与客人之间的对话，如果客人只是等人不消费，那么你可以告知他："您可以去大厅的休息区等候。"

(2) 语气要温和，眼光要柔和。

(3) 指示语应配合手势使用。

6. 答谢语

在服务过程中，很多客人会由于工作人员的良好表现而对他们表示感谢，这时工作人员就需要使用答谢语来回应客人的感谢，如"谢谢您的好意""谢谢您的夸奖""谢谢您的提醒"等。这类语言的使用有下列要求。

(1) 在客人表扬、帮忙或者提意见的时候，工作人员都要使用答谢语。

(2) 答谢语要清楚、爽快。

7. 提醒道歉语

在为客人提供服务的过程中，在很多情况下会使用提醒道歉语，如"对不起，让您久等了""请原谅，这是我的错"等。为顾客找零钱时，顾客要求换新一点儿的钱。收银员答道："没问题，我可以帮您换一张。不过，请您稍等，我需要结完下一单。"提醒道歉语使用情况好坏，可以直接影响客人对服务内容和态度的认可情况，这类语言的使用，有以下要求。

(1) 把提醒道歉语当作口头禅，使用提醒道歉语是工作中的一个必要程序。

(2) 提醒道歉语要说得诚恳主动。

8. 送别语

在客人享受了工作人员提供的服务之后，使用的语言，如："先生，再见！祝您一路平安！""先生您走好！"送别语的使用可以为以后的服务奠定基础，为企业树立良好的社会形象。例如送别语应声音响亮、有余韵，并配以点头或手势。送别语的使用技巧有以下几种。

(1) 关心性的送别技巧。这种送别技巧主要适用于特殊顾客和粗心的顾客。例如，老年顾客言行迟缓，记忆力不佳，营业员送别时要用亲切的生活语言说："大爷，请拿好，路上慢慢走！"这种送别语从词语的选择、语调的运用上非常符合老年顾客的心理要求。当粗心的顾客选购完商品要走的时候，营业员应该说："先生，请记得把钱装好，把东西拿好哦，再见！"这时顾客会觉得营业员的提醒太及时、太有必要了，从而产生感激之情。如果顾客是位残疾人，通常这样的人自尊心很强，这时营业员应该像对待正常顾客一样，送别语的语调要正常，少用拖音，以免顾客误解。

(2) 祝福性的送别技巧。当顾客选购完商品要离开柜台时，营业员要用祝愿幸福、长寿、健康、美满之类的语言送别顾客。这些祝福性的送别语言具有很强的针对性。例如，未婚青年男女选购完结婚用品，在送别他们的时候，就应该说："祝你们幸福！"或"祝你们生活美满！"如果顾客选购商品是为了探望病人，那么营业员在送别顾客时就应该说："祝您的亲人早日康复！"或"祝您的朋友早日恢复健康！"

(3) 嘱咐性的送别技巧。这种送别技巧多适用于儿童。如果儿童顾客要离开柜台了，那么营业员的送别语应是："小朋友，把东西拿好——路上要看着点儿车啊！"或者"小同学，把钱揣好，别贪玩把东西弄丢了，先回家啊！"这种嘱咐性的送别语不仅能提醒顾客在回家的路上要注意交通安全和财物安全，更重要的是在他们幼小的心灵深处，打上了营业员提供优质服务和文明礼貌的烙印，有利于他们的成长。

 **课后专题训练**

一、案例分析

1. 比较下面两个案例中客人心理状态的变化及服务员的服务技巧，你从中得到了怎样的启发？

(1) 客人迟迟不来。虽然酒店大堂吧的环境幽雅、温馨，但是胡先生有些坐立不安，毕竟此次生意的成败直接关系公司的兴衰。

"先生，请您把脚放下来，好吗？"当训练有素的服务员一边添加开水一边委婉地轻声提醒时，胡先生才发现自己竟不经意地把脚搁在了对面的椅子上摇晃，并引起了其他客人的频频注视。听到服务员的劝告，本就烦躁不已的胡先生未加思索，带了怨气盯着服务员一字一句地说："我偏不放下，看你怎么办？"

在片刻的沉默后，服务员笑了笑说："先生，您真幽默，竟出这样的题目来考我。我觉得您蛮有素质的。"说完，她很快转身就走，并且始终没有回头。稍后，胡先生弯腰借弹烟灰的刹那，把脚放了下来。

(2) 在某饭店的午餐时间，一位客人招呼服务员："小姐，请给我倒一杯白开水好吗？"服务员微笑着回答："好的，请稍等，这就给您送过来。"服务员迅速为客人送到了餐桌上，这位客人看到自己要的白开水，从口袋里拿出一包药，摸了摸水杯，皱了皱眉头。服务员发现客人的细微动作后，立即主动询问客人："给您的杯里加些冰块降降温好吗？"客人立即高兴地说："好的，太谢谢了。"服务员很快给客人拿来冰块放入杯中，水温立即降了下来，客人及时吃了药。客人临走时，写了封表扬信，对这位服务员的服务表示感谢。

2. 在酒店餐厅的午餐营业时间，某个旅游团在此用餐。服务员小孙发现一位70多岁的老年人的饭碗已经空了，于是轻步上前柔声问道："请问老先生，您还要饭吗？"那位老先生摇了摇头，小孙又问道："那么老先生，您完了吗？"只见那位老先生冷笑起来："女士，我今年已经70多岁了，自食其力，这辈子还没有沦落到要饭的地步，怎么今个儿我倒要向你要饭了呢？我的身体还硬朗着呢，一下子不会完的！"小孙听了客人的回答后感到很奇怪，心想，我问你要不要饭，意思是要不要添饭，您怎么把自己和乞丐联系起来了呢？小孙不自然地笑了笑，对于客人的不满她不知何意[①]。

思考：小孙的问语显然是不恰当的，但如果看到顾客空饭碗也不予理会，等客人自己要求添饭才去服务就合适吗？碰到因所说的话不讨顾客喜欢而出现尴尬的场面，服务员应如何圆场？

二、情景训练

1. 目的：熟悉各种服务行业中语言的运用技巧。

2. 训练说明：将学生所在的班级根据既定的场合(酒店、超市、理发店等)分成小组，对小组中的学生进行角色分工，例如管理人员、服务员、理发师、客人等，并进行服务场景的训练，然后进行角色轮换。

3. 要求：

(1) 设定情境，随机发挥，主要锻炼服务人员的随机应变能力。

(2) 被服务对象要根据实际情况考验服务人员，同时总结服务人员在工作中的优点及不足。

(3) 角色轮换结束后，学生互相点评，并由老师作总结。

---

① 张玉臣. 服务中的语言艺术[EB/OL]. (2010-11-20)[2021-12-25]. http://wenku.baidu.com/view/c692067101f69e3143329493.html.

三、附录

附录1：服务礼貌用语

1. 办公室文明用语

①您好！②请。③对不起。④谢谢。⑤再见。

2. 日常礼貌用语

①您好！②上午好！③下午好！④请问……⑤请多关照。⑥谢谢！⑦给您添麻烦了，谢谢。⑧对不起！⑨对不起，麻烦您了！⑩对不起，打扰您了！⑪对不起，让您久等了！⑫对不起，请教一下。⑬请原谅。⑭没关系，不要紧。⑮不用客气。⑯祝您一路顺风。⑰祝您幸福。⑱祝您工作顺利。

3. 接待文明用语

①请进！②您来了。③您请坐！④请问您找哪位？⑤请问您有什么事？⑥请喝水。⑦您贵姓？⑧请慢慢讲。⑨请原谅。⑩请多包涵。⑪请您谅解，我们请示领导后会尽快答复您。⑫请您稍候。⑬请多指教。⑭欢迎您再来。⑮您慢慢走。⑯您走好。⑰请改日再来。⑱祝您一路平安。⑲再见。

4. 表示歉意的用语

①对不起，请稍候。②对不起，让您久等了。③对不起，麻烦您跑了几趟。④对不起，必须按制度办事，请您理解。⑤对不起，您的手续不全，我们无法办理。⑥请多提宝贵意见。⑦我们的工作有不足之处，请您谅解。⑧您辛苦了，谢谢。

5. 服务忌用语

①不知道。②问别人去。③我有急事，一会儿再说。④你问我，我问谁！⑤不知道，您不会自己看啊？⑥自己想办法。⑦不是告诉你了吗，怎么还问？⑧我不是告诉过你了吗？都说几遍了，还听不清？⑨没看我正忙着吗！⑩我就这态度，怎么着！⑪有意见，找领导去！⑫早干什么去了，怎么现在才来！⑬急什么。⑭该下班了，不办公。⑮今天学习，不办公。⑯没上班呢，等会儿再说。⑰明天再说。⑱下班了，明天再来吧！⑲喂，找谁？他不在。⑳人不在，不知道上哪儿了。㉑别啰嗦，快点讲。㉒越忙越添乱，真烦人。㉓我不管，找别人去。㉔这个不归我管，别找我！

6. 服务文明用语"六个多""八个不说""十个一点"

(1) 六个多。

①多一声问候。②多一句解释。③多一点同情。④多一份关爱。⑤多一些笑容。⑥多一声祝福。

(2) 八个不说。

①不礼貌的话不说。②不耐烦的话不说。③傲慢的话不说。④责难的话不说。⑤讽刺的话不说。⑥刁难的话不说。⑦泄气的话不说。⑧庸俗的话不说。

(3) 十个一点。

①说话轻一点。②脾气小一点。③行动快一点。④效率高一点。⑤技术新一点。⑥头脑活一点。⑦做事多一点。⑧借口少一点。⑨微笑多一点。⑩服务好一点。

附录2：处理客户投诉问题

顾客对于服务质量的要求日益严苛，处理客户的投诉问题对于提高服务质量来说就显得尤为重要。下文中"处理客户抱怨八步法"向我们提供了处理抱怨的步骤与技巧，供大家借鉴和参考。

投诉处理流程

第一步：倾听抱怨而不打断

(1) 理解是为了解决问题而对顾客感情和情绪做出的反应，这里所说的理解是共鸣的意思，即站在客户的角度思考问题，而不只是带有慰问的性质。

(2) 先把人接待好，再针对问题具体处理。

(3) 顾客愿向好的听众发泄不满，他们常常希望自己的抱怨能引起他人的注意。

(4) 不要摆架子，也不要摆出你好像早就知道顾客要说些什么的样子。

(5) 告诉顾客你理解他们的感觉，但不要表现得太傲慢。

(6) 在你试图解决问题之前，要让顾客表达他们的情绪。

(7) 给顾客一段时间"大声讲"和"发泄"，等他安静下来便会听你讲道理。

(8) 顾客希望讲述自己的经历，他们讲得越早，存在的问题越能较早解决。

(9) 让顾客感觉到你在听他讲述。

(10) 听的时候要记下重点。

(11) 待顾客说完后，你可以总结一下问题。

(12) 与顾客立场一致。

(13) 不要把抱怨看成对你个人的不满。

第二步：真诚致谢并说明原因

(1) 无论如何，都要把顾客的抱怨看成有价值的信息，感谢顾客提出的问题与意见。

(2) 表现出你真正支持顾客享有抱怨的权利。

(3) 使用"抱歉但高兴"的方法：要因工作有问题或给对方带来不便而抱歉，也要因听到意见而高兴。

(4) 要让顾客知道，你现在可以处理这个问题，并在今后加以改进。

(5) 不要把顾客的问题推到其他人身上，如果确实需要转接，则要把你的名字和名片交给顾客，同时要问明顾客的名字，向他们保证你将一直关心此事。

(6) 如果你没有足够的权威、技术或信息，必须请其他可以处理此事的人来，那么要尽量避免顾客直接面对过多的人与复杂的程序。

第三步：为所造成的不方便道歉

(1) 道歉时使用"我"而不是"我们"。

(2) 为顾客遭受的不方便道歉，并不一定是承认有过失或有责任。

(3) 即使是顾客的过失也不要责备。

(4) 不管是谁的责任，顾客确实希望有人道歉以及向某人申辩理由。

(5) 对他们说："我对此事感到抱歉和关心。"

(6) 承诺要采取行动。

第四步：确定顾客需要什么

(1) 不要做任何假定，一旦顾客冷静下来，要向他们确认你听到的讯息，并寻求其他所需要的资料，对问题的处理达成一致意见。

(2) 询问为了满足顾客的需要并使他满意要采取什么措施。

(3) 顾客如能参与问题的解决通常会更满意，这会使他们重新获得参与感。

(4) 双方意见有分歧时，要以顾客需求为中心，按照对顾客有利的原则以及你能够实施的条件，探索替代的方法和要求。

(5) 对具体的行动达成一致意见——谁、做什么、何时、何地、何人、怎么做(5W1H)。

(6) 没有把握就不要承诺能解决问题。

第五步：快速、公平地解决问题

（1）表现出你是熟练的、有权的，可以帮助顾客解决问题的，并正在为及时解决问题而工作。

（2）恢复顾客满意阶段的要点：迅速公平地解决问题；迅速做出反应，表示出真正理解。

（3）与提供正常服务阶段相比，恢复顾客满意阶段的紧急性更重要。

（4）如果有耽搁，通知顾客并一起安排新的计划。

（5）遵守诺言，落到实处。

（6）顾客希望有人正在尽快地努力把事情做好。

（7）让顾客了解工作的进程。

第六步：根据需要提供适当的增值赔偿

（1）不是所有恢复顾客满意的事件都需要赔偿。

（2）赔偿可以是象征性的，也可以是实际性的，但都是可以兑现的。

（3）赔偿的意思是说"我希望修复我们之间的良好关系"或"我愿意由你来决定怎么做"。

（4）赔偿是歉意的象征。

（5）赔偿要针对人和具体情况而定，并非由你的想象力决定。

（6）把赔偿看作增加价值与投资，而不是损失钱财。

第七步：根据需要跟踪核实顾客满意情况

（1）跟踪是摆脱困境的另一次机会。

（2）跟踪有助于企业守住信誉。

（3）直接问顾客是否满意。

（4）你可以与顾客分担采取的任何预防措施。

（5）跟踪是感谢顾客的抱怨并维系跟他们做生意的另一次机会。

（6）跟踪增强了可靠的感觉，有助于企业避免未来的风险。

（7）保留获得的重要讯息记录。

（8）通过与顾客的积极联系、跟踪，能增强顾客的自尊感。

（9）跟踪提供了一个结尾，传达了一种关心的态度，也是一个推销的机会。

(10) 跟踪会使服务人员在许诺时更贴近现实，进而把工作做得更圆满。

第八步：反馈问题，防止以后发生类似的错误

(1) 像你解决问题时那样努力工作，改进工作机制，以防止以后发生类似的问题。

(2) 员工看到企业如此认真，他们对于恢复顾客满意和不断改进工作会更加有热情。

(3) 为了减少抱怨，必须找出和消除问题的根源。

(4) 处理客户抱怨是不断改进工作的基础之一，而防止以后发生类似的问题是对企业承诺的最终评定。

牢记上述八个步骤并在实际中加以灵活运用，便可让顾客恢复满意，从而改进、维系与顾客长久的关系，降低获得市场增长率的成本，不断改进产品和服务的品质，提高客户的满意度和忠诚度，增强市场的竞争力和品牌价值感。

附录3：日常礼貌用语

与人相见说您好，问人姓氏说贵姓，问人住址说府上。

仰慕已久说久仰，长期未见说久违，求人帮忙说劳驾。

向人询问说请问，请人协助说费心，请人解答说请教。

求人办事说拜托，麻烦别人说打扰，求人方便说借光。

请改文章说斧正，接受好意说领情，求人指点说赐教。

得人帮助说谢谢，祝人健康说保重，向人祝贺说恭喜。

老人年龄说高寿，身体不适说欠安，看望别人说拜访。

请人接受说笑纳，送人照片说惠存，欢迎购买说惠顾。

希望照顾说关照，赞人见解说高见，归还物品说奉还。

请人赴约说赏光，对方来信说惠书，自己住家说寒舍。

需要考虑说斟酌，无法满足说抱歉，请人谅解说包涵。

言行不妥对不起，慰问他人说辛苦，迎接客人说欢迎。

宾客来到说光临，等候别人说恭候，没能迎接说失迎。

客人入座说请坐，陪伴朋友说奉陪，临分别时说再见。

中途先走说失陪，请人勿送说留步，送人远行说平安。

初次见面说幸会，等候别人说恭候，请人帮忙说烦请。

专题四 谈判语言技巧

预期收获:

(1) 了解谈判的目的。

(2) 了解谈判语言的重要性。

(3) 掌握谈判过程中应注意的事项及语言使用技巧。

活动引入:

下文指出了谈判时可能会遇到的几种情形,并给出了几种常见的选项,如果你是谈判当事人,请选出你的答案,对比、分析各项答案,测试自己的谈判能力,并尝试学习有效的谈判方法。

情形1:谈判对手故意忽视你

描述:顾客嘲笑你未能获得授权而拒绝与你继续谈判,你会……

谈判决策:

第一种,当面表示你也不知道公司为什么不进行完全的授权,并表现你的无奈。

第二种,告知对方你会将意见转达给主管;然后告辞。

第三种,请顾客在你的权限范围内先行协商。

对应决策分析:

第一种,直接在顾客面前抱怨将有损公司形象,你无奈的举动会使公司丢尽颜面。

第二种,这种方式没有达到解决问题的目的。

第三种,先在自己的职权范围内解决问题,有理有据,行为得体。

情形2: 客户坚持主帅出面谈判

描述:客户坚持只有公司的总经理出面,才愿意继续与你们谈判。你会⋯⋯

谈判决策:

第一种,向总经理报告,请总经理支持你的谈判。

第二种,询问客户副总经理出面是否可以。

第三种,安抚顾客,并告诉对方谈判进行到决策阶段时,若有需要,我方会请总经理出面,并以对方可以接受的方式洽谈,目前你可以全权代表公司与客户商议交易条件,请对方放心。

对应决策分析:

第一种,如果时间紧迫,这种方法显然不合适。

第二种,找人替代不是恰当的方式。

第三种,让客户把你当作谈判对手,有勇有谋。

情形3: 挑战或顺从你的导演

描述:你是出道不久的演员,导演以50万元的片酬请你拍行情300万元的新片。你会⋯⋯

谈判决策:

第一种,争取演出机会,片酬并不重要。

第二种,既然找我,一定是因为我有一定的优势,提高片酬到200万元,待价而沽。

第三种,从50万开始,多争取一万算一万。

第四种,先提出200万的价格,再慢慢降价。

对应决策分析:

第一种,软弱的谈判者,欠缺勇气与胆识。

第二种,胆识过人,但未衡量局势。

第三种,现实的谈判者,略具勇气。

第四种,胆识过人且能兼顾局势。

情形4: 降价的5种让步方法

描述:你准备将商品降价200万元。你会⋯⋯

谈判决策：

第一种，一次性降价到位，以后再也不降价。

第二种，开始不降，直到客户准备放弃时再一次性降价。

第三种，客户要求一次降一次，每次数量一样，直到降价200万元。

第四种，降价幅度逐渐提高，比如第一次降价10万元，第二次降价30万元，直到降价200万元。

第五种，降价幅度逐渐减小，比如第一次降价100万元，第二次降价60万元，直到降价200万元。

对应决策分析：

第一种，开始即降很多，筹码尽失。

第二种，坚持到底才降价，守口如瓶、胆识足。

第三种，要求一次降一次，显现软弱。

第四种，越降越多，有失坚定立场。

第五种，越降越少，以减少期待。

情形5：经销商倚老卖老

描述：买方是与贵公司有7年业务往来的老经销商，希望可以在此次全国价格调升10%中获得例外。你将采取何种对策？

谈判决策：

第一种，告诉对方，不论经销资历如何，一律平等调涨。

第二种，告诉对方，假如增三成采购量，可以考虑特别处理。

第三种，告诉对方你会将他的意见转达给主管，然后再作决策。

对应决策分析：

第一种，坚持原则，充分体现了你的勇气。

第二种，以量来换取价格，值得肯定，但是必须获得公司的授权。

第三种，把问题抛向公司，没有替公司解决问题。

情形6：面对强势客户造成的僵局

描述：客户坚持降价，如果你不降价，他就不进行采购。你会……

谈判决策：

第一种，换人谈判。

第二种，换时间或换地点谈判。

对应决策分析：

第一种，换人谈判可以在陷入困境时转换思路。

第二种，时间拉长会让对方知难而退，换地点容易转换对方的心情。

情形7：兵临城下

描述：登机前60分钟，国外的一个重要客户在机场催促你签合约。你会……

谈判决策：

第一种，很高兴，赶快签正式合约。

第二种，先签承诺书，重要的价格问题等回国再签。

第三种，拒绝签任何合约，一切等回国再商议。

对应决策分析：

第一种，过于冲动，容易掉入对方的陷阱。

第二种，能够掌控主动权，先承诺就抓住了机会，而且不会伤及对方的感情。

第三种，容易破坏关系，丧失机会。

【典型案例】

我国某冶金公司要向美国购买一套先进的组合炉，派了一名高级工程师与美商谈判。为了不辱使命，这位高工做了充分的准备工作，他查找了大量有关冶炼组合炉的资料，花了很多的精力对国际市场上组合炉的行情及美国这家公司的历史和现状、经营情况等进行了解。谈判开始，美商一开口要价150万美元。中方工程师列举各国成交价格，使美商目瞪口呆，终于以80万美元达成协议。当谈判购买冶炼自动设备时，美商报价230万美元，经过讨价还价压到130万美元，中方仍然不同意，坚持要出价100万美元。美商表示不愿继续谈下去了，把合同往中方工程师面前一扔，说："我们已经做了这么大的让步，贵公司仍不能合作，看来你们没有诚意，这笔生意就算了，明天我们就回国了。"中方工程师闻言轻轻一笑，把手一伸，做了一个优雅的"请"的动作。美商真的走了，冶金公司的其他人有些着急，甚至埋怨工程师不该抠得这么紧。工程师说："放心吧，他们会回来的。同样的设备，去年他们卖给法国时只有95万美元，国际市场上这种设备的价格为100万美元是正常的。"果然不出所料，一个星期后美商又回来继续谈判了。工程师向美商点明了他们与法国的成交价格，美商又愣住了，没有想到眼前这位中国商人如此精明，于是不敢再报虚价了，只得说："现在物价上涨过快，比不了去年。"工程师说："每年物价上涨的指数都没有超过6%。一年时间，你们算算，该涨多少？"美商被问得哑口无言，在事实面前，不得不让步，最终以100万美元达成这笔交易[①]。

分析与讨论：

(1) 请结合案例，分析说明买方是如何说服对方的？

(2) 分析讨论：要想利益最大化，买卖双方在谈判过程中应该注意哪些事项和语言技巧？

一、谈判中语言技巧的重要性

谈判语言技巧

在商场上，利益永远都是排在第一位的，商务活动的展开都是围绕各种利益进行的，如经济利益、文化利益、社会利益等，同样，谈判的核心也是为了谋求自身的最大利益。只有双方都能从与对方的合作中得到某种利益，谈判活动才可能进一步深入开展。无论是商场上的谈判，还是生活中的谈判，谈判的成功都必须是双方利益合理协调的结果，只有谈判双方都得利，谈判才有可能会成功。谈判的过程就是交流信息的过程，但是在交流信息的时候要讲究一定的方法，在准确表达自己观点与见解的同时，还要想办法摸清谈判对手的底线。因此，谈判者在谈判过程中一定要注意使用一些技巧，通过恰当的语言，能够"投石问路"，探寻对方的想法和目的，这样才能合作共赢并使自己的利益最大化。

二、谈判不同阶段中需要注意的问题

1. 谈判初期，适宜的寒暄会拉近彼此间的关系

问候语和寒暄语通常是一些单调而且比较简单的语言，但是不能忽视。问候语

---

① 淘豆网. 商务谈判案例分析[EB/OL]. (2019-03-22)[2021-12-25]. https://www.taodocs.com/p-220558151.html.

和寒暄语是双方交谈的催化剂，能够在谈话双方之间架起一座沟通的桥梁，满足人们对亲和心理的需求。寒暄在平常的人际交往中的作用是十分重要的，但并不是说任意形式的寒暄都能起到如此重要的作用，不恰当的寒暄很可能会弄巧成拙，而寒暄使用得恰当与否的关键在于双方对话题的选择。什么是恰当的、有利于谈判的寒暄话题呢？凡是能引起对方兴致的话题都可以作为寒暄的话题。寒暄的时候有必要注意以下三点。

(1) 谈判者应该具有主动热情、诚实友善的态度。谈判者在寒暄时选择合适的方式、恰当的语句是非常必要的，但仅有合适的方式、恰当的语句还不够，还需要谈判者的主动热情、诚实友善的态度。只有把这三者即方式、语言和态度有机地结合起来，才能达到寒暄的目的。试想一下，当别人用冷冰冰的态度对你说"很高兴见到你"时，你会有一种什么样的感觉呢？当别人用不屑一顾的态度夸奖你"我发现你很精明能干"时，你又有何感想？因此推己及人，我们在寒暄时必须注意自己的态度。

(2) 应适可而止，因势利导。做任何事情都应该有个"度"，寒暄也不例外。恰当、适度的寒暄有益于打开双方谈话的局面，但切忌没完没了、时间过长(当然，对方有兴致聊时例外)。有经验的推销员，总是善于从寒暄语言中找到契机，由此打开话题，之后言归正传。

(3) 善于选择话题。一般来讲，谈判者在寒暄时可以从以下方面来选择话题。

① 天气话题。天气几乎是中外人士较常用的，也是较普遍的话题。天气对于人们生活的影响太大了，天气好的时候，不妨同声赞美；天气不好的时候，不妨交换一下彼此的苦恼；如果有关于台风、暴雨或由天气引起的季节性流行病的消息，则值得拿出来谈谈，因为这是人人都关心的话题。以天气为寒暄话题，可以尽快地消除双方的心理距离。

② 自己经历过的、无伤大雅的笑话。像在外贸店买东西上当、语言上的歧义等笑话，大多数人都经历过，大多数人也都愿意听。谈判者开自己的玩笑，除了能够博人一笑，还会给对方留下为人随和的印象，使对方觉得你这个人比较容易相处。

③ 医疗、养生、保健话题，也是多数人都感兴趣的。对新发明的药品、著名的医生的看法，自己或亲友养病的经验，如何延年益寿，如何增强体质，如何减肥，如何使自己处于健康的状态等话题，也许这些只是一家之言、一个人的经验而已，

但这类话题能吸引大家的注意力，当然听了之后也没有什么不好的影响。如果正巧遇到对方的朋友或其家人健康有问题，你能向他提供有价值的治疗意见和帮助，那么对方更会对你感激不尽。

④ 家庭问题。每个家庭的特点都是不一样的，有教子有方，孩子特别有出息的；有夫妻特别和睦，家庭幸福的；也有婆媳相处融洽的……像这种有儿童教育、夫妇相处之道、亲友交际应酬等内容，也会使大多数人产生兴趣，尤其女性会格外关心这类话题。

⑤ 轰动一时的社会新闻。如果你长期比较关注某些方面的新闻或信息，并且对某部分内容有自己特殊的意见和看法，那么足可以把一批听众吸引在你的周围。

当然，除了上述几点，还有许多内容可以作为谈判双方寒暄闲谈的资料。比如运动项目、娱乐信息、政治和宗教等。

众所周知，在体育比赛之前，运动员们都要做一些热身运动，以使自己发挥得更好。其实，寒暄就是谈判的"热身运动"，是为之后的谈判做准备。寒暄可以使双方放松，彼此熟悉，从而营造一种有利于双方交流的良好的工作氛围。通过简单的寒暄，大家可以更加了解对方，从而有利于找到双方共同的交流话题，也有利于自己根据对方的情况来确定采用何种策略进行以后的深入交谈。因此在与他人的谈话中，切不可轻视寒暄的作用。

2. 谈判过程中，要维持良好的谈判气氛

谈判语言的一个大忌就是口吐狂言、滔滔不绝。如果一方谈判人员说话的时候表现出轻狂傲慢、自以为是的态度，则肯定会引起对方的反感、厌恶，甚至会引来对方的攻击。如果一方谈判人员口若悬河，就会使自己失去倾听对方说话的机会，从而忽略了对方的真实要求，让谈判对手抓住把柄。在大多数情况下，对方并不是在真心听你的"讲演"，而是在有意地欣赏你的"表演"。要想避免犯类似的错误，可以经常问问自己"我是不是讲得太多了""是否给对方留出了说话的机会""他为什么没有说话呢"，这样，你就能时刻保持清醒的头脑。

三、谈判中要合理运用语言技巧

谈判是一门艺术，在这门艺术中，语言占据着相当重要的地位。说话的目的是

表达自己的某种想法、某种观点。在这样的前提下，说话的技巧不仅会影响谈判者个人与对方之间的人际关系，还会影响谈判时的气氛及谈判的达成。语言表达是非常灵活、非常有创造性的，一个成功的谈判高手应该懂得如何用他的语言技巧将他的目的、要求、观念、想法在谈判过程中有效地传递给对方，因此谈判高手要具备良好的语言技巧，这表现为以下几点。

1. 使用针对性强的谈判语言

在商务谈判中，双方各自的语言都是围绕表达自己的愿望和要求而开展的，因此谈判者使用的语言的针对性要强，要做到有的放矢。模糊不清、重复啰嗦的语言会让对方疑惑并产生反感，会降低自己在对方心目中的威信，成为谈判的障碍。

(1) 根据商品、谈判内容、谈判场合、谈判对手的不同，谈判者要有针对性地使用语言，这样才能保证谈判的成功。例如，对脾气急躁、性格直爽的谈判对手，运用简明的语言可能会受欢迎；对慢条斯理的谈判对手，采用循循善诱的倾心长谈方式可能效果会更好。在谈判中，应充分考虑谈判对手的性格、情绪、习惯、文化以及需求状况的差异，恰当地使用有针对性的语言。

(2) 针对谈判过程中运用语言的一些细节问题，如停顿、重点、强调、说话的速度等，谈判者应该选择灵活的说话方式。

一般来说，如果要强调某一重点内容，停顿是非常有效的。试验表明，人在说话时应当每隔30秒钟停顿一次，一是可以加深对方对谈话内容的印象，二是可以给对方机会，对提出的问题做出回答或加以评论。当然，适当适时重复问题，也可以加深对方的印象。有时，还可以运用加强语气、提高说话声音以示强调或显示说话的信心和决心。这样做要比使用一长串形容词的效果要好。说话声音的改变，特别是如果能做到恰到好处地抑扬顿挫，就会消除谈判过程中枯燥乏味的感觉，引起对方的兴趣。此外，清晰、准确的发音，圆润动听的嗓音，也有助于增强讲话的效果。在洽谈中，应该注意根据对方是否能理解你的讲话以及对讲话重要性的理解程度来控制和调整说话的速度。在向对方介绍谈判要点或阐述主要议题时，说话的速度应适当减慢，要让对方听清楚，并能记下来。同时，我们也要密切注意对方的反应，如果对方感到厌烦，则可能是因为你过于详尽地阐述了一些简单易懂的问题，或说话啰嗦，或在一句话中表达了太多的意思。如果对方的注意力不集中，则可能是因为你说话的速度太快了，对方跟不上你的思维。总之，如果想要取得良好的表达效果，就必须注意说话的方式。

2. 具有综合的灵活应变能力，使用婉转的表达方式

谈判中氛围的变化往往是难以预料的，在谈判的过程中经常会遇到一些意想不到的尴尬事情，这就要求谈判者应具有灵活的语言应变能力，能够使用相应的应急手段巧妙地使自己摆脱困境。例如，当遇到竞争对手逼你立即做出选择时，你若说"让我想一想""我暂时很难决定"之类的话，则很容易被对方认为你缺乏主见，从而使你在心理上处于劣势。此时你可以看看表，然后有礼貌地告诉对方："抱歉，9点钟了，我得出去一下，与一个约定的朋友通电话，请稍等5分钟。"于是，你便很得体地赢得了5分钟的考虑时间。

谈判中应当尽量使用委婉的语言，因为委婉的语言很容易被对方接受。比如，在拒绝对方的某些要求时，你可以这样说："您说得有一定道理，但实际情况可能会稍微有些出入。"然后不露痕迹地提出自己的观点。这样做既不有损对方的面子，又可以让对方心平气和地认真倾听你的意见。其间，谈判高手往往会努力将自己的意见用委婉的方式伪装成对方的见解，提高说服力。在提出自己的意见之前，你可以先问竞争对手该如何解决这个问题。当对方提出他们的方案之后，若和你的意见一致，你就可以"引用"这个观点。在这种情况下，谈判对手就会有被尊重的感觉，他会认为反对这个方案就是反对他自己，因而谈判容易达成一致，获得成功。

3. 维护谈判对方的形象，避免使用双关语、忌讳语和不恰当用词

(1) 在谈判过程中，维护对方的面子与自尊心是一个非常敏感又重要的话题。许多专家曾指出：在谈判过程中，如果一方感觉丢了面子，即使此次谈判对他来说是一个很好的交易，也会给他留下不良的印象，甚至会影响以后的深度合作。如果一个人认为自尊受到了威胁，他就会很自然地全力捍卫自己的尊严，对外界充满敌意。有的人会选择全力反击，有的人会选择回避，有的人则会变得十分冷淡。在这种情况下，我们要想与他进行沟通和交流，就会变得十分困难，更不用说合作了。在多数情况下，丢面子、伤自尊心都是由说话不慎造成的。经常会出现这样的情

况：双方对某个问题有了分歧，为了说服对方认同自己的观点，双方不断沟通，可是每个人都不肯让步，渐渐地，双方谈论的中心点就会从问题的分歧发展到对对方性格甚至人品等存在成见，进而就会出现对个人的攻击与指责。这种由于没能很好地区分人与问题之间的关系而造成的双方隔阂或感情上的伤害，在谈判中屡见不鲜。

(2) 要避免上述问题的出现，必须坚持人与问题分开的原则：对问题要硬，而对人要软，对谈判语言的运用尤其需要进行认真的推敲。例如，当对方提出某种观点，而你并不同意时，你可以说："根据你的假设，我可以知道你的结论，但是你是否考虑到……"或者说："有些事情你可能还不知道。"这要比说"你们的意见是建立在片面考虑自身利益的基础上，我们不能接受"好得多。前者既指出了对方用意的偏颇，表明了我方不能接受，又避免了直接正面的冲突，从而降低招致对方不满的可能性；而后者虽然维护了自己的立场，但很可能会激怒对方，使双方的谈判陷入僵局。

(3) 有的人在谈判过程中喜欢随意地说出一些存在歧义的双关语，这样会给对方留下不好的印象。例如，当谈到别人挂电话时说"他挂了"，这容易被理解成"他死了"。因此，在与人交流时，尤其是在双方的谈判中，切不可随意省略语言，否则很容易引起歧义，对别人造成某种伤害。以下是一些忌讳语的类型，在谈判中要慎重使用。

① 以"我"为中心的语言。如果在谈判过程中过多地使用这样的语言，会引起对方的反感，如"我的看法是……""如果我是你……"。在必要的情况下，应尽量把"我"变为"您"，换个角度，效果会完全不一样。

② 模棱两可的语言，如"可能是……""大概如此""好像……""听说……"。

③ 涉及对方隐私的语言，与国外客商谈判时尤其要注意这一点，如"你们为什么不同意，是不是上司没点头"。

④ 有损谈判对手自尊心的语言，如"价钱就这样，买不起就明说"。

⑤ 催促对方的语言，如"请快点考虑""请立即答复"。

⑥ 羡慕或是赌气的语言。这类语言往往言过其实，容易造成不良的后果，如"上次你们赚了5万元，这次不能再让你们占便宜了"。

⑦ 言之无物的语言，如"我还想说……""是真的吗……"等。许多人都有重复某个字词的习惯，这是非常不利于谈判的，会令对方听起来很不舒服，应尽量克服，从而营造正常的交流环境。

⑧ 极端性的语言，如"绝对不可能""肯定如此""绝对不是那样的"。即使自己的看法正确，也不要使用这样的词汇，因为这类语言的使用会让人听起来特别强势，会影响彼此之间平等的谈判氛围。

⑨ 威胁性的语言，如"请认真考虑这样做的后果"。使用这类语言会在一定程度上伤害对方的自尊心，甚至激起对方的逆反心理。

⑩ 针锋相对的语言。这类语言特别容易引起双方的争论、僵持，造成关系紧张，如"开价二十万，一分都不能少""不用说了，这事儿就这么定了"。

4. 恰当使用公关润滑剂——赞美性语言

要想使谈判获得成功，就要努力使自己受到别人的欢迎，就应该在谈判前和对方建立起平等友好的密切关系。谈判时，语言要清晰明了，言之有物，对问题的分析要有自己的独到之处。当然，谈判语言除了有上述要求，还有一点不能忽视，那就是赞美对方。在谈判时，赞美语言就像润滑剂，对谈判的成功将起到很大的促进作用。

5. 恰当地使用无声语言

因为肢体语言所传达的信息在整个语言信息表达中占据较大的比重，所以在谈判过程中，谈判者使用的手势、眼神、表情等肢体语言，往往会传达重要的信息，这些信息对谈判来说不可小觑，而在某些特殊环境中，恰到好处的沉默也可以使谈判取得意想不到的良好效果。自然而不做作的动作所流露出的权威感，会使对方在不自觉中为你所吸引；稳重的步伐、有力的握手、充满自信的眼神、从容的气度等，这些都将使对方产生"与你认识，是我的荣幸"的感觉，以及"与这个人谈判，千万不能失礼"的自我警示。这样，你的谈判能力在无形中就提高了很多。

(1) 尼伦尔伯格·卡莱罗在《怎样洞察别人》中从"姿态簇"(即一连串配合的姿态)的角度讨论了谈判中的无声语言，如果能够正确理解这些无声语言的含义，则会对谈判者起到良好的指导作用。

① 双手交叉，眼睛紧盯着对方，身躯挺得笔直，双腿交叠，这是谈判一方对另一方表示怀疑的"姿态簇"。

② 一个人很快地走进屋里，却没有立即坐下，别人请他坐下时，他却选了一个尽可能离众人远的位置，然后翘起脚，两手交叉望着窗外。这一连串动作是焦虑不安、紧张担忧、心神不宁的表现。

③ 在谈判的过程中，如果一个人突然猛拉裤子，在椅子上坐立不安，这通常是准备做出某一决定时惯有的动作。

④ 一个人用手或用笔在桌子上敲打，腿抖动，脚跟或脚尖在地上打拍子，双眉时时紧皱，嘴闭合，是一种表示厌烦的"姿态簇"。

⑤ 当谈判进行得很顺利时，坐着的人解开外衣的纽扣，放下交叉的腿，坐到椅子的边缘，并接近使他与对方隔开的那张书桌。这些动作是谈判要达成协议的"前奏曲"。

⑥ 手臂交叠、身体移开、交叉双腿、头向前倾，有的人还从眼睛上方窥视，好像要把对方的话"看"得更清楚些，这是表示拒绝的"姿态簇"。

⑦ 侧身对着对方，并开始摸摸鼻子或捏捏鼻子等，这是具有否定意味的"姿态簇"。

尼伦尔伯格说得好："一个姿态代表一种意义，如果不了解'姿态簇'，没有把它前后的动作加以融会贯通，单凭某个表情就下结论，难免会犯下断章取义的错误，造成误解。"因此，我们在使用或揣测这些肢体语言时，应该全面考虑，而不应该妄下定论。

(2) 谈判人员在谈判过程中除了使用上述肢体语言等无声语言外，在很多情况下，为了达到某一目的，还常借助各种道具做一些动作，如果谈判的对方知道这些道具所表达的含义，则会促进谈判的成功。

① 运用道具表示感兴趣或不感兴趣。谈判一方双目一直注视着谈判对手的眼睛，有时用笔记点儿什么，即使因时间久了而变换坐姿，也是轻手轻脚的，这一系列动作表示对对方的谈话内容感兴趣；埋头不停地做笔记也是感兴趣的一种表现。若谈判一方拿着笔在空白纸上不停地画圆圈或写数字、字母，说明他已经累了、倦了；若放下手中的物品，双手撑着桌子，头向两侧瞧，就是暗示对方：你所讲的内容我没有多少爱听的，随你讲吧，反正没有关系；如果将桌子上的笔收起来，合上本子，

女士照照镜子或拢拢头发、整整衣裙，就是暗示对方：没有我的发言机会就算了，你爱讲就讲吧。

②　运用道具表示不满或愤怒。如果谈判一方突然停住记录中的笔或突然合上记录本，抬头，睁大眼睛盯住对方的脸或眼睛，则表示他有不满情绪；如果谈判一方突然停住笔，抬头注视对方，目光有神，将笔一扔或将记录纸一撕，则表示他非常愤怒；如果谈判一方将笔杆在头发上快速擦几下，然后猛地抽回在桌子上敲两下，双目圆瞪，注视对方，做深呼吸，使胸部表现出明显的起伏，则表示他非常愤怒；如果谈判一方将笔记本往一边或桌前一甩，闭紧嘴唇，咬着牙，眼睛正视对方，双手紧握，凶相毕露，则表示他极度不满和愤怒。

③　运用道具向对手施加压力。例如，拿一份假合同或价目单在对手面前晃动，或欲盖弥彰地摆在桌上，则暗示对手快签约；将机票拿出来放在对手的面前，宣称返程日期已定，条件能否达成一致的时间仅限于出发之前，以给对方施加压力；从口袋里掏出一张纸，装模作样地看一下，又按几下计算器，再以婉转的措辞否定对手的建议，以这样的方式向对方施加压力，迫使对方尽快作决定或改变主意。

④　运用道具表示应结束谈判。如果谈判一方扫一眼室内的挂钟或手腕上的表，扣上笔帽，合上笔记本，抬眼看着对方，表明希望谈判早点结束；如果谈判一方给助手使个眼色或做个手势，虽然不收拾桌子上的东西，但起身离开会议室或到外面抽支烟，也表明对方所谈的内容没有吸引力，可以暂时中止谈判了，以后再谈。

谈判道具的运用能使谈判者寓其意于不言之中，避免双方直接论战、露出尖锐锋芒，能使谈判在友好的氛围中顺利进行。

四、提高谈判中倾听能力的技巧

在谈判过程中，许多谈判者都会滔滔不绝地说个不停，或是在别人说话时不注意倾听对方的说话内容，却常常自我安慰：没有什么，他刚才没讲什么内容；我们已掌握重要的内容；以后我们还会谈这个问题，会掌握的。但不幸的是，他这次并没有掌握，并且以后也不会有掌握的机会了。这种花费最少、最快捷、最便利的信息渠道——认真倾听，如果不懂得去利用它，那么你只能付出更大的代价来获取相应的信息，尤其是在谈判中会错失某些机会，在竞争对手如云的当今社会，想再次得到对方的认可并进行合作，那简直是难于上青天。那么，如何提高聆听技巧，以便自己在谈判中获得成功呢？我们可以从以下几点出发。

(1) 尽量把自己的说话量降至最少。如果你一直在说，就没有机会聆听对方的语言，可惜很多人都忽略了这一点。

(2) 简要说明双方的讨论要点，包括主要论点。在简述要点时最好不要评论和批判，而在以后的谈判过程中，试着将注意力集中于竞争对手谈话的要点上，同时努力地检查、整合你们之间过去发生的事情和统计的资料，确定对手谈话的本质是什么，以便针对这些信息，与其进行谈判。

(3) 建立协调的合作关系。尝试了解你的竞争对手，端详对方的脸、嘴和眼睛，将注意力集中于对方的面部，这能帮助你聆听，同时还能让对手相信你在聆听。另外，使对方确信你正在认真聆听的一种方式就是你表现出非常积极的兴趣和态度，在适当的时机适当地发问，要求他对正在讨论的一些论点再次进行详细的说明和解释。

(4) 有效沟通。了解双方沟通的意见，谨遵语言简单的原则，谈话中尽量使用简单易懂的常用词语，试着从对方的角度以对方的观点看待事情。为了避免产生误会，最好使用自己的话语重复对方的内容，由对方加以证实。只有运用此种方法，双方才能正确有效地沟通，达到双赢。

(5) 抑制争论的念头。谈判双方之所以会成为对手，是因为彼此之间有意见或利益的不一致之处。如果打断对方的谈话，即使只是心里有这样的念头，通常也会给自己和对方造成沟通上的障碍，因为在你有这种想法的同时，一定不会去认真聆听对方的谈话，这样也许就会错过某些重要内容。因此，学会控制自己，压制自己与人争论的冲动，放松心情，记下要点以备后面的讨论之用，对谈判者来说是非常重要的。

(6) 不要猜测，也不要马上下定论。猜测就是在没有证据的情况下，单凭自己的感觉而下结论。不要试着去猜想诸如"她是想用目光的接触或是面部的表情来唬住我"之类的事情，因为表情的使用受限于当时的特定场景。通常情况下，猜测总是会引导你远离你的真正目标，常常是有效沟通的障碍。因此，要尽量避免对你的竞争对手做任何猜测。要认真聆听你的竞争对手的观点，容忍对方的偏见，诚实地面对，并承认自己的偏见，直到事实清楚、证据确凿，才能下最后的定论，这样对谈判双方都有利。

(7) 做笔记。在谈判过程中，适时地做笔记，不仅有助于自己的聆听，同时也能记录谈判要点，还能迎合对方，给对方好印象。

如果你是一名好的聆听者，就会发现人们非常愿意和你说话，同时你的知识也会大幅度地增长，并且能够获得人们对你的尊重。日本推销大王原一平曾经说过："对推销而言，善听比善辩更重要。"可见，倾听在促成交易过程中的重要作用。

五、谈判过程中的插话技巧

谈判的过程其实就是"说"与"听"的过程，光说不听或光听不说，都是不对的，如果对方不给你说话的机会，总是旁若无人地说个不停，你就有必要让他知道沟通是双向的，你也有说话的权利。

当然，在双方谈判的过程中，尽量不要打断对方的讲话，这是一种文化修养，也是对对方的一种礼貌和尊重。但是，这里所说的谈判中尽量不要打断对方的话，并不意味着你始终都要保持沉默。在倾听对方说话的时候，适当地插话其实是很有必要的，因为适合的语言或肢体语言的反馈，可以向对方表明你一直在认真地听对方说话。与此同时，对方也能够从你的语言或肢体语言的反馈中得到肯定、否定或引导，从而保证谈判能够顺利进行。至于你的插话适当与否，则完全看你是否能够把握谈判中插话的时机。通常来说，以下几种情况是插话的好时机。

1. 当说话方稍有停顿时

当说话方稍有停顿时，听话方可以插话要求补充说明，如"接下来会怎么样呢""那后来呢""请您继续说""然后呢"此类的插语，能够让对方谈兴更浓，主动地把更多的想法和情况告诉你。

在对方谈话间歇，给对方以简洁且肯定的回答。例如：

(1) "是啊。"

(2) "我明白了。"

(3) "没错。"

(4) "我能理解。"

此类插话可以表示对对方的赞成、认同、理解，能使谈判气氛更加融洽、活跃。

2. 当说话方喝水、点烟、思考问题时

当说话方喝水、点烟、思考问题时，听话方可以插话以提示对方。例如：

(1) "这是第六条，那么第七条是什么呢？"

(2) "通过您刚才的描述，这件事情我已经明白了，您还有什么需要强调的吗？"

(3) "您所说的这个话题我非常感兴趣，请您再详细地说明一下好吗？"

此类插语，往往能够起到承上启下的作用，给对方以启示和引导。

3. 在谈判过程中，可以使用"重复"的插话方式

"重复"具有强调话题的作用，能够有效促使对方接着这个意思和话题讲下去，以探听更多信息及明确对方讲话的主旨。例如，当谈判对手谈到一个新问题时，为了明确其含义或者为了突出其重要性，我们可以这样来"重复"。例如：

(1) "这对您非常重要吗？"

(2) "您的意思是说……"

(3) "您大概是想说……"

(4) "您认为这事很严重？"

及时、恰当地使用"重复"的插话，常常可以使谈判避免停顿和中断，能够起到立竿见影的效果。

4. 在与思路不清晰、语言组织能力很差的人进行谈判时

在与思路不清晰、语言组织能力很差的人进行谈判时，应该抓住机会对他的语言进行整理，以防止他杂乱无序地"开无轨电车"。

应该如何整理对方的语言呢？"概述"就是一种比较有效的整理方式，即用总结性的话语描述对方的讲话主旨。概述应该紧扣谈话主题，突出交谈重点，理出相应的头绪，去掉与说话主题无关的空话与废话，以保证谈判的顺利进行。例如，我们可以用这样的语言来总结对方的话："就您所言，大致有这样三个问题……"然后再列举出这三个问题的要点，这样会使问题显得更为明确、清晰。表示概述的语言有很多，比较常见的有以下几种。

(1) "用您的话说，这就是……"

(2) "总之，他认为……"

（3）"您刚才所说的意思不外乎……"

（4）"一言以蔽之，您认为……"

使用概述性插话，可以给对方以礼貌的感觉。每一个谈判者都希望别人理解自己的意思，如果你能够用简洁的语言总结出对方表达了而没能说清楚的话，就很容易获得对方的好感，这对谈判是很有好处的。

5. 插话的关键是要"插"得适时

如果谈判一方无休止地打断对方的讲话，同时不断地改变谈话的话题，这就会使对方感觉自己极不受尊重，使谈判无法进行下去。例如：

甲："请看，这是我们厂最近生产的超短裙。这些超短裙的款式新颖、美观大方……"

乙(插话)："说到美观大方，我立即想起了我厂生产的连衣裙，那真是……"

甲："特别是这种款式的超短裙，它的款式创意是很独特的，一上市马上就被抢购一空！是我们厂卖得最好的畅销产品……"

乙(插话)："说到畅销，我厂生产的连衣裙在全国各地都很受欢迎，无论是年轻姑娘，还是中年妇女，都特别喜欢我们的产品……"

如果有人像这样打断对方的讲话，谈判的结果肯定不会理想。

在商业谈判中，为了让双方谈判能够顺利地进行，一定要及时回答对方的问题，并把握时机与对方就某些问题展开讨论。但是，说话必须要掌握好分寸，要懂得适可而止。如果你在谈判过程中口若悬河，一点儿也不给对方说话或插话的机会，对方就会对你产生厌倦情绪。因而我们在谈判中要格外注意插话技巧。

六、谈判中要提高观察力和注意力

谈判过程中的察言观色能力是很重要的。观察力和注意力强的谈判者在与对方简单的接触中，就能很快、很准地发现对方的性格特点、爱好，甚至大概了解其人生经历等，并根据这些做出相应的推断，这无疑有助于谈判人员以后的有效沟通。在说话时，你可以仔细观察对方的表情、动作，从而判断自己的观点是否被对方接受，在何种程度上被接受，对方对你所讲的内容是否关心，是否有兴趣等，例如点头可能表示赞同，专注可能表示重视，微笑可能表示欣赏和理解，不以为然的表情可能表示不同意或不感兴趣。你作为倾听者，也能从说话人的姿态、表情上判断出他对倾听者重视与否，有无诚意等。

七、征服对方的谈判技巧

1. 制定灵活的谈判策略

谈判时采用的策略一定要灵活。只有策略正确，技巧才能够充分发挥它的作用，而策略的选择必须根据具体的情况而定。具体来说，是速战速决好，还是拭目以待好，这都要根据具体情况而定。是先发制人，先提出一个方案来察看对方的动静好，还是后发制人，先请对方提出意见，然后我方根据具体情况相应地提出意见好，这也需要根据具体情况而定。"避实就虚"的谈判策略就是针对对方的薄弱环节来做文章，消其势，杀其价，使自己处于有利地位；"以迂为直"的谈判策略就是在谈判中的某个方面适当地吃点儿小亏，以此去获取更多、更大的利益；"进退策略"的谈判策略就是通过讨价还价，在必要的时候，在某些方面做出让步，而在另一方面提出新的要求、新的条件等。

2. 投石问路

双方谈判时，为了能够获得更多有利于自己的情报，谈判者可以主动向对方抛出一些带有挑衅性的话题，刺激对方做出表态，然后根据对方相应的反应，判断其虚实。比如，甲方向乙方订购货物，提出了几种不同的交易品种，并询问这些品种各自的价格。乙方一时弄不清楚对方的真实意图：甲方这样询问，既像是打听行情，又像是在谈交易条件；既像是个大买主，又不敢肯定。面对甲方的期待，乙方心里很矛盾：如果据实回答，万一对方真是来摸自己底细的，那我方岂不被动；如果敷衍应付，又很有可能会错过一笔大买卖，说不定对方是可以长期合作的伙伴呢。面对这种情况，乙方就可以选用一些挑衅性的问题刺激一下对方，可以这样对甲说："我们的商品确实是货真价实的，就怕你们一味贪图便宜。咱都知道'一分钱一分货''便宜无好货'。"乙的回答暗含对甲的挑衅意味。这个回答的妙处在于，只要甲一接话，乙就会很容易把握甲的实力情况，如果甲在乎的是货的质量，就不怕出高价，回答时的口气也就大；如果甲在乎货源的紧俏，急于成交，口气就会显得较为迫切。在此基础上，乙方就能够很容易地确定自己的方案和策略了。

3. 绕圈子搞清对方的情况

在谈判过程中，有些情况对方是不会直接告诉自己的，这时就需要通过绕圈子，利用语言的艺术魅力巧妙地探得对方的底牌。例如，在主客场谈判中，有些谈判高手为了探得对方的时限问题，就极力向对方表现出自己的热情好客，除了将对方的生活安排得井井有条、十分周到外，通常还会盛情地邀请客人一起去游山玩水，等到对方放松了对自己的警惕之后，往往在客人感到十分惬意之时，就会有人提出帮客人预定返程机票或车船票。这时客人往往会随口就将自己的返程日期告诉对方，在不知不觉中落入对方的圈套。这样，在后面的正式谈判中，客人就会受制于对方。

4. 故意出错，诱敌深入

在谈判中，有时候为了能够让对方和自己达成协议，可以使用诱敌深入的方法，而其中最有效的就是"故意出错"。探测方可以通过故意犯一些错误，比如念错字、用错词语或把价格报错等，诱导对方表态，然后借题发挥，最后达到诱敌深入的目的。例如，在某时装区，当某位顾客在摊前驻足，并对某件商品多看上几眼时，早已将这一切看在眼里的摊主就会前来搭话说："看得出你是诚心来买的，这件衣服很合你的意，是不是？"察觉到顾客无任何反对意见时，他会继续说："这件衣服标价300元，对你优惠，280元，要不要？"对方没有表态，他又说："看你很有诚心，我也想开个张，保本卖给你，240元，怎么样？"此时顾客犹豫不决，摊主会接着说："好啦，你不要对别人说，我就以280元卖给你。"早已留心的顾客往往会迫不及待地说："你刚才不是说卖240元吗？怎么说变就变了呢？"此时，摊主装作糊涂的样子说："是吗？我刚才说了这个价吗？啊，这个价我可没什么赚啦。"然后故作心痛地说："好吧，就算是我错了，不过人总得讲个信用，除了你以外，不会再有这个价了，你也不要告诉别人，240元，你拿去好了！"话说到此，大多数情况下都会成交。这里，摊主假装口误将价涨了上去，诱使顾客做出反应，巧妙地探测并验证了顾客的购买需求，起到了"引蛇出洞"的作用。在此之后，摊主再将降下来的价让出去，就会很容易促成交易。

谈判语言练习

课后专题训练

一、案例分析

1. 通过下面的案例，试分析：中方是如何感化对方，最终达到自己的目标的？

20世纪80年代，中德两家公司展开了一次索赔谈判。谈判的一方是江苏仪征化纤工业公司，另一方是德国吉玛公司。当时德国吉玛公司派出了以理杨·奈德总经理为首的谈判代表团，而中方谈判团则以江苏仪征化纤工业公司时任总经理任传俊为首。这次索赔谈判是首先由中方提起的，索赔的原因是从吉玛公司引进的圆盘反应器有问题。中方提出了索赔1100万马克的要求，而德方只认可300万马克。由于双方要求差距太大，几个回合之后，谈判搁浅了。中方谈判首席代表、仪征化纤工业公司总经理任传俊反复考虑，决定以情为重，真诚相待。他提议陪德方公司总经理理扬·奈德到扬州游览。

在大明寺的鉴真纪念堂前，任传俊真诚地说："这里纪念的是一位为了信仰，六渡扶桑，双目失明，终于达到理想境界的高僧。你不是时常奇怪日本人对华投资比较容易吗？那是因为日本人理解中国人重感情、重友谊的心理。你我是打交道多年的老朋友了，除了彼此经济上的利益外，就没有一点个人之间的感情吗？"任传俊如此诚恳的态度和感人至深的言语，让理杨·奈德大受感动。在这种情形下，双方重新回到谈判桌上，且关系已经大为缓和。

重新回到谈判桌上的任传俊决定依然以真诚突破谈判的僵局，他开门见山地向对方表示："问题既然出在贵公司身上，为索赔花太多的时间是不必要的，反正要赔偿。"理扬·奈德耸耸肩膀，说："我在贵公司中标才1亿美元，我无法赔偿过多，总不能赔本做这笔生意吧？"任总紧跟一句："据我得到的消息，正是因为贵公司在世界上最大的化纤基地中标，才得以连续在全世界15次中标，这笔账又该怎么算呢？"对方语塞。任传俊并没有不依不饶，他诚恳地告诉对方："我们是老朋友了，打开天窗说亮话，你究竟能赔多少？我们是重友谊的，总不能让你被董事长敲掉饭碗，但你也要为我想想，我总得对这里的1万多名建设者有个交代……"中方这种实事求是的态度，终于感化了德方，最终以德方赔偿800万马克达成谈判协议。

事后，理杨·奈德说："虽然与中方的谈判我们没能占上风，但是我仍然愿意同中国公司继续合作，我觉得这次谈判进行得十分愉快。"理杨·奈德在临走时还热情邀请中方谈判人员到德国去，他说自己会像任传俊在扬州大明寺对待他那样热情。

2. 通过下面的案例，试分析：在不同的谈判阶段，买卖双方是如何取得主动权？又是如何进行谈判，从而达成共识的？

在阳光城商业中心有一家名叫DEMON的精品时尚外贸店。它成立于2007年6月1日，合伙人是某校的四名大学生，包括市场营销专业的Sofia、阿梅以及统计专业的李棵和胖子。他们亲切地称DEMON为"自家的儿子"，它诞生前的孕育过程虽然短暂，但是相当富有戏剧性。

开这家商贸店的第一步就是盘店，盘店是指从前店主处接手店铺进行租用，店铺转让的下家必须向原店主交盘店费，租金另算。值得注意的是，如果前任店家的租用期到了，无人向其租用，只能退出，新店主向房东直接租门面，只准备房租即可。DEMON店的前任店主秦鹏等人正面临房租到期的状况，铺面急于出手。买家于2007年5月中旬向卖家提出盘店意向，双方谈判在即。

2007年5月18日，双方开始谈判。

一开始，卖家具体介绍了店内的基本状况和装修情况，包括面积、水电、墙面、地板、货架、收银台以及其他重金属装饰品，装修成本近2万元。卖家以行业熟手的姿态，为开价说明了事实根据，算是恰到好处地拉开了谈判序幕。买家并未被卖家高屋建瓴般的气势所影响，而是提出疑问："店面装修的确有特色和个性，但是我们无从考证装修的成本，更何况目前的装修风格不一定会被用到将来我们店的营业中，因此请介绍一下该店铺的其他方面。"

卖家看出了买家虽然是初来乍到，但并不是冲动情感型的租铺者，于是开口询问买家对于开店的想法。买家谈判者李棵实事求是地说："我们都是跳街舞的，开店主要是卖街舞用品和轮滑用品之类的时尚产品。"卖家对这一关键信息立即做出反应："你们跳街舞的最重要的就是服饰，这店以前就是做服饰的，你们接手以后可以直接做。不是每个人都喜欢那种夸张风格的，你们还是应该卖一些比较大众化的外贸服装，现在店里的货你们就可以直接拿去卖。"买家明白，这是卖家打算在把店铺卖给他们的同时，再让他们把货盘下来，这又是一项成本支出。卖家继续道："我在广东和成都等地都有货源，开店以后，可以帮你们拿货，渠道短，可保证最低价。"

此时，买家就其他方面发表意见："不过这里的地理位置太偏了，在整条街的尾巴上，而且是个拐角，怎么会有客流？"卖家解释说："后面的金巴黎，即头号的娱乐场所3期工程10月份就完工。到时玛利影院、德克士等都会入驻，这里将会成为商业中心，不用担心客流。"

"不，在做生意时我们要把一切都考虑清楚，如果有那么长一段时间的萎靡期，我们为什么不选择一个开店就能盈利的地理位置呢？"买家摆明态度，双方在认定铺面价值上陷入僵局。卖家坚持说买家疑虑过多，该铺面是个黄金口岸；买家坚称有待做更多的考察。

"这个店面，你打算租多少钱？"买家成员试探性地询问。

卖家拿出早就拟好的价单说："渠道+现货+铺子5500元，现货+铺子4500元，铺子3500元。"了解了价格之后，买家表示要再做商量。

买家要求卖家重报价一次并对价格所含内容进行解释。卖家回应："如果付渠道费，那我以最低成本给你们供货；如果付了货款，店里一切物品都是你们的；如果只付铺款，就只给你们空铺。"买家立即做出反应："第一，我们不能保证你供的货是否符合我们的要求；第二，我们无法确定你拿货的价格水平；第三，马上就到6月份了，有些学校已经放假了。到七八月份暑假期间根本就没有利润，我们认为你的价格太高了。"

卖家反问道："你们认为多少钱合适？"买家不紧不慢地说："目前最多拿出2000元，并且我们十分想了解你的进货渠道……"

卖家淡然一笑说："到哪里2000元也找不到一个像样的铺子。"买家不依不饶地说："那么贵的价钱，我们可以找其他地理位置更好的铺子。"

这一招很奏效，顿时把卖家将住了。卖家自知铺租即将到期转而以恳切的态度征询："你们最多能给多少钱？2000元真的太低了。"

买家看出卖家的软肋，毫不退让。卖家无奈只能说答应2000元给买家空铺。

买家见形势不对，立即阻挠，表示要求留下货品，最好再把渠道告诉他们。卖家濒临崩溃的边缘，说："如果加货品和渠道，最低3500元。"买家答应并表示，目前只有2000元，剩下的1500元于1个月后支付。

双方签订协议，谈判告终①。

二、情景训练

1. 目的：熟练运用谈判语言的表达技巧。

2. 训练说明：将学生所在的班级按照6～8人一组分成若干小组，然后对学生进行角色分工，确定谈判双方，模拟训练谈判的过程。

3. 要求：

(1) 选定一个谈判双方都熟知的产品进行产品分析总结，总结产品的优点与不足，或是讨论某个课程开课的必要性。

(2) 谈判双方模拟训练谈判的过程。

(3) 谈判结束后，双方同学共同总结其谈判过程，并由老师现场点评、总结。

三、热点案例分析

背景：罕见病患者的用药一直是国家医保药品目录调整过程中重点关注的品种，从2019年国家医保药品目录常态化调整以来，每年都会有罕见病用药品种通过谈判的方式进入医保目录，累计已经达到45种。治疗罕见病脊髓性肌萎缩症的药物诺西那生钠注射液就在2021年的谈判品种中，关于这种药物的谈判持续了90分钟，企业谈判代表共商量了8次。最后，经过两轮九次报价，用于治疗脊髓性肌萎缩症的诺西那生钠注射液5毫升12微克每支的报价从53 680元降到了33 000元左右，前后降幅接近40%。图4-1为国家医保局谈判代表张劲妮"砍价"现场。

图4-1　国家医保局谈判代表张劲妮"砍价"现场

① 百度文库. 四名大学生为开一家精品时尚外贸店[EB/OL]. (2011-12-20)[2021-12-25]. http://wenku.baidu.com/view/ 216eabecb8f67c1cfad6b88f.html.

请观看视频并分享你的心得体会。

视频来源：https://tv.cctv.com/2021/12/03/VIDE1fmZ7fIkfQ8ssxX6T1WR211203.shtml.

四、附录(谈判过程中的注意事项汇总)

1. 要丰富自己的谈判经验。

2. 倘若谈判对手提出的要求很不合理，也不要过早地认为谈判徒劳无功。

3. 谈判不是另一种形态的辩论，并不是辩赢对手就会成为赢家。

4. 假如谈判对手提及某事项绝无讨价还价的余地，你的最佳举措并非尽量不触及该事项。

5. 面对一位难缠的谈判对手，最好的做法并不是借着某项低价值的事物作让步。

6. 并不是说一旦谈判准备工作做到周全，即全面准备了所有可能涉及的问题以及全面评估了对手有可能采取的回应，就不会被对手的提议吓倒。在现有的资源约束条件下要尽量做好充分的准备，但不可能完全顾及所有细节；自满和轻敌是谈判的致命伤；大言不惭、自以为是不足取。

7. 假如对手无条件地做出某种让步，你不必因此做出某种回应性的让步。

8. 为获得最佳的买卖条件，不必设法赢得谈判对手的喜欢。受尊敬远比受喜欢重要，受对手喜欢绝非必要。要坚持原则，不能做出有求必应、无休止的让步。但应做到谈判成功后仍受到对手的尊重。

9. 在谈判过程中，切忌情绪化。

10. 在谈判过程中，切忌讲得比听得还多。

11. 在谈判前的准备阶段，你对对手缺点的关注程度要远超过对他优点的关注程度。集中自己的优势打击对方的弱势。找准对手的弱点，就是为了自己的优点能强劲地爆发出来，提升优势比关注劣势所能增加的附加值要多。要扬长避短，攻击别人的缺点。

12. 在谈判过程中，你一旦犯了错误，必须要立即认错。一个人做错事是难免的，隐瞒所造成的伤害更大，因为它迟早都是要曝光的。公正公平地讲道理，对方会谅解你的错误；如果不立即承认，后来让对方发现了你的错误，就会借这个错误打击你；如果到后来才说出是自己的错误，就会令谈判重新开始，对方会以为你要变卦而不尊重你。

13. 不能在同一时间问谈判对手多个问题。

14. 当感到谈判对手变得不耐烦或显示比你更急躁的状态时，不必设法加快谈判的节奏。

15. 在谈判过程中，当发现自己对某一事项并不了解时，不能因为不想让对手认为你外行就刻意回避此事、等待事后再澄清。

16. 面对谈判对手之前，不能粗略地确定自己所要的东西，根据谈判的进展修改原先的要求；相反，要明确自己早已制定的目标并努力达成，并且不可退让。

17. 不能在谈判中树敌。

18. 当谈判对手滔滔不绝地讲话时，不能感到厌烦。

19. 当面对一位在职位上高过你的谈判高手时，不能感到不自在。

20. 在讨价还价的过程中，切忌从较难达成协议的问题切入。

21. 不能为了表示尊重、赢得好感或展现外语能力而用外语跟外国人谈判，要用母语谈判。或者，双方都用自己不熟悉的语言，再通过翻译来沟通。

22. 即使谈判对手首次提出的要求合理且颇具吸引力，你也不能当场予以接纳。

23. 当谈判对手做了多次详尽的解释之后，你还是无法了解他的意思，此时应该继续深究。这可能是对方故意设下的陷阱，如果不了解情况和条件，就不能贸然做出决定。

专题五　旅游服务语言的个性化表达

预期收获：

(1) 了解旅游服务语言个性化表达的重要性。

(2) 学习如何运用个性化语言表达技巧提高旅游服务质量。

(3) 了解传统语言艺术形式在旅游服务沟通与表达中的作用，树立对传统语言文化的践行传承意识。

【典型案例】

场景一：游客来四川雅安游览时正好遇上下雨，讲解员说道："今天天空飘起了雨，可能大家游玩的兴致不那么高了，其实这是雅安在以它独特的方式欢迎大家的到来。雅安是全国降雨日较多的城市，由此博得了"雨城"的美誉，雅雨也成为了雅安三绝之一，飘洒的雅雨为雅安带来了洁净的空气，把整座城市点缀得如梦似幻，大家在雨中游览，一定更能体会到大自然的宁静与神秘。"

场景二：游客来雅安游览时正好遇上晴天，讲解员说道："今天真是个好天气，秋高气爽，阳光明媚。大家都知道我们雅安是雨城，常年多雨，看来今天咱们雅安来了贵客，老天爷也赏脸地露出了难得的笑颜，表达对各位嘉宾的欢迎。"①

分析与讨论：

(1) 以上两个场景中，讲解员的解说妙在何处？

(2) 结合以上案例，谈谈旅游服务中进行个性化表达的意义。

一、旅游服务语言个性化表达的重要性

随着生活水平的提高，大众出游消遣的频率渐增，对旅游服务的要求也越来越精细化、个性化。相应地，旅游服务人员就需要双管齐下，在提高业务办理能力的同时，还要在口头表达上下功夫，在服务中运用个性化语言来表达，使客人获得良好体验。此处，旅游服务语言的个性化表达主要有两层含义：一是独具特色的语言表达风格；二是面向不同服务对象的针对性表达技巧。

二、旅游服务语言的个性化表达风格

旅游服务中的个性化语言表达风格多种多样，其中比较受欢迎的主要有这样几种。

---

① 王欣. 做富有语言魅力的讲解员[EB/OL]. (2020-03-04)[2021-12-25]. https://www.doc88.com/p-18047387775381.html?r=1 2020-03-04.

1. 热情亲切型

热情亲切型语言表达风格的最大特色主要体现为语调上扬，语气自然亲和，让客人听后如沐春风，倍感亲切。在与客人初次见面或交流时，采用这类语言风格能够给人留下良好印象；在处理棘手问题时，采用这类语言风格能够轻易化解矛盾。需要强调的是，虽然热情亲切是服务用语的基本要求，但是要做到这一点并成为个性化的表达风格并不容易。正所谓"情动于中而形于言"，语言表达必须建立在内心真诚的基础上，只有发自内心的自然的流露，才能让对方真正感受到服务人员的真诚与热情。

2. 幽默风趣型

幽默风趣的语言风格特点是用语自然流畅，善于运用诙谐的语言。而在导游讲解中，幽默能使导游的讲解更鲜活、有亮点，还可以活跃团队气氛、加深客人对讲解内容的认识。

【案例4-9】 以"鸭金席"而闻名的酒楼，一食客慕名随众前往。女服务员小A上菜道道有名堂："这是酱油鸭膀，这是香酥鸭腿，这是芥末鸭掌……"服务员的伶牙俐齿，使"鸭金席"生辉不少。又一道菜上来，食客眼光犀利，一眼就看出不是鸭，而是鸡。他下箸夹起一块，不无讥讽地问："这是什么？"小A急中生智，笑容可掬地回答："这是鸭的朋友。"[①]

【案例4-10】 各位游客朋友，大家好！有一首歌曲叫《常回家看看》，有一种渴望叫常出去转转，在城里待久了，天天听噪声、吸尾气、忙家务、搞工作，真可以说是操碎了心，磨破了嘴，身板差点没累毁呀！所以我们应该经常出来旅游，多到青山绿水中去转一转。您看您到了我们这崂山风景区，腰不酸了，腿不疼了，吃嘛嘛香，看嘛嘛乐了，是不？要说啊，这到了景区就得听讲解员介绍，要不您就跟白来了一样，大家同意吧？好的，那小李我就开讲啦[②]！

---

① 他幽默的语言赢得了客户的好评[EB/OL]. (2017-07-25)[2021-12-25]. http://www.360doc10.net/wxarticlenew/674080286.html.

② 欣雨. 做会迎接客人的讲解员[EB/OL]. (2018-08-20)[2021-12-25]. https://wenku.baidu.com/view/ef2e0a0548649b6648d7c1c708a1284ac95005d1.html.

3. 开门见山型

采用开门见山型语言表达风格时，一般直奔主题，很少使用铺垫。这种个性化语言风格胜在表达清晰，重点突出，能够达到应有的沟通效果。

【案例4-11】各位游客朋友，大家好！欢迎来到青岛海青茶博园风景区参观游览。我是您此行的导游员张含，希望我的讲解能够让您对我们景区留下美好的印象。都说出门七件事——柴米油盐酱醋茶。茶在我们生活中已经是不可或缺的一部分，那么茶有哪些神奇的效果，又发源于何时何地呢，下面就请大家随我进入美丽的海清茶博园来了解一下吧！

4. 文采飞扬型

这种表达风格主要见于旅游服务中的讲解和营销宣传环节。表达者一般有较高的文学和文化修养，语言风格偏于抒情，有的兼具诗意色彩，富有感染力，往往给客人带来强烈的情感共鸣和审美感受。

【案例4-12】可能朋友们会问，泰山的文化内涵如此厚重，泰山的风景又是怎样呢？我想说，欢迎您随时来泰山，因为，泰山四季都很美：春天来泰山，看冰，"已是悬崖百丈冰，犹有花枝俏"，泰山的春天来得晚一些；夏天来泰山，看水，山没有水，就像人没有眼睛，少了灵气，夏天的泰山，山清水秀；秋天来泰山，来看色彩，天高云淡，层林尽染；冬天的泰山，"苍山负雪，明烛天南，望晚日照城郭，汶水徂徕如画"。

这是泰山导游讲解词中的一段，不仅运用了排比、比喻等多种修辞手法，还融入优美的诗文，使人油然而生对泰山的喜爱之情。

5. 才艺加持型

顾名思义，这种语言风格以在表达中融入说、唱等才艺见长，适合在旅游服务中的某些场合展现，不仅能够让表达别具一格，还能促进与客人的情感互动。比如在一次带团过程中，导游员小刘了解到团队中有一名聋哑儿，他在与客人互动时，特地选择了配合手语的一首歌曲。对此，孩子和父母连同全团客人都非常感动，对小刘的工作给予了高度评价。

【案例4-13】把中国的名山作一个特色总结，可以这样来说："飞雪长白山，避暑到庐山，日出住泰山，晚霞岳麓山，寺群五台山，道场武当山，数险到华山，数奇到黄山，数秀峨眉山，看宝祁连山，赏峰到香山，少林卧嵩山，伟人出韶山，世界最高山喜马拉雅山。"

这里历数中国名山的语句在实际讲解时所使用的形式是"贯口"。"贯口"是相声中常见的表现形式，讲解员说到这里声音会明显增大，快而不乱，一气呵成，节奏感强，这种表达风格为导游讲解增色不少，深受客人喜爱。

6. 别出心裁型

在语言表达中通过选取独特的角度和内容，达到与众不同的正向沟通效果，是别出心裁型语言风格的典型特征。例如本专题【典型案例】中讲解员的表达就属于这种风格，同一个地点两种不同天气，都被讲解员从新颖的视角进行了巧妙解读，可想而知，客人定会欣然接受。再如游览故宫时，一般导游员都会选择讲解景点的历史、文化等内容，但别出心裁的导游员则选择用通俗易懂的语言讲解故宫的排水系统，令人耳目一新。

三、旅游服务语言的针对性表达技巧

在旅游服务中，面向不同类型的服务对象，服务人员要针对性地调整表达内容和方式，做到语言有维度、有温度。

（一）以年龄区分

1. 老年人

相对来说，老年人思维较慢，听力较差，服务人员与之对话时要语气柔和、调高音量、放慢语速，给予充分尊重。在游览过程中，服务人员要多次反复提醒安全事项，解决问题时宜使用征询、讨论的方式；讲解时的互动也可多加用心，比如带领老年人参观红色旅游景点，可以询问老人那个年代的情景，相信老人一定会与你侃侃而谈。

2. 中青年

这部分人群关注人际交往，有主见，相对其他年龄段，他们更在意沟通的内容。针对这一特点，游客在酒店点餐时，服务人员可用简洁明了的语言告知有哪些套餐值得选择；面对中青年游客的讲解，则要突出景区景点中最新和最具特色的部分。

3. 青少年

青少年(14～17岁)具有明显的好奇心，感情易冲动，自我意识高涨，能自由思考、推理和判断，但往往脱离实际，缺乏安全感，同伴群体所起的作用越来越大。面对青少年，服务人员可通过使用他们熟悉的网络热词、谈论他们喜欢的明星等拉近距离；进行讲解时，多做互动，多讲新奇有趣的内容。

4. 儿童

儿童的想象力和好奇心强，但语言表达及注意力有限，活泼好动。面对儿童，服务人员的语气要更温和，语速要慢，说相对简单、孩子了解的内容，表情要丰富，甚至可以用夸张的语调激发他们的兴趣。例如，小女孩在景区购物店买发夹的时候，可以帮忙佩戴，并夸奖说："哇，好漂亮呀，就像爱莎公主一样。"在进行讲解的时候，即使孩子由大人带领，也不能忽略孩子的感受，适当的时候可以俯下身子与儿童交流，进行解说。

(二) 以身份或职业区分

在接待不同身份或职业的客人时，旅游服务语言的个性化表达在导游讲解环节体现得最为明显，下面以5个典型团型的讲解接待为例进行说明。

1. 教师团

教师个人文化水平较高，同时由于职业习惯，教师喜欢追问前因后果。在带教师团时，讲解内容一定要准确，语言要生动，说话讲究逻辑性、层次性，语气要谦和。例如，在参观崂山风景区中的关岳祠时，因为教师对关羽和岳飞都很了解，就不需要多讲这些内容，可以直接用问答法开头："关、岳两人本是相隔几个朝代的人物，为何会通庙供奉呢？"然后由此逐渐展开对关岳祠的讲解。

2. 专家学者团

这部分群体通常是某一领域的专家，他们对即将参观的旅游目的地或相关内容有比较深入的了解，非常重视游览的意义和价值，更希望从中得出一些对自己研究有帮助的内容。因而导游员在带专家学者团时一定要事先熟悉相关领域，然后对旅游者提供有针对性地讲解。例如，泰山是世界联合国教科文组织评定的首例自然与文化双重遗产，被列入世界地质公园名录，同时还有中国书法名山、中国摩崖刻石博物馆等多项荣誉，正因为泰山景区内涵如此丰富，所以接待不同的专家，重点讲解的内容也是不一样的：接待地质学家，重点突出地质学部分的内容；接待书法家重点突出摩崖刻石；等等。

3. 学生团

面对中小学生，导游员的语调应以平调和升调为主；语速不可太快；语气要委婉，不能太强硬；语言形式要活泼，可用口语化、故事性的语言吸引对方。讲解过程中，可增加提问，并对其回答多加赞赏和肯定，从而激发他们的学习兴趣。例如在带领学生参观青岛五四广场的时候，导游员可以问问学生对五四运动的了解，这样既普及了历史知识，又可集中学生的注意力，还能让他们学习到新知识。

4. 商务团

商务团的游客特点是游客的综合素质较高，旅游的经历和社会阅历丰富，对旅游要求比较高，同时也希望旅游能够给他们带来商机。因此导游员在讲解时应该注意语言的准确性，内容的深度性，服务的及时性、细节性，以及与该团游客的职业相关联内容的输出性。例如在带领商务团的游客时，如果他们是做水果加工方面生意的，那导游员在介绍山东的时候除了风景区本身的内涵外，就可以重点突出一下山东农产品"烟台苹果莱阳梨，小枣樱桃萝卜皮"，说不定会给游客带来灵感，带来商业合作的可能性。

5. 政务团

政务参观的目的性、自主性都非常强，所以针对这样的游客类型，应该注重在有限的时间内使用凝练的语言讲解重点，做到"有所讲，有所不讲"，同时使用突出重点法的讲解技巧为其留下深刻印象，开场语和结束语要庄重严谨。例如在带领政务团参观青岛某海藻集团有限公司时，导游员应重点介绍海洋科技、高新技术、蓝色经济等方面的案例和成就，而不用过多讲解海藻生物科技馆的内容。

四、旅游服务中专项产品的个性化语言要求

近年来，旅游服务中专项产品增多，服务人员特别是讲解者的身份发生了变化，不再是一般的讲解员，语言表达方面也呈现鲜明的个性化特点。例如，在研学旅行中，参与旅行的学生由指导师带领，指导师的语言更接近于教师，在活泼、亲切的同时还呈现鲜明的"指导"色彩，即认真周密、注重启发和总结，使学生学有所获；而廉政教育旅行中，讲解员应称对方为"同志"，语气多庄重严肃，语调以平调和降调为主，内容注重体现警示作用。

在追求个性化服务的今天，旅游服务人员需要面对的服务对象和场景多种多样，无法一一列出，但需要指出的是，在旅游服务中运用个性化语言表达，应注意两点：第一，以遵循服务语言的基本要求为前提；第二，不要生搬硬套，要结合自身的口头表达习惯和优势灵活应用。只有这样，旅游服务人员才能实现服务语言表达的个性与质量并存。

课后专题训练

一、情景训练

请以学校为景区，任选一个校园景点，以两种以上不同类型的旅游团为服务对象，撰写合适的导游词，并进行个性化讲解。

二、语言表达

扫描二维码，请根据旅游服务工作者对服务语言艺术的独到见解，谈谈自己的看法。

旅游服务工作者
谈语言艺术

专题六　旅游服务线上沟通语言艺术

预期收获：

(1) 了解旅游服务线上沟通的重要性。

(2) 熟悉旅游服务线上沟通的特点。

(3) 掌握旅游服务线上沟通技巧，并可在实践中灵活应用。

【典型案例】

一位50多岁的中年男士正通过网络咨询外出游玩的相关事宜，旅游在线客服是一位20多岁的年轻人：

在线客服：“您好，请问有什么我可以帮助您？😊”

游客：“您好，我想元旦三天出去玩玩，你们有什么好的线路可以推荐？”

在线客服：“当然有了，我们哪里的线路都有，北到哈尔滨，南至广州，最西边的西藏，东边的沿海一线城市，只要是您想去的，我们都有线路，您尽情选择，只要告诉我您的需求，我一定会让您满意。😊”

游客：“啊？”

在线客服：“怎么了您？您是不是被我的服务惊到了呀，😄我们的服务是全网最好的，请您一定放心，告诉我，您要去哪里，其他的交给我，我全权负责。😊”

游客：“哦。”

在线客服：“亲，您要去哪里呀？😊”

游客沉默了……

分析与讨论：

如果您是这位50多岁的男游客，请问您此刻的感受是什么？您觉得是什么导致了这样的沟通局面？

一、旅游服务线上沟通的重要性

随着互联网的发展，线上旅游迎来了爆炸式的增长趋势，线上旅游市场营收规模持续扩大，随之变化的线上咨询、线上购买、线上反馈等旅游线上服务成为旅游市场的新趋势。以往旅游者习惯于线下沟通，而今旅游者更习惯于通过网站、微信公众号、App等方式与商家进行交流沟通，进行线上咨询、线上购买、线上反馈旅游产品及服务。在这样的背景下，旅游服务线上沟通对线上旅游者、旅游企业、旅游企业员工至关重要。

(一) 从旅游企业的视角来看

首先，在社会发展逐步深入、旅游产品竞争日益激烈的当下，旅游服务线上沟通势在必行。旅游企业想要脱颖而出，占领线上旅游市场的关键是重视旅游服务线上沟通，提高旅游服务线上沟通的语言技巧，依托旅游服务线上沟通实现打破地域空间壁垒，吸引更多的旅游者。

其次，旅游服务线上沟通效果直接反映了旅游企业的文化修养、整体形象、综合素质，并与旅游企业的利益直接挂钩。能否留住有价值的旅游者，不仅依靠旅游产品质量、价格，关键还要看旅游服务线上沟通水平。

最后，旅游服务线上沟通依托于互联网技术，有助于旅游企业真实、实时了解旅游在线服务人员的工作量、满意度、问题解决能力等情况，比如旅游者积累情况、旅游者跟进情况等，实现对旅游在线服务人员的数据化考核，同时有效规避离职员工带走旅游者资料的问题。

(二) 从旅游者视角来看

以往旅游者在线下咨询、购买旅游产品及服务时，在咨询时间、方式等方面具有很大的局限性：一是时间比较受限，需要在正常工作时间进行咨询；二是通常多采取线下、电话的咨询方式，远不如线上沟通便捷；三是所咨询的线下服务人员往往不固定，具有很大程度的随机性。而如今对旅游者来说，采用旅游服务线上沟通手段，不仅可以利用手机、电脑等方式实现随时随地沟通，而且咨询同一旅游企业时可由专属在线服务人员提供专门服务，更加有保障。

(三) 从旅游在线服务人员的视角来看

旅游服务线上沟通有助于建立旅游者信息数据库，实现对旅游者基本信息、旅游偏好、旅游经历等信息的记录，有助于旅游在线服务人员更准确地了解旅游者、更高效地进行服务，加大将潜在旅游者转变为现实旅游者的可能性。面对旅游投诉时，旅游服务线上沟通还可实现对历史记录及处理进展的及时跟踪，将最新的进展反馈给旅游者，确保旅游者满意。

二、旅游服务线上沟通的特点

(一) 高效性

旅游服务线上沟通的高效性主要体现在沟通内容和服务对象两方面。

1. 沟通内容

线上沟通时，一是双方可进行视频或发送相关的专业文件，方便旅游服务人员对旅游者难以理解的问题进行补充说明，使旅游者快速理解；二是旅游服务人员可调用预设好的答案，对一些简单重复性的问题以"一键发送"的方式加以解答，降低工作难度，同时节省了旅游者的等待时间。

2. 服务对象

旅游服务线上沟通的最大特点是面向线上所有旅游者，不再拘泥于某个地域；同时可实现一对多高效互动，即一位旅游在线服务人员在屏幕背后可同时与多位旅游者进行交流，比之线下一对一的沟通显然更为高效。

(二) 系统性

进行线上沟通时，旅游服务人员接触的旅游者人数远超过线下沟通的人数，可利用各类标签对旅游者进行分类管理，详细记录旅游者本人的基本信息和相关旅游信息，形成旅游者信息库，实现系统存储。在面对老客户时，单击历史对话即可获得以往的对话内容，利用较短时间筛选出关键信息；同时依靠智能分配策略可将旅游者分配给之前与其沟通的旅游在线服务人员，节省客户重新咨询的时间，有针对性、快速地提供咨询服务，提高沟通服务效率。

【案例4-13】八月份，王女士登录某在线旅行社，咨询青岛一日游产品，客服小陈收到王女士的咨询后，向王女士推荐了"八大关—海军博物馆—五四广场—奥帆中心—极地海洋世界—石老人海水浴场"这一旅游线路，王女士对这一线路安排很满意，当即购买了该旅游产品，并对客服小陈能够迅速推荐令其满意的合适线路这件事情感到好奇。原来，小陈在收到王女士的咨询后，通过数据库查询了解到，王女士每年暑假都会在平台购买亲子游产品，且王女士一家对文化类、科普类的产品比较感兴趣，所以在推荐旅游产品时，着重介绍了这一线路。

这位在线旅行社的客服充分利用网站所存储的游客信息，有针对性地进行服务，成功销售了旅游产品，提高了旅游者的满意度。

(三) 趣味性

相比线下沟通，线上沟通可利用辅助功能，如表情包等，增加聊天的趣味性，活跃气氛，增加亲切感。线下沟通时，双方难免存在戒备心理，而隔着屏幕的在线沟通可以让双方更加放松，而且表情包有时候可以代替文字，帮助旅游者更好地理解沟通内容。

三、旅游服务线上沟通的技巧

互联网+的迅速发展，改变了大众的生活方式，深刻影响了旅游行业的发展，进一步强化了在线旅游企业在市场中的地位，可随之而来的是旅游服务问题日益凸显。有关数据显示，虽然用户咨询和购买渠道增多，方式也越来越便捷，但对在线服务人员的投诉率却持续升高，严重影响了用户的预定和购买率。传统的线下服务可以通过观察对方进行现场互动，而线上只能听到对方的语音或者看到对方的文字，这就给线上沟通服务带来新的挑战。如何在线上通过语言和文字去获得他人的好感和信任、解答客人疑惑、解决发生的问题，从而达成沟通目的、提高用户满意度、升级用户服务品质，是线上旅游服务亟待解决的问题。

(一) 旅游服务线上沟通核心技巧

在旅游业中，不论是线上还是线下服务的沟通，都是有人说、有人听、有人问、有人答的过程，在一来一往的过程中，最终的结果和效果必然会因为旅游服务工作人员的不同表现而有所差别，要取得满意的预期效果，需要注意以下几个方面。

1. 旅游服务线上沟通过程中的说

旅游服务线上沟通依赖于互联网，虚拟性很强，但不能以互联网这个平台作为屏障，需时刻谨记，网络对面的人很有可能通过优秀服务成为企业的忠实客户，因此线上沟通同样有所顾忌，不适合说的话以及有悖职业道德的话说不得。

当然，线上服务的沟通以文字居多，在向客人描述和介绍产品、回答客人咨询等旅游服务过程中一定要使用概念清晰、措辞精准、表达明白无误的文字。一方面要考虑对方对文字信息的观感，不能使用攻击性文字；另一方面要让文字描述带上合适的感情色彩，提高对方理解的准确性。

2. 旅游服务线上沟通过程中的听

旅游服务线上沟通的听相当于阅读文字。线上沟通过程中因为看不到对方的表情、肢体动作，也听不到对方的语音语调等，所以只能通过文字来理解甚至猜测对方要表达的内容。而文字输入相对语音较慢，所以旅游在线服务人员倾听过程中要有耐心，看完对方发过来的完整信息后再做出回应，由此形成顺畅的逻辑语序，从而达到有效沟通。当然，旅游在线服务人员不能一味等对方发送信息，需在恰当时候给予对方一定回应，比如"嗯""好的""是的"等，表示正在认真阅读信息，这样会让对方感觉到被尊重，从而更积极地表达和提问。切记不能以敷衍语气去回应旅游者，否则会导致沟通的失败。

3. 旅游服务线上沟通过程中的问

旅游服务线上沟通过程中，适时、适当提问也是一项重要技巧。旅游在线服务人员要站在旅游者的角度去思考问题，不能使用病句、错词、敏感词汇，需用具有亲和力的积极的文字来沟通，这样旅游者才乐于回答，形成愉快的沟通气氛。而问答过程的愉快氛围更有利于旅游在线服务人员发掘旅游者的真实需求，进行有针对性的服务。

4. 旅游服务线上沟通过程中的答

旅游服务线上沟通都是从旅游者的"问"开始，并随着旅游在线服务人员的"答"而展开的。为了顺利达成彼此的目标，旅游在线服务人员应该在服务前、服务中以及服务后做好充分的准备。

服务前，旅游在线服务人员需提前做好各种准备，充分了解和掌握旅游产品和服务要求，甚至可以和自己的同事进行预演，积累服务过程中的经验教训，以便灵活应对各种问题。

服务中，旅游在线服务人员不要一次性把旅游者的问题全部回答完，要与旅游者不断进行互动，通过双方的问与答，逐渐发现旅游者的内在需求，从而有的放矢地满足旅游者关注点，达到他们的期望值，高质量地完成服务。

旅游服务特别是旅游产品销售完成后，对旅游工作者来说是新工作的开始。旅游在线服务人员要在旅游者出发前做好各种温馨提示，尤其是现阶段，要把各地区的防疫新政策第一时间主动通知到旅游者，以便旅游者能够顺利出行。

5. 旅游服务线上沟通过程中的说服

在旅游服务线上沟通过程中，旅游者经常会因选择过多而不知所措，这时需要服务人员主动站在旅游者的角度考虑问题，帮助旅游者分析比对各旅游要素，从而帮助旅游者做出正确选择。需要注意的是，给旅游者提供建议时，旅游在线服务人员要提前想好旅游者可能出现的各种答案和顾虑，然后根据旅游者的反馈，进一步提出建议并说服对方予以接纳。但我们要清楚，说服仅是一种关心和建议，而不是命令，切忌使用生硬的、伤害性的语言。

(二) 旅游服务线上沟通辅助性技巧

1. 快速回复游客

对于旅游者而言，咨询在线客服就是希望立刻得到答案，这就要求旅游在线服务人员对旅游者的在线问答第一时间做出反馈，回复要快速且准确。

2. 必要时恰当使用语音

旅游服务中的在线咨询通常以文字形式呈现，但是当双方沟通到一定程度，或某些内容通过文字反复沟通都达不到效果时，旅游在线服务人员可以借助语音来促成，因为语音可以通过语气、语调、重音、停顿等突出重点，可以更直接地表达观点，准确传达信息，还可以节省时间，从而快速解决问题。

3. 慎重恰当使用网络化称呼

在在线客服沟通中，有的卖家经常会说："亲亲，在呢。有什么问题可以帮助您？"对于这样的网络化对话，有些人认为可以拉近彼此距离，增加双方的好感度，有些人则不认同甚至会反感。因此，如果旅游在线服务人员不知道对方具体情况，最好用正式称呼"×××女士/先生"更为妥当。当与双方进行一段时间的交流之后，或者知道对方以往资料的情况下，旅游在线服务人员可以根据情况变化称呼，以显亲切，如："王姐，您好，您对这次出行还满意吗？"

4. 恰当使用表情包

恰当使用表情包，可以弥补生硬文字的不足，传输当下情绪，使旅游服务人员的形象更加亲切真实，让对方感受到良好的沟通氛围，使线上服务更有温度。当然，表情包的不当使用也会适得其反。比如在开篇案例中，旅游在线服务人员不能根据对方年龄(50多岁的大叔)和熟悉程度(初次询问)来沟通，而是句句都用表情包(敬礼)结尾，这样会使人感觉不舒服，从而影响沟通效果。

总之，旅游服务的线上与线下沟通有很多不同，但无论方式和技巧如何，诚信都是最重要的，诚信是立足之本，也是旅游服务线上沟通的基本前提。

课后专题训练

两位同学为一组，一方模拟客人，一方模拟某旅游平台的在线工作人员。

模拟情景：客人计划春节期间外出旅游7天，但没有明确的目的地，所以随手打开了某旅游平台，单击了"在线客服"。请就此展开沟通，并分析此过程中服务人员的做法。(客人身份、年龄等不限)

参考文献

[1] 毕一鸣. 艺术语言与表达方法[M]. 南京：南京师范大学出版社，2009.

[2] 张先亮. 语言交际艺术[M]. 北京：科学出版社，2000.

[3] 张鑫. 语言表达能力训练[M]. 成都：西南交通大学出版社，2011.

[4] 高廉平，任崇芬. 普通话与口语表达[M]. 重庆：西南师范大学出版社，2009.

[5] 晁金泉. 语言表达技巧：加强语言效果100法[M]. 北京：金盾出版社，2006.

[6] 戴尔·卡耐基. 卡耐基魅力口才与演讲的艺术[M]. 王红星，译. 北京：中国华侨出版社，2011.

[7] 黄伯荣，廖序东. 现代汉语[M]. 北京：高等教育出版社，1991.

[8] 孙汝建. 口语交际理论与技巧[M]. 北京：中国轻工业出版社，2007.

[9] 梁文生. 导游实务[M]. 青岛：山东科学技术出版社，2011.

[10] 胡文仲. 跨文化交际学概论[M]. 北京：外语教学与研究出版社，1999.

[11] 熊争宇. 体态语与礼仪[M]. 北京：中国经济出版社，2005.

[12] 刘墉. 说话的魅力[M]. 北京：接力出版社，2009.

[13] 尹新兰. 普通话教程[M]. 上海：上海交通大学出版社，2001.

[14] 邢群麟，姚迪雷. 有效沟通[M]. 沈阳：万卷出版公司，2008.

[15] 钟锐. 培训游戏金典[M]. 北京：机械工业出版社，2006.

[16] 贝纳德. 哈佛家训[M]. 张玉，译. 北京：中国妇女出版社，2010.

[17] 李元授. 口才学[M]. 武汉：华中科技大学出版社，2007.

[18] 罗惜春. 普通话训练测试与职场语言艺术[M]. 北京：化学工业出版社，2008.

[19] 子志. 能说会道最讨人喜欢[M]. 北京：中国言实出版社，2007.

[20] 孔凡涛，杨丽，崔云秀. 公关口才艺术[M]. 北京：中国书籍出版社，2000.

[21] 刘书琴. 公关口才特训[M]. 广州：暨南大学出版社，2005.

[22] 王晓东，汪玮琳. 跟我学交际口才[M]. 北京：中国经济出版社，2006.

[23] 刘欣. 沟通技巧：中国人的交际智慧[M]. 沈阳：万卷出版公司，2009.

[24] 石言. 说话的技巧[M]. 北京：西苑出版社，2006.

[25] 李东阳. 历史大讲堂[M]. 重庆：重庆出版社，2005.

[26] 周正华. 影响教师的101个经典教育案例[M]. 长春：北方妇女儿童出版社，2007.

[27] 经理人培训项目编写组. 培训游戏全案[M]. 北京：机械工业出版社，2007.

[28] 杜青. 普通话语音学教程[M]. 北京：中国广播电视出版社，2009.

[29] 赵凡禹. 老狐狸说话心经[M]. 北京：企业管理出版社，2010.

[30] 李言. 跟我学：谈判口才[M]. 北京：中国经济出版社，2006.

[31] 郑月玲. 问得好[M]. 北京：人民邮电出版社，2007.

[32] 李洁. 礼仪是一种资本[M]. 北京：北京出版社，2007.

[33] 石源. 让交际与口才成就你[M]. 北京：西苑出版社，2007.

[34] 李岳. 说服所有人[M]. 北京：北京出版社，2007.

[35] 刘啸天. 管理的细节[M]. 北京：金城出版社，2006.

[36] 高彦杰. 引导成交的75种方法[M]. 北京：中国经济出版社，2006.

[37] 金和. 社交金口才[M]. 北京：中国纺织出版社，2006.

[38] 潘思宁. 说话办事的艺术[M]. 北京：新世界出版社，2006.

[39] 宏兴. 受益一生的说话艺术[M]. 北京：中央编译出版社，2007.

[40] 王伟峰. 能说会道：最新最实用说话技巧全集[M]. 重庆：重庆出版社，2007.

[41] 戴尔·卡耐基. 卡耐基语言的突破全集[M]. 姜智贤，译. 北京：地震出版社，2007.

[42] 姜玉梅，王淑萍. 用什么方式说话比说什么话更重要：下属如何给领导提意见和建议[J]. 办公室业务，2011(3).

[43] 成钢. 金口玉言：话原来可以说得更金贵[EB/OL]. http://www. motie. com/book/97，2011-08-06.

[44] 解飞扬. 倾听者[J/OL]. (2012-01-18)[2021-12-25]. http://www. hbqnb.com/news/html/Supplement/hbwy/2012/118/21322264288571.html.

[45] 欧阳周. 实用文秘语言艺术[M]. 长沙：中南工业大学出版社，1995.